卓越教师 教学主张丛书

厦门市卓越教师培育项目成果
西南大学教育学"双一流"学科建设实践成果
总主编 陈 珍 朱德全

化形化学

学习主动发生的蝶变之路

黄 捷 著

西南大学出版社
国家一级出版社 全国百佳图书出版单位
·重庆·

图书在版编目(CIP)数据

化形化学：学习主动发生的蝶变之路 / 黄捷著.
重庆：西南大学出版社，2024.10.--（卓越教师教学主张丛书）.-- ISBN 978-7-5697-2654-1

Ⅰ.G633.82
中国国家版本馆CIP数据核字第2024FW9878号

化形化学：学习主动发生的蝶变之路
HUA XING HUAXUE:XUEXI ZHUDONG FASHENG DE DIEBIAN ZHI LU

黄　捷　著

责任编辑：李　勇
责任校对：伯古娟
封面设计：闰江文化
版式设计：散点设计
排　　版：瞿　勤
出版发行：西南大学出版社（原西南师范大学出版社）
　　　　　地址：重庆市北碚区天生路2号
　　　　　邮编：400715
　　　　　市场营销部电话：023-68868624
印　　刷：重庆亘鑫印务有限公司
成品尺寸：170 mm×240 mm
印　　张：18
字　　数：343千字
版　　次：2024年10月　第1版
印　　次：2024年10月　第1次印刷
书　　号：ISBN 978-7-5697-2654-1
定　　价：59.00元

编委会

总主编

陈　珍　朱德全

副总主编

洪　军　刘伟玲　庄小荣　潘世锋　罗生全　周文全

执行主编

范涌峰　魏登尖

编委(以姓氏笔画为序)

王天平　王正青　牛卫红　艾　兴　叶小波　朱德全
庄小荣　刘伟玲　陈　珍　陈　婷　范涌峰　罗生全
周文全　郑　鑫　赵　斌　侯玉娜　洪　军　唐华玲
　　　　　　　　　　　韩仁友　潘世锋　魏登尖

总序

习近平总书记在2024年全国教育大会上指出,要实施教育家精神铸魂强师行动,加强师德师风建设,提高教师培养培训质量,培养造就新时代高水平教师队伍。《中共中央 国务院关于弘扬教育家精神加强新时代高素质专业化教师队伍建设的意见》指出,要加强中小学学科领军教师培训,培育一批引领基础教育学科教学改革的骨干。强化中小学名师名校长培养。

厦门市历来重视名师队伍的培育培养工作,根据教师专业成长规律,经二十年探索,逐步形成了"骨干教师—学科带头人—专家型教师—卓越教师"的金字塔式名师阶梯成长体系。自2021年起,厦门市教育局与西南大学开展战略合作,共同推进厦门教育高质量发展和教师队伍建设。"厦门市首期卓越教师培育项目"是由厦门市教育局与西南大学教育学部联合倾力打造的精品培训项目,也是厦门市迄今为止最高层次的教师培训项目。该项目旨在打造一支具有教育情怀、高尚师德,富有创新精神,具有鲜明教育教学思想和教学主张,在教育教学和教育科研上发挥领军作用的高层次教育人才队伍。项目以产出导向为理念,坚持任务驱动,通过个人自学、高端访学、课题研究、讲学辐射、挂钩帮扶、发表论文、出版专著、提炼教育思想、推广教学主张等方式优化培育过程。

三年琢磨,美玉渐成。通过三年的探索,围绕成为"有实践的思想者"这一核心目标,每一位卓越教师培育对象形成了特色鲜明、理念前沿的教学主张,并以教学主张为中心形成了一本专著,从而汇集成目前呈现在大家面前的"卓越教师教学主张丛书"。本丛书,既是"厦门市首期卓越教师培育项目"三年实施成果的沉淀,是每一位卓越教师培育对象思想的结晶,也是西南大学教育学"双一流"学科建设的实践成果。

仔细阅读本丛书,可以欣喜地看到,卓越教师培育对象们不仅能敏锐地捕捉到教育教学领域的难点、热点问题,揭示其中的本质规律,还能结合本地教学实际智慧地提出解决方案。总体来说,本丛书有以下三个方面的特点。

一是有较浓厚的学术气息。29位培育对象中有获得国家、省级基础教育教学成果奖的教师,有正高级教师,有省特级教师,但他们还在不断突破,追寻对教育教学本质的理解,追寻从实践到思想的蝶变,追寻高水平的专业表达。他们从实践中提炼出主张,再用主张引领实践,他们在书稿中融入了理论的阐释,学会了建构模型,并借助模型简洁地表述自己的教育教学思想,读起来不生涩也不单调。

二是有较强的系列探索味道。《义务教育课程方案(2022年版)》提出,应做好学段间的教育教学衔接。29位培育对象中,既有教育科研专职人员和学校的管理者,也有班主任、一线教师等,研究成果覆盖了小学、初中和高中的大部分学科,最终形成了29本培育对象教学主张的专著和1本全景式呈现卓越教师培育的经验和初步成效的论著。因此,本丛书既有基于教育者几十年教学实践的思想提炼,又有深入课堂的案例剖析,可以"用眼睛来读",作为教师专业发展的自读文选;也可以"用行动去做",作为教学范例直接进入课堂实践,在行动研究中孵化、创生;也适合专门研究者或管理人员参阅,从中窥探从小学到高中的教育教学重点与发展脉络。

三是有鲜明的课程育人特色。本丛书的撰写以学科课程为载体,以学科课程核心素养为目标,积极探索新时代背景下的育人方式变革,寻求育人最佳路径,以德施教,立德树人。因此,单看每本专著,已能感受到其中鲜明的课程育人特色,综合丛书来看,这一特色更加明显。

期盼厦门市首批卓越教师培育对象大力弘扬践行教育家精神,追求卓越的步伐永不停留,不断完善、应用和推广自己的教学主张和教学成果,为厦门教育做出更多更大的贡献。也期盼本丛书能为广大中小学教师深化教学改革提供参考,为教育学"双一流"学科服务教育实践提供借鉴。

是为序。

陈 珍

(中共厦门市委教育工委书记、厦门市教育局局长)

朱德全

(西南大学教育学部部长、西南大学教育学一流
学科建设"首席责任专家"、国家重大人才工程
特聘教授、国务院学位委员会学科评议组成员)

前言

在一些人看来,当今基础教育课堂教学低效无趣,应对考试成为教学终极目标。为什么有些学生中考高分考入,高中突然成绩下降?为什么学生没有持久的学习兴趣?为什么学生作业越来越多,成绩却越来越差?为什么教师越来越辛苦,学困生还是越来越多?为了找到这些问题的答案,我们走进课堂听课、与学生交流、对教师访谈——探寻学习主动真实发生的路径。

怀特海认为,学生是有血有肉的人,教育的目的是激发和引导他们的自我发展之路。

化学作为科学的一个重要分支,在促进人类文明可持续发展中起到重要作用,它是揭示元素到生命奥秘的核心力量。普通高中化学课程是落实立德树人根本任务、发展素质教育、弘扬科学精神、提升学生核心素养的重要载体;化学学科核心素养是学生必备的科学素养,是学生终身学习和发展的重要基础;化学课程对于科学文化的传承和高素质人才的培养具有不可替代的作用。

新课程改革提出了以"素养为本"的教学理念,要求在高中化学课堂教学中发展和提升学生的化学学科核心素养,实现由获取知识向形成素养与能力转变。

目前学生的自主思考与探索能力不足,导致学生缺乏质疑、批判与探究的科学精神,降低了学生化学学习的自主性。究其根源,教师为主导、学生为主体的意识是否在课堂教学中落实?教师观念是否与时俱进?是否还在沿用传统的题海战术应对高考?学科教学重在知识本体还是贯彻育人理念?

本书以高中化学教学的痛点引发对化学教学变革的思考,基于"知行合一"的思想,结合化学学科的性质,提出"化形化学"教育教学主张。"化形化学"涵盖教师专业发展、校本教研、教学设计、课堂教学,强调以学生为中心的思想,倡导终身学习的理念,彰显学科育人的本质,让每一位学生和每一位老师,成长为最好的自己。

"化形"包含两层寓意,即化"无形"为"有行"、"有行"优化"无形",通过双向奔赴、双向转化,以"知行合一、悦动有道"为指导,呈现"知—行—道"交互融通、逐层进阶的学习境界,以此构建起整全的育人结构,为学生核心素养的发展提供可行的方向和路径。"化形化学"主张"无形"与"有行"相互转化,蕴含着敢于自主探索与批判的教学追求,也蕴含着将抽象的化学知识放置到丰富具体的情境中,开展情境化学习的期待。

化形化学实践模型以"知行合一、悦动有道"为根本遵循,充分融入教师发展、课堂教学与学生学习过程中。

通过学习—反思—行动,以人为本,构建三维两翼全息校本教研制度,奠定化形化学的基础;让教师成为持续生长的学习者、实践者与传道者,促进教师成长、优化教学设计;通过悦动课堂,引导学生真正理解化学学科的意义,实现进阶发展,形成化学核心素养;构建以学生为中心的课堂教学,让学习主动发生,教师与学生共同构建以"化形"为导向的育人氛围,实现"向下扎根"与"美美与共"的理想境界。

本书的教育教学方法旨在引导学生从传统的机械化的知识记忆转向对知识的深度理解与实践探索,让"无形"的抽象知识得以在"有行"的具体情景中被看见、被理解,而不再是简单的记忆与背诵,通过"做中学",真正将知识转化为学生自我生命发展的构成部分;通过参与具体的化学实践或实验,对已有知识进行批判性反思和总结,在自主探索中拓展对化学知识的认知,释放化学学习的想象力;在化学实验与实践中,学会证据推理与模型认知,进而形成科学探究与创新意识、科学态度与社会责任。

目录

第一章　高中化学教学的痛点与变革

第一节　高中化学教学的痛点 …………………………003

第二节　高中化学教学的变革 …………………………013

第二章　化形化学：教育教学主张

第一节　化形化学教学主张的形成过程 …………………031

第二节　化形化学的时代背景与理论基础 ………………037

第三节　化形化学的核心概念与思想内涵 ………………049

第四节　化形化学的教育教学实践 ………………………056

第三章　化形化学课堂：以学生为中心

第一节　以真实情境问题发展学科素养 …………………069

第二节　以自主探索构建推进育人转型 …………………078

第三节　以社会责任意识彰显学科价值 …………………087

第四节　以学生为中心的课堂教学 ………………………103

第四章　化形化学设计：以需求为导向

第一节　教学设计的要素与模型 ······················· 127
第二节　学习任务的设计与迭代 ······················· 141
第三节　理解为先的教学设计模式 ····················· 151
第四节　以需求为导向的教学设计 ····················· 156

第五章　化形化学教研：以研究为习惯

第一节　校本教研历史回顾 ··························· 187
第二节　全息校本教研模型 ··························· 202
第三节　全息校本教研实践 ··························· 213

第六章　化形化学教师：以成长为目标

第一节　教师专业发展理念 ··························· 221
第二节　教师专业发展模型 ··························· 227
第三节　教师专业发展实践 ··························· 239
第四节　教师专业发展展望 ··························· 259

主要参考文献 ······································· 268

后记 ··· 273

第一章

高中化学教学的痛点与变革

化学是自然科学领域的一门重要基础学科,它致力于探明物质世界的客观规律,研究物质的构成、性质、变化等,对于推进经济文化发展、人类文明进步具有不可替代的价值。《普通高中化学课程标准(2017年版2020年修订)》指出:普通高中化学课程是与义务教育化学或科学课程相衔接的基础教育课程,是落实立德树人根本任务、发展素质教育、弘扬科学精神、提升学生核心素养的重要载体[①]。由此,立足学生适应现代生活和未来发展需要,培育学生化学学科核心素养,发挥化学学科独特的育人价值,成为现在高中化学教学的应有追求。核心素养是指"学生应具备的适应终身发展和社会发展需要的必备品格和关键能力",关乎"培养什么样的人"的问题。在教学中如何体现和培育学生的学科核心素养成为当前教学变革的关键。然而,当前高中化学教学仍然存在注重知识训练而忽视学生核心素养培养的问题。

---

① 中华人民共和国教育部.普通高中化学课程标准(2017年版2020年修订)[M].北京:人民教育出版社,2020:1.

第一节 高中化学教学的痛点

基于《普通高中化学课程标准(2017年版2020年修订)》，高中化学教学应从学科特点出发，以化学核心素养培养为主线，实施适切于学生素养提升的教学，充分发挥学科育人价值，落实立德树人根本任务。在这个过程中，如何将化学知识转化为化学学科核心素养，激发学生化学学习的主动性和探索欲，从长期以来的"以教师教为中心"的课堂转向"以学生学为中心"的课堂，是当前高中化学教学的痛点。

教育理论研究者和教育管理者在理论、政策层面对化学教学改革给出了理念指引和实践指南，尤其强调学生在课堂教学中的主动参与、自主建构、积极探索。然而，在化学教学实践中，我们依然可以看到大多数教师存在科学的教育理念与教学实践割裂的现象，长期以来"以教师为中心"的教学传统使其难以跟上现代教学变革的需要。教师成为化学知识的代言人，甚至是知识权威，在课堂中开展灌输式教学，学生则成为化学知识的被动接受者，缺乏对化学知识内在意义的理解，更难以形成独立思考和主动探索的习惯。教师将重点放在自己如何"教"，却忽视了学生怎么"学"，缺乏对学生学习的支持和辅导。一方面，教师缺乏对学生参与课堂能力的信任，为提高课堂效率，往往专注于化学知识点的传授和讲解，教学成为教师主场的"独角戏"，化学知识、化学试题等成为"道具"，而学生不过是没有参与感的"观众"。另一方面，在教学中即使存在学生互动，也往往只是少数"优等生"参与，他们因为成绩优秀、性格活泼而受到教师关注，而那些学习有困难、性格内向的学生则往往被教师忽视，甚至处于长期被无视的状态。以教师和教材为中心的教学，因为缺乏有效、多元和积极的互动，最终导致整个课堂缺乏活力，学生缺乏积极性，课堂整体呈现消极的氛围。

一 高中化学教学的痛点症状

1. 重"教"轻"学":教学过程单向化

笔者在近三十年的高中化学教学中,通过听课、对教师访谈、与学生交流,以及观察学生在课堂中的表情、动作、言语、对教师提问的反应、与其他同学的互动等情况,特别是通过了解学生学习过程中的独特观点、学习风格、学习状态、学习成果等,发现高中化学课堂中被动学习、功利学习的现象普遍存在。

(1)教学目标窄化

当前,很多中学高中化学课堂教学的目标直接指向考试成绩,以高考考点为纲,将试题练习和考试成绩作为衡量教学水平和学生学习水平的依据。单一的反馈与评价,让学生不得不全身心专注于海量的习题训练之中,压制了学生主动探索的兴趣。以成绩为单一的评价方式,使得每一个学生为获得高分与教师的认可而被统一的规则与既定的知识体系所规训。在学生看来,只需要记住现有的知识、遵循一定的解题技巧,就能够在竞争中脱颖而出,由此形成了一套"接受—记忆—训练"顺从式的被动学习逻辑,即只需要听从教师的说法和进行相应的试题训练,就算完成了学科的学习。学生不过是获得了一些化学概念、化学公式和解题技巧,却难以真正形成学科观念、学科思维、学科能力,这使得知识成为一种获得分数的工具,而非核心素养培育的载体。

(2)师生互动低效

我国全日制基础教育采取班级授课制,高中每个教学班级学生45~50人。高中课堂上普遍的情况是:教师授课、学生听课;教师提问、学生应答。在教师讲授为主的课堂上,教师的关注点更多放在教学任务是否完成,学生是否遵守课堂纪律,是否有眼神、言语的回应等方面,缺乏对学生学习的真正关注。在这个过程中,教师把"教材知识当作精选的、有待学生获取的'库存',是一种结果、定论和工具"[1],而不关注学生在学习过程中的参与、质疑和探索,学生成为有待被知识填充的对象,他们在课堂中依赖教师的知识传递和观念赋予,被动地接受教师所传授的知识。

在师生互动层面,教学活动本是由教师的教和学生的学共同构成的一种双边互动的活动。但是,大部分教师的师生互动处于低效的状态,存在教师提出

---

[1] 伍红林. 论指向深度学习的深度教学变革[J]. 教育科学研究, 2019 (01): 55-60.

的问题偏离教学内容、问题设计类型单一、问题形式化、无法把握生成问题、评价不及时等问题。例如,教师过多地偏重纯记忆或理解类的认知型问题,而精心设计的探究型和体现学科社会价值的问题过少,不利于学生探究思维和学科素养的发展;教师对学生提出的问题没有及时给予回应,未激发学生的探讨欲,导致学生的奇思妙想和发散思维受限,更无法准确把握学生的学习状况。

(3)生生互动缺失

由于教师主要关注的是自身教学任务的完成,致力于在规定的时间内传授化学知识点,因此教师牢牢地掌控着整个课堂的进程和节奏,教师成为整个课堂的中心,学生与学生之间缺乏互动,缺少小组合作以及共同提出问题、讨论问题和解决问题的机会。大部分学生成为心理学家卡尔·罗杰斯所说的"课堂上的观光者",他们很少被点名,很少举手与大家分享,尽量隐藏自己,逃避课堂活动,不参与、不兴奋,只是坐在教室里,不干扰课堂。学生没有形成自主思考和合作探讨的习惯,只是在教师的带领下被动地接受一个又一个的知识点。在这里,知识不过是外在于学生生命的符号、公式与考点,学生无法建立起化学知识与自我生命发展的关联,难以意识到化学学科对于自己的思维、能力、人格等方面提升的价值,也就缺乏主动学习和求知的欲望。

概言之,"教师中心"的课堂教学模式,以高效传授知识为目的,"任务呈现非常直接,问题设计过于简单,过程往往疏于评价,缺乏深度的思维参与"[①],从而抑制了学生的创新性思维发展,无法激发学生的主体性和主动性,更难以实现学生全面而个性的发展。

《普通高中化学课程标准(2017年版2020年修订)》指出,化学学科核心素养是学生必备的科学素养,是学生终身学习和发展的重要基础;化学课程对于科学文化的传承和高素质人才的培养具有不可替代的作用。以教师为中心的课堂教学,偏离了学科核心素养,将教学矮化、窄化为教师的单向灌输,这与新课程改革对教学的要求背道而行,违背了素质教育对学生发展的要求,更不利于培育具有想象力、创造力的新时代拔尖人才。

---

① 陈向明.对高中化学课堂教学发展学生解决问题能力的审视与思考[J].化学教学,2022(05):45-49.

2. 重"点"轻"面":教学内容割裂化

从现有的高中课程设置来看,高一学生必修课程超过12门,以高一上学期为例,语、数、英各两个模块,其余学科各一个模块,学生的学习内容十分多。要在有限的时间内获得学科素养,考验的是教师对教材的熟悉程度与解读能力。如何将这些知识进行有效整合与转化,在有限的时间内让学生获得结构化的知识体系并形成相应的学科核心素养,是一项重大的挑战。就化学学科而言,高中化学课一周仅2课时,多数教师由于缺乏整体关联思维、综合融通思维,导致课堂教学演变为教知识点、教解题方法的科学普及课,从而导致学科核心素养难以落地。

首先,过于关注知识点的讲解,忽视了各知识点之间的关联。在教学中,教师往往以考试需要为导向,以教材内容为纲,将化学知识分解成为一个个小的知识点进行讲解,从而设定每节课的教学任务,割裂了单元之间、学段之间、相关学科(如物理、化学)之间知识的衔接与贯通。这种以知识点为核心的化学教学,固然能够在短时间内高效地将重要的知识传递给学生,但是,任何学科知识都不是一个个毫无关联的分散的知识点的集合,而是有着相互关联和内在逻辑的结构化知识体系。点状化的知识在学习的初期能够帮助学生把握重点,但长期以割裂的方式开展教学,难以让学生形成对化学的整体性认识,不利于学生对知识的深加工和深度理解,无法把握化学学科内容的整体性、综合性,更无法将不同知识整合起来应用和迁移到复杂的问题情景和现实生活之中。换言之,点状化的知识讲解不符合化学学科的特点,也不符合学生的认知规律。

其次,过于关注符号化的传递,忽视了"科学世界"与"真实情境"的关联。化学与人类的日常生活密切相关,我们周边的很多事物都蕴含着化学知识、化学思维,可以从化学的角度进行探索。化学与人的身体健康、食物加工、工具制作、生活技巧等都密不可分,其对于学生形成科学素养、破除迷信、健康生活、安全感知具有重要价值。可以说,正是因为化学知识与化学学科的发展,人类的生活质量才得以持续提升。对于高中生而言,化学教育的最大价值就在于提升其生活品质,学会将化学融入生活中,以化学的方式观察世界、感受世界,改善自己的生活状态。然而,长期以来,化学教育有着根深蒂固的想要用知识替代生活的观念,意图通过知识去塑造一个"知识人",而非同时拥有"知识"与"生活"的能够在科学世界与生活世界融会贯通的"完整人";从课堂教学到学生评价,更多是基于书本符号化的知识的记忆、推理与演算,本来真实发生的化学反应、化学现象都被抽象为一个个字符和代码,导致化学脱离学生的现实生活。瑞士现象学哲学家耿宁指出,尽管科学的逻辑亚建筑超越了直观的主观生活世界,但它只能在回溯到生活世界的明证性时,才具有它的真理性[①]。也就是说,将知识教学与生活世界脱离,学生难以获得真正的理解,难以将之视为自身生命进程中有价值、有意义的构成部分,不过是将知识视为冰冷的、抽象的和用以应对考试的工具。人最终在现实世界之中构建自我生命的价值,在真实情境中领悟知识的要义。教师在教学中缺乏真实情境的建构和真实案例的呈现,更多的是给予学生现成的结论和化学符号,导致化学知识与真实情境割裂开来。这种教学方式试图以高效的文字传输、符号演算让学生获得真切的理解,然而学生最终获得的是浅层的、抽象的知识,难以转化为自己的学科素养。

最后,过于关注知识的结论性传授,忽视了知识的过程性探究。由于以高效传递化学知识和应对考试为目的,教师往往在教学中只关注一些概念、公式的学习,化学实验的固定流程,解答问题的技巧,呈现给学生的是结论性的知识和方法,而简化了化学知识、化学实验、化学问题解答背后的科学思维、科学原理和化学眼光。任何知识与方法背后,都蕴含着深刻的学科原理,都是经由化学领域的专家经过长期实验和论证的结果,并形成了一套具有普遍性原理的思维体系。如果教师仅仅只是将现成的方法直接教给学生,一方面会强化学生对知识权威的崇拜,导致学生缺乏自主的思考,另一方面则遮蔽了知识、方法和技巧生成的过程,无以将方法和技巧转化为可深度理解、可灵活运用、可创造转化的学科能力,导致学生思维的固化和对模板的简单套用。化学家、哲学家波兰尼曾提出了不同于"客观知识"的概念——"个人知识",强调个体自主地经历知识生产和方法运用的过程,形成个性化的认知与体验。这种知识绝非教师简单地给予一套模式所能替代,因为它意味着学生不仅在结论层面"知其然",而且在过程层面、原理层面"知其所以然",进而能够在实践层面加以灵活运用和创造。化学作为一门重要的基础自然科学,其本身蕴含着深刻的关于"变化"的思想,它必须在一个过程性的学习当中把握事物变化的规律,形成有关量变与质变、对立与统一、平衡与转化等科学思维。而教师依循的教学传统,遮蔽了化学之"化"的本性,将教学视为一种固定的化学结论的传递过程,从而让学生不过

---

① 倪梁康.现象学及其效应:胡塞尔与当代德国哲学[M].北京:生活·读书·新知三联书店,1994:135.

是占有了一系列的知识结论,却因为不了解知识背后形成的原理,导致学而无用、学而无感,无以形成真正的学科素养。

3. 重"知"轻"行":学习结果浅表化

马克思主义哲学认为,在认识与实践这一矛盾体中,实践是矛盾的主要方面。人类的认识从根本上源自实践并需要通过实践去检验。可以说,一旦认识脱离了实践,认识本身就缺乏意义,显得空洞乏味。在教学过程中,如果教学目的缺乏实践引领、教学过程缺乏实践参与、教学结果无以指向学生自主实践的形成,那么学生的学习将陷入浅表化、空洞化,带来学生学习的迷失,既无法形成对知识的深度理解,也无以展现出良好的学科表现和实践能力。现有的高中化学教学同样存在"知"与"行"的割裂问题,忽视了化学知识的获取与学生化学实践素养之间的关联,导致学生获得的是"假知"而非"真知"。

在高中化学的学习中,科学探究、化学实验、具体体验是学生感知和领悟化学知识,形成化学思维和化学素养的重要条件。化学作为一门自然科学,其知识、原理并非来自书斋、书本、符号的玄想,而源自真实的科学探究和基于化学问题的学科实践。根据高考评价体系和《普通高中化学课程标准(2017年版2020年修订)》的学业要求,高中化学应培养学生的信息获取与加工能力、逻辑推理与论证能力、批判性思维能力、思维建模与科学探究能力,其中思维建模与科学探究能力包括设计探究方案、描述实验现象、分析实验数据以及评价探究方案[①],这无疑要求学生应当具备良好的学科实践能力,能够将所学的化学知识转化为面向真实实验与情景的问题解决能力。事实上,以上所有能力的形成,都离不开学生"知"与"行"的结合,学生通过在化学学科实践中形成对已有化学知识的认识、反思与深化,并在面对复杂的化学问题中能够学以致用。

事实上,虽然许多教师知道化学学科的学习不能只让学生学习知识点、做试题,但是在实际教学中,教师却依然守着传统的教学方式,将自己作为知识的"代言人",省掉了学生自主参与化学实验、化学推理、化学建模与探究的过程。甚至有些教师把让学生参与到化学实验、用化学解决生活问题作为一种负担,从而形成了由"知识"到"知识"、由"知识"到"试题"的教学取向,学生成为教学场域和知识学习的"边缘人",无法将化学知识与复杂的问题情景和现实生活建

---

① 徐尚昆,杨汝岱,郝保伟.中国高考报告(2024)[M].北京:新华出版社,2023:232.

构起有意义的关联。学生即使做了很多试题训练,学习了很多解题技巧,但是由于缺乏自我对知识的切身体验,没有在具体的问题与情境中探索和使用,也无法形成真正的认识,更多是对符号、规则、技巧的机械记忆。

概言之,知行结合是教学本有的属性,无论是学生与学习内容的认知性、文化性实践,还是学生与他人的交往性、社会性实践,抑或学生与自我的伦理性、存在性实践,学习都是以过程的形式展开的[①]。现有的化学教学忽视了化学教学过程中的实践性,学生缺乏参与感、实践感和体验感,无以对知识进行深度加工,难以将知识转化为个性化的体验,不能内化为可外化的学科实践能力。学生既无力面对复杂的试题内容,更难以应对不确定性的生活实践。

二 高中化学教学痛点的归因分析

高中化学教学所存在的重"教"轻"学"、重"点"轻"面"、重"知"轻"行"等问题,主要在于高中教师在思维、理念和认知方面的局限性,没有真正认识到化学教学的本质,也缺乏践行新教学理念的勇气。

(一)二元对立的思维方式

思维方式是指主体在思考问题的过程中所采用的视角和眼光,呈现出主体在看待大多数问题中观点背后的逻辑。对教师而言,不同的思维方式带来对教育的不同理解,形成不同的教育行为。

高中化学教学之所以存在以上痛点的首要原因在于教师缺乏整体关联的思维方式,而是秉持着二元对立的思维方式,将"教"与"学"、"点"与"面"、"知"与"行"的关系割裂开来,而忽视了二者之间相互关联、彼此促进的关系。从"教"与"学"的关系来看,只有构建学中有教、教中有学的课堂,学生才可能发挥自主性和自觉性,将自己作为学习的主人,而非被动接受的客体。传统高中化学教学由于教师过度注重自我的权威,甚至将学生的"学"与教师的"教"对立起来,从而无法唤醒学生的学习兴趣;从"点"与"面"的关系来看,知识点的教学是促进学生建立知识体系的前提,而知识体系的建立有助于学生深化对知识点的

---

① 郭元祥.深度教学:促进学生素养发育的教学变革[M].福州:福建教育出版社,2021:124.

理解,在知识整体性的视域下定位和比较每一个知识点的独特价值,从而准确地迁移运用。高中化学教师往往缺乏整体关联、综合融通的意识,从而难以对化学知识进行结构化整合,导致学生学习的碎片化、浅层化,难以形成真正的化学素养。从"知"与"行"的关系来看,"知"是"行"的前提,"行"是"知"的来源,二者是互释互构、交互生成的关系。一方面,学生将"知"转化为"行",从而在具身体验与真实情境中形成"真知"与"真行";另一方面,学生化"行"为"知",在解决复杂问题和真实情境的探索中发现"新知"。最终,知行合一,个体能力得到了提升。高中化学教师在教学中往往以割裂的思维将"知"与"行"对立起来,只是在课堂传递抽象的符号,导致学生无法真正地理解和运用知识,难以提升解题能力和形成化学素养。

(二)功利主义的教学取向

教学过程所呈现的单向灌输,教学内容所展现的割裂状态,学生学习结果的浅层化,归根结底在于功利主义的教学取向。这种取向强调教学的高效率、高产出和短期目的,迎合当前考试和排名的需要,是以单一的、功利化的评价结果为导向的教学。

首先,注重教学过程的高效率,忽视了教学过程中的有效互动。教师以知识"短平快"地传授给学生为目标,使其能够快速地适应未来的考试需要,而非以真正提升学生的核心素养为目标。教师将知识作为产品"打包"直接"贩卖"给学生,学生缺乏自主地参与、解读和思考所学内容的机会。

其次,注重知识教学的高产出,忽视了知识内在的规律和本质。部分教师教学的目的在于通过教学快速将知识传递给学生,让学生能够记忆和解题。因而他们简单地依照教材照本宣科地进行知识点的细化和讲解,专注于传递已经形成结论的知识,并且是从抽象意义、符号意义的层面进行口头陈述的知识传授,却忽视了知识点与知识体系的关联,割裂了知识与日常生活的关系,抛弃了结论背后所蕴藏的丰富的原理。课堂虽然充满了一系列的化学知识点,但缺少了真正的化学学科的智慧。

再次,注重教学的短期目的,将教学的结果简化为学生的解题能力,把知识简化为符号,而非沟通个体生命实践的资源,忽视了培养学生终身受益的关键能力和品质。教学将所有的精力和内容都放在化学知识的传授上,主要目的在于让学生获取结论性知识并将之作为一种解题的资源,从而导致学生不过形成了"纸上谈兵"和"坐而论道"的抽象能力,学生或许能够在短期应对考试,却无法将之转化为个人化的优秀品质与能力,导致难以学以致用,不会转化和迁移,更无法将所学的知识运用到复杂的生活世界之中。

(三)狭隘简化的学科认知

学科认知是教师对本学科性质和独特价值的基本认识。教师如何对本学科作出基本的价值判断,直接影响着其如何开展教学设计和实施教学。教学本质是育人的工作,学科教师如果缺乏对本学科育人价值全面、深刻的把握,则容易走向教学反面,既无助于人才的培养,也难以凸显本学科存在的独特的育人价值,即如果教师无法发掘一门学科相较于其他学科独特的、不可替代的育人价值,那么这门学科的教学则缺乏存在的必要性。因为"学科、书本知识在课堂教学中是'育人'的资源与手段,服务于'育人'这一根本目的,'教书'与'育人'不是两件事,是一件事的不同方面。在教学中,教师实际上通过'教书'实现'育人',为教好书需要先明白育什么样的人"[1]。在高中化学教学中,教师首先要明确的不是化学学科有多少知识和考点,而是要明确化学学科的育人价值,即化学学科要培养学生的哪些独特的能力和素养,使其受益终身。

根据《普通高中化学课程标准(2017年版2020年修订)》,高中化学核心素养包括"宏观辨识与微观探析""变化观念与平衡思想""证据推理与模型认知""科学探究与创新意识""科学态度与社会责任"五个方面。目前来看,多数高中化学教师更多停留在教知识而非培养学生素养的层面,窄化了化学学科的育人价值。在高中化学教学实践中,由于部分教师更多将化学认定为一门知识学习的科目,而非一门蕴含着鲜活的丰富的育人价值的学科,仅仅停留在表层的知识教学和技能的训练上,而未以核心素养为指南,深入到学生科学思维、科学探究和科学实践的层面,从而导致教学的单向化、割裂化和浅层化。《普通高中化学课程标准(2017年版2020年修订)》指出:"化学是在原子、分子水平上研究物质的组成、结构、性质、转化及其应用的一门基础学科,其特征是从微观层次认识物质,以符号形式描述物质,在不同层面创造物质。"作为一门兼具理论与应

---

[1] 叶澜.重建课堂教学价值观[J].教育研究,2002(05):3-7.

用的基础学科,化学教学以物质为主要对象,以符号为描述载体,因而其教学应当既体现知识层面的直观性、逻辑层面的思辨性,也要体现实践应用层面的探索性。已有化学教学更多注重的是知识层面的传授,而忽视了背后的原理探索和实践应用,导致化学学科育人价值发挥不充分,难以适应未来人才发展的需要。

第二节 高中化学教学的变革

根据教育部2014年颁布的《教育部关于全面深化课程改革 落实立德树人根本任务的意见》，教育部启动了"中国学生发展核心素养"体系的制定和高中各学科课程标准的修订。由此，我国高中课程教学目标由"三维目标"走向"核心素养"，明确学生应当具备适应终身发展和社会发展所需要的正确价值观、必备品格和关键能力。《普通高中化学课程标准(2017年版2020年修订)》明确指出，高中化学核心素养包括"宏观辨识与微观探析""变化观念与平衡思想""证据推理与模型认知""科学探究与创新意识""科学态度与社会责任"五个方面。而这五个方面的贯彻落实，仰赖于传统高中化学教学方式的变革，从学科知识中心、教师中心转向素养中心、学生中心，从脱离情景与实践的公式、概念、符号的被动接受转向进入情景、融入探索和化学实验的主动建构，实现"知识本位"向"素养本位"的转变。

一、核心素养与化学学科核心素养的内涵意蕴

学科核心素养是基于核心素养而来的，落实到具体学科层面所要培养的核心素养，它与一门学科所具有的独特性有关。教师只有深入把握和贯彻学科核心素养，才能抓住学科教育的根本。学科核心素养既是一门学科对学生发展核心素养的独特贡献和作用，又是一门学科独特教育价值在学生发展中的体现和落实，也是学科本质观和学科教育价值观的反映。因而，只有理解了学科核心素养，学科的教学才有据可依，才可能最大程度地发挥学科的育人价值。

(一)核心素养

根据《教育部关于全面深化课程改革 落实立德树人根本任务的意见》，核心素养是指"学生应具备的适应终身发展和社会发展需要的必备品格和关键能力"。核心素养是修订课程标准、研制学业质量标准的重要依据，它"关乎'培养

什么样的人'的大问题,是当前国际课程改革的主旋律、最强音"[1]。因此,作为教育工作者要对"核心素养"有着整体而深入的把握。

首先,从目的来看,核心素养指向"培养什么样的人"的问题,代表着世界面向21世纪挑战教育变革的大趋势。联合国教科文组织在1996年的报告《教育——财富蕴藏其中》中就提出"四个学会"的主张,构建"四大学习支柱":学会认知(获取理解的手段)、学会做事(以便能够对自己所处的环境产生影响)、学会共同生活(以便与他人一道参加所有活动并在这些活动中进行合作),最终学会生存,这是前三种成果的主要表现形式[2],回答了面向21世纪"培养什么样的人"的问题。随后,在2003年,联合国教科文组织在《开发宝藏:愿景与策略2002—2007》中又指出,有必要在"学会认知""学会做事""学会共处""学会生存"基础上,增加教育的第五个支柱——"学会改变",以促进个人、组织与社会顺应与引导变迁的能力[3]。从"四大学习支柱"到"五大学习支柱",联合国教科文组织致力于提炼和概括面向未来的现代人形象,核心素养的思维方式贯穿其中,为核心素养的提出奠定了思想资源和思维基础[4]。

"核心素养"(Key Competencies)一词最早出现在经济合作与发展组织(以下简称"经合组织")和欧盟理事会的研究报告中。欧盟的一个研究小组在2002年3月发布的研究报告《知识经济时代的核心素养》中首次使用了"Key Competencies"这一概念,并认为"核心素养代表了一系列知识、技能和态度的集合,它们是可迁移的、多功能的,这些素养是每个人发展自我、融入社会及胜任工作所必需的"[5]。2005年,经合组织又发布了《核心素养的确定与选择:行动纲要》,率先提出"核心素养"结构模型,试图解决"21世纪培养的学生应该具备哪些最核心的知识、能力与情感态度,才能成功地融入未来社会,才能在满足个人自我实现需要的同时推动社会发展"[6]的重要问题,从人与工具、人与社会、人与自我关系的角度,提出了三大类核心素养:互动地运用工具(如语言、技术)、与异质群体互动、自主行动。

---

[1] 余文森.新时代中国课堂教学改革与创新[M].北京:教育科学出版社,2024:13.
[2] 联合国教科文组织.教育:财富蕴藏其中[M].2版,联合国教科文组织总部中文科,译.北京:教育科学出版社,2014:49.
[3] 朱敏.终身教育的国际展望[N].上海文汇报,2011-4-8(12).
[4] 余文森,龙安邦.指向核心素养的课堂教学探索[M].北京:高等教育出版社,2022:5.
[5] 褚宏启.核心素养的概念与本质[J].华东师范大学学报(教育科学版),2016(01):1-3.
[6] 李艺,钟柏昌.谈"核心素养"[J].教育研究,2015(09):17-23,63.

为了更好地应对21世纪的挑战,一些国家在借鉴国际组织和他国经验的基础上,研发公布了本国核心素养框架。例如,美国2002年在联邦教育部的领导下,成立了"21世纪素养合作组织",该组织制定了《21世纪素养框架》,2007年该组织发布了《21世纪素养框架》的更新版本。新西兰教育部2005年公布了包含四种核心素养的框架。法国2006年发布了七个核心素养。新加坡教育部2010年颁布了"21世纪素养"。日本2013年提出"21世纪能力"框架。中国在2016年9月发布了中国学生发展核心素养,这些框架无不体现了为应对21世纪的挑战,各国对于新的人才观、教育质量观的呼唤。[①]

其次,从内容上来看,核心素养是关键的少数素养,不是全面素养或者综合素养。所谓"核心"聚焦的是那些学生在自己终身发展和面对社会需要的过程中不可或缺的基本素养。这些素养的提出意在解决的是在教育过程"重点发展学生什么"的问题,是经过长期论证和选取的处于关键地位的素养。换言之,核心素养是教育过程中教师首先要抓住的主要矛盾,学校教育是基于核心素养、通过核心素养、为了核心素养的教育。这些素养具有鲜明的时代性,是我们所处的这个时代所必不可少的素养。为此,中国学生发展核心素养以"全面发展的人"为核心,包括文化基础、自主发展、社会参与三个方面,综合表现为人文底蕴、科学精神、学会学习、健康生活、责任担当、实践创新六大素养,再具体表现为人文积淀、人文情怀、审美情趣等十八个基本要点,如下图所示。

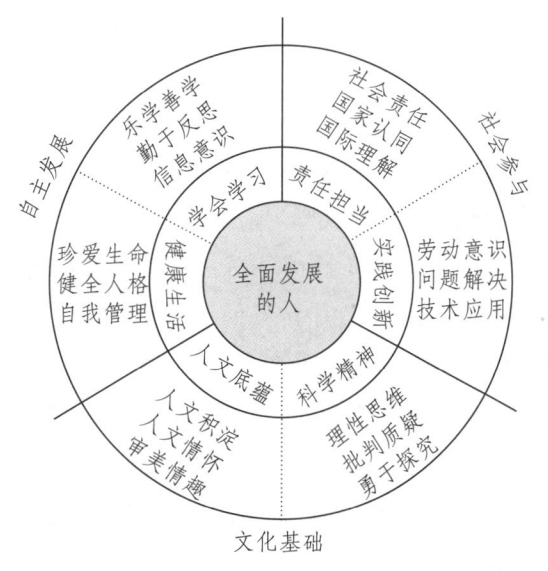

---

① 褚宏启.核心素养的国际视野与中国立场——21世纪中国的国民素质提升与教育目标转型[J].教育研究,2016(11):8-18.

在文化基础、自主发展与社会参与三大素养中,文化基础指学生应具备的人文底蕴和科学精神,能够理解和欣赏人类文化遗产,具备基本的科学知识和思维方式。这是个体从自然人转变为社会人的前提,指向的是"人化",是从人的类本质的层面提出的要求,强调的是个人与人类的关系。

自主发展强调学生的自我学习能力,包括学会学习、健康生活等,使学生能够自主获取新知识,形成终身学习的习惯。自主发展是个体走向生命自主和独立的前提,也是人的发展和教育的理想境界,指向的是"主体化",是从具有主体性的人的确立层面提出的要求,强调的是人与自我的关系。

社会参与指学生应具备的责任担当和实践创新能力,能够积极参与社会活动,为社会的发展作出贡献。社会参与则是人的实践本性与社会本性的层面,凸显的是人作为社会人的价值和贡献,指向的是"社会化",强调的是人与人的关系。

概言之,文化基础、自主发展与社会参与三大方面的素养根本指向的是人的全面发展,使人真正成为一个具有独立精神、社会责任的持续发展的人。核心素养的培养对于学生的全面发展至关重要。它有助于学生形成正确的价值观,培养良好的人际关系和社会责任感,同时也为学生的未来学习和职业生涯打下坚实的基础。

再次,从评判标准来看,衡量核心素养的是实践能力,体现为知识、技能、态度等的综合。素养是知识、技能、态度的超越和统整,是一整套可以被观察、教授、习得和测量的行为[1]。素养通过可见的行为得以展现,具有内隐性。教育所要培养的核心素养也只有以具体的行动为依托,构建适切的教学情景,让学生发挥主动性,通过主题学习、项目式学习、成果展示等方式,让知识、技能、态度在面对复杂的情景时得以表现出来,让素养成为可见的行动。换言之,学生是否具备核心素养,其根本指向不在于传统的是否能够考取高分,而在于其是否能够在充满不确定性、模糊性、复杂性的世界中,有效地应对那些情景,解决自己所要面对的现实问题。这也就为教育与教学改革提供了方向,从"知识本位"和"学科本位"转向"素养本位"和"育人本位",其核心在于从原有的有"知识"而无"行动",有"知识"而无"智慧"生成,有"文本符号堆积"而无"具体情景建构",

---

[1] 褚宏启.核心素养的国际视野与中国立场——21世纪中国的国民素质提升与教育目标转型[J].教育研究,2016(11):8-18.

有"知识记忆和理解"而无"具身感知与应用"等教学中解放出来,迈向指向素养提升或实践能力提升的理想境界。除此之外,根据林崇德的观点,核心素养兼具个人价值与社会价值,是适应一切情景和所有人的普遍素养,需要通过系统、复杂的学习和心理活动来形成和发展,具有阶段性和系统性、整合性和可迁移性等特点。

综上所述,核心素养就是人适应时代和社会发展处理复杂问题的能力。核心素养有利于学生创造性思维、复杂交往能力的发展,培养核心素养是实现全面发展的关键。

(二)化学学科核心素养

学生核心素养的培养主要通过基础教育阶段各学科的教育教学来实现,"核心素养是课程设计的DNA"[1],各学科要基于核心素养的总目标,结合学科内容和学科独特性,培养学生的关键能力和必备品格,进而以不同学科的核心素养的发展共同促进学生的全面发展。有学者指出:只有将上位的核心素养与学科核心素养结合在一起,并真正贯穿在整个教学过程的时候,核心素养才能落到实处,才能走进学生的素养结构,成为学生的素养[2]。可见,核心素养与学科核心素养是整体与部分的关系,核心素养是各级各类教育的总指南,而发展学生学科核心素养是具体落实核心素养目标的基本路径,各学科应当发挥其独特的育人功能,共同促进学生的全面发展。

所谓学科核心素养是指学生学了本学科之后逐步形成的关键能力、必备品格与价值观念[3]。由于不同学科有其独特的属性,因而学科核心素养所能够培养的是学生独特的、不可替代的那些素养。根据《普通高中化学课程标准(2017年版2020年修订)》,普通高中化学核心素养包括:"宏观辨识与微观探析""变化观念与平衡思想""证据推理与模型认知""科学探究与创新意识""科学态度与社会责任"五个方面。化学学科核心素养构成要素之间具有内在的本质联系。"宏观辨识与微观探析""变化观念与平衡思想"和"证据推理与模型认知",

---

[1] 蔡清田.台湾十二年国民基本教育课程改革的核心素养[J].上海教育科研,2015(04):5-9.
[2] 成尚荣.回到教学的基本问题上去[J].课程.教材.教法,2015(01):21-28.
[3] 崔允漷.学科核心素养呼唤大单元教学设计[J].上海教育科研,2019(04):1.

是从学科观念和思维方式视角对化学科学思维的描述,"科学探究与创新意识"是对化学科学实践的表征,"科学态度与社会责任"是对化学科学价值取向的刻画,是化学学科整体育人功能和价值的具体表现。

1. 宏观辨识与微观探析

宏观辨识与微观探析是化学学科区别于其他学科的重要特征。宏观辨识是从整体、宏观角度,对物质进行观察、分类和理解,把握物质变化规律。例如,通过观察物质的颜色、气味或者反应过程中的温度变化等宏观现象来识别物质的类型或预测其行为。微观探析指从分子或原子的层面去理解物质的性质和行为。这涉及对物质的组成、结构和性质的深入理解,以及这些微观层面的特征如何决定物质的宏观性质。在实际的化学学习和问题解决中,宏观辨识与微观探析是相辅相成的。宏观的现象往往是微观层面变化的反映,而微观层面的理解又能够帮助解释和预测宏观现象。具体来说,宏观辨识与微观探析包括:(1)能从不同层次认识物质的多样性,并对物质进行分类;(2)能从元素和原子、分子水平认识物质的组成、结构、性质和变化,形成"结构决定性质"的观念;(3)能从宏观和微观相结合的视角分析与解决实际问题。在《普通高中化学课程标准(2017年版2020年修订)》中,也对"宏观辨识与微观探析"这一核心素养达成的水平进行了层次划分。如下表所示。

素养水平	素养1　宏观辨识与微观探析
水平1	能根据实验现象辨识物质及其反应,能运用化学符号描述常见简单物质及其变化,能从物质的宏观特征入手对物质及其反应进行分类和表征,能联系物质的组成和结构解释宏观现象。
水平2	能根据实验现象归纳物质及其反应的类型,能运用微粒结构图式描述物质及其变化的过程,能从物质的微观结构说明同类物质的共性和不同类物质的性质差异及其原因,解释同类的不同物质性质变化的规律。
水平3	能从原子、分子水平分析常见物质及其反应的微观特征,能运用化学符号和定量计算等手段说明物质的组成及其变化,能分析物质化学变化和伴随发生的能量转化与物质微观结构之间的关系。
水平4	能依据物质的微观结构,描述或预测物质的性质和在一定条件下可能发生的化学变化,能评估某种解释或预测的合理性;能从宏观与微观结合的视角对物质及其变化进行分类和表征。

2.变化观念与平衡思想

化学本身是关于物质变化的学科,因此其背后蕴藏着深刻的关于变化和平衡的观念与思想。变化观念涉及学生对物质状态变化、化学反应等转化过程的理解。它要求学生以动态发展的眼光而不是静止的眼光看待物质,并意识到在不同条件下可以发生各种物理变化和化学变化。这种观念帮助学生理解物质的性质、制备和应用等方面的知识。化学中的平衡是指在一定条件下,物质的转化达到一种动态稳定状态,即正反应和逆反应的速率相等。平衡思想强调了变化过程中的稳定性和条件性,使学生能够理解并预测在不同条件下系统的变化趋势。"变化"与"平衡"是紧密相关的。物质在变化过程中往往会体现出平衡,例如在化学反应中,反应物和生成物的比例、反应的速率等都与平衡有关。理解这一点对于掌握化学反应机理和实验操作至关重要。

根据《普通高中化学课程标准(2017年版2020年修订)》,变化观念与平衡思想主要包括:(1)能认识物质是运动和变化的,知道化学变化需要一定的条件,并遵循一定规律;(2)认识化学变化的本质特征是有新物质生成,并伴有能量转化;(3)认识化学变化有一定限度、速率,是可以调控的;(4)能多角度、动态地分析化学变化,运用化学反应原理解决简单的实际问题。可见,变化观念与平衡思想是学生学习化学的基本工具,也是解决化学问题的关键思维方式。这一素养的培养,有助于学生更全面地理解物质世界,把握物质变化的规律,为进一步的化学学习和科学研究打下坚实的基础。这一核心素养达成的水平如下表所示。

素养水平	素养2　变化观念与平衡思想
水平1	能认识到物质运动和变化是永恒的,能归纳物质及其变化的共性和特征,能认识化学变化伴随着能量变化;能根据观察和实验获得的现象和数据概括化学变化发生的条件、特征与规律。
水平2	能从原子、分子水平分析化学变化的内因和变化的本质,能理解化学反应中量变和质变的关系;能从质量守恒的角度,并运用动态平衡的观点看待和分析化学变化;能运用化学计量单位定量分析化学变化及其伴随发生的能量转化。
水平3	形成化学变化是有条件的观念,认识反应条件对化学反应速率和化学平衡的影响,能运用化学反应原理分析影响化学变化的因素,初步学会运用变量控制的方法研究化学反应。

续表

素养水平	素养2　变化观念与平衡思想
水平4	能从不同视角认识化学变化的多样性,能运用对立统一思想和定性定量结合的方式揭示化学变化的本质特征;能对具体物质的性质和化学变化作出解释或预测,能运用化学变化的规律分析说明生产、生活实际中的化学变化。

3.证据推理与模型认知

证据推理是指在科学探究过程中,面对化学问题,学生能够搜集、整理和分析相关的实验数据,基于数据提出假设、通过逻辑推理和实验去验证假设,最终形成结论的过程。如何识别、评估和应用各种证据,是科学探究的前提。模型认知是科学家用以简化和抽象认识现实世界的工具,是在对研究对象进行实验观察和证据推理的基础上,利用简化、抽象和类比等方法,将反映研究对象的本质特征形成一种概括性的描述或认识思路。模型具有描述、解释和预测功能,是理论发展的重要方式。在高中化学中,学生需要学会构建和使用模型,包括思想模型(如电离模型)、实物模型(如分子轨道模型、分子球棍模型)、认知模型(系统化思维方式)等。因为模型是将研究对象的性质、变化现象背后的本质和规律的抽象和提炼,能够为学习者提供一种思维方式或认知工具,从而有助于学生深入理解物质变化,掌握其本质规律与原理。证据推理与模型认知是相辅相成的。一个好的化学模型必须建立在充分的证据基础之上,而通过模型可以帮助我们更好地理解和预测化学现象,从而指导我们进行下一步的证据收集和推理。这种方法论既适用于化学学科,也是科学研究的通用方法。

根据《普通高中化学课程标准(2017年版2020年修订)》,证据推理与模型认知主要包括:(1)具有证据意识,能基于证据对物质组成、结构及其变化提出可能的假设,通过分析推理加以证实或证伪;(2)建立观点、结论和证据之间的逻辑关系;(3)知道可以通过分析、推理等方法认识研究对象的本质特征、构成要素及其相互关系,建立认知模型,并能运用模型解释化学现象,揭示现象的本质和规律。证据推理和模型认知的水平包括以下4个层次。

素养水平	素养3　证据推理与模型认知
水平1	能从物质及其变化的事实中提取证据,对有关的化学问题提出假设,能依据证据证明或证伪假设;能识别化学中常见的物质模型和化学反应的理论模型,能将化学事实和理论模型之间进行关联和合理匹配。
水平2	能从宏观和微观结合上收集证据,能依据证据从不同视角分析问题,推出合理的结论;能理解、描述和表示化学中常见的认知模型,指出模型表示的具体含义,并运用于理论模型解释或推测物质的组成、结构、性质与变化。
水平3	能从定性与定量结合上收集证据,能通过定性分析和定量计算推出合理的结论;能认识物质及其变化的理论模型和研究对象之间的异同,能对模型和原型的关系进行评价以改进模型;能说明模型使用的条件和适用范围。
水平4	能依据各类物质及其反应的不同特征寻找充分的证据,能解释证据与结论之间的关系;能对复杂的化学问题情境中的关键要素进行分析以建构相应的模型,能选择不同模型综合解释或解决复杂的化学问题;能指出所建模型的局限性,探寻模型优化需要的证据。

4. 科学探究与创新意识

科学探究与创新意识是对化学科学实践的表征。科学探究与创新意识是指学生在学习化学的过程中,应该培养的探索未知、解决问题的能力以及创新的思考方式。科学探究是一种实践活动,它要求学生能够通过实验或理论研究去验证想法,发现新知识,创造新方法,并将这些应用于实际问题中。这种实践活动不是对已有知识的重复,而是培养学生独立思考和解决问题的能力。化学作为一门基础科学,学生应将科学探究和创新融入科学实践中,通过具体的化学实验活动来提升自己的科学探究能力,这包括设计实验、操作实验、分析数据和得出结论等能力。因此,高中化学还要培养学生的创新意识,一方面将已知的化学知识进行灵活运用和转化,创造性地运用,解决化学的理论与实践问题;另一方面也要有意识地对未知领域进行积极主动探索,开展批判性思考,充分发掘自身的想象力,乃至发现已有化学研究的不足,进而获得创造性的新发现。科学探究与创新意识是相辅相成的关系,有了创新意识自然会激发个体的科学探究,而科学探究的实践也将进一步推动创新意识的形成。

根据《普通高中化学课程标准(2017年版2020年修订)》,科学探究和创新意识主要包括：(1)认识科学探究是进行科学解释和发现、创造和应用的科学实践活动；(2)能发现和提出有探究价值的问题；(3)能从问题和假设出发，依据探究目的，设计探究方案，运用化学实验、调查等方法进行实验探究；(4)勤于实践，善于合作，敢于质疑，勇于创新。这一素养发展分为4个层次，如下表所示。

素养水平	素养4　科学探究与创新意识
水平1	能根据教材中给出的问题设计简单的实验方案，完成实验操作，观察物质及其变化的现象，客观地进行记录，对实验现象作出解释，发现和提出需要进一步研究的问题。
水平2	能对简单化学问题的解决提出可能的假设，依据假设设计实验方案，组装实验仪器，与同学合作完成实验操作，能运用多种方式收集实验证据，基于实验事实得出结论，提出自己的看法。
水平3	具有较强的问题意识，能在与同学讨论的基础上提出探究的问题和假设，依据假设提出实验方案，独立完成实验，收集实验证据，基于现象和数据进行分析并得出结论，交流自己的探究成果。
水平4	能根据文献和实际需要提出综合性的探究课题，根据假设提出多种探究方案，评价和优化方案，能用数据、图表、符号等处理实验信息；能对实验中的"异常"现象和已有结论进行反思，提出疑问和新的实验设想，并进一步付诸实施。

5. 科学态度与社会责任

"科学态度与社会责任"是对化学科学价值取向的刻画，是化学学科整体育人功能和价值的具体表现。学生要形成严谨的科学态度和科学研究的精神，才可能真正进入化学的世界。严谨的科学态度包括实事求是、勇于探索未知、敢于质疑已知以及坚持真理，从而通过学习形成对科学知识的尊重、好奇与持续的求知。同时，化学是一门以实验为基础的自然学科，通过实验探究问题和验证真理是化学的学科特点。因此，学生应该通过参与实验活动，培养科学研究精神。在社会责任方面，由于化学具有很强的应用性，如何坚持以正确的价值观和科学伦理运用化学知识和原理，开发化学产品至关重要。学生需要理解化学、技术、社会和生态环境之间的关系，认识到化学的贡献与价值，同时警惕其所可能带来的社会危害。总之，科学态度与社会责任最终汇聚成为学生通过化学学习之后所构建的人格特征，直接影响着化学学科的育人成效。

根据《普通高中化学课程标准(2017年版2020年修订)》，"科学态度与社会责任"主要包括:(1)具有安全意识和严谨求实的科学态度,具有探索未知、崇尚真理的意识;(2)深刻认识化学对创造更多物质财富和精神财富、满足人民日益增长的美好生活需要的重大贡献;(3)具有节约资源、保护环境的可持续发展意识,从自身做起,形成简约适度、绿色低碳的生活方式;(4)能对与化学有关的社会热点问题作出正确的价值判断,能参与有关化学问题的社会实践活动。这一素养发展分为4个层次,如下表所示。

素养水平	素养5　科学态度与社会责任
水平1	具有安全意识,逐步养成严谨求实的科学态度,不迷信,能自觉抵制伪科学;能列举事实说明化学对人类文明的伟大贡献,主动关心与环境保护、资源开发等有关的社会热点问题,形成与环境和谐共处、合理利用自然资源的观念。
水平2	崇尚科学真理,不迷信书本和权威;具有"绿色化学"观念,能运用所学知识分析和探讨某些化学过程对人类健康、社会可持续发展可能带来的双重影响,并对这些影响从多个方面进行评估。
水平3	具有理论联系实际的观念,有将化学成果应用于生产、生活的意识,能依据实际条件并运用所学的化学知识和方法解决生产、生活中简单的化学问题;在实践中逐步形成节约成本、循环利用、保护环境等观念。
水平4	尊重科学伦理道德,能依据"绿色化学"思想和科学伦理对某一个化学过程进行分析,权衡利弊,作出合理的决策;能针对某些化学工艺设计存在的各种问题,提出处理或解决问题的具体方案。

综上,化学学科核心素养的提出,要求高中化学教学转变传统的以知识为本位的课堂教学,转向以素养提升为本的课堂教学。在这个过程中,尤其要基于化学学科性质,培养本学科独特的五大素养,关注化学学科思维、化学实践能力和化学价值观等的培养。基于此,高中化学教学应更加注重情境建构、更加注重学生主动参与实践、更加注重实验探究、更加注重跨学科的融合等,建构指向核心素养的课堂教学:从教为主走向学为主,建立学习中心课堂,激发学生的学习主动性;从抽象化的文本知识的学习转向学科实践,建立实践型的育人方式,让学生在各类学科活动中形成具体而深刻的认知;从知识点的教学转向大概念教学,通过大主题大单元教学,让学生把握学科内容体系,形成核心素养;从学科孤立转向学科融合,开展跨学科的主题学习,实现学生学科核心素养的深化。

二 "三新"背景下的高中化学课堂教学变革

普通高中教育是国民教育体系的重要组成部分,在人才培养中起着承上启下的关键作用。党的十八大以来,我国普通高中教育加快普及发展步伐,全面深化教育综合改革,持续推进育人方式变革。为满足学生不同学习需要,进一步提高学生综合素质和普通高中教育质量,2017年教育部颁布了《普通高中课程方案和语文等学科课程标准(2017年版)》。随后,国家又出台一系列方案,持续推进高中高质量发展,从《关于新时代推进普通高中育人方式改革的指导意见》到《深化新时代教育评价改革总体方案》《普通高中学校办学质量评价指南》,我国普通高中教育进入了新课标、新教材、新高考改革和质量评价改革同步实施、协同推进的"黄金期"。

(一)新课标

新课标即新课程标准,是规定某一学科的课程性质、课程目标、课程结构、课程内容、学业质量、实施建议的教学指导性文件。这是教材编写、教学、考试评价以及课程实施管理的直接依据。可以说,新课标是我国现阶段教育改革的总纲领,是一切教育行动的指南,标准的制定和确立是改革与发展的源头。课程标准是教育改革的第一依据、第一推动力。根据《普通高中课程方案(2017年版2020年修订)》,新课标进一步明确了普通高中教育的定位,"普通高中的培养目标是进一步提升学生综合素质,着力发展核心素养,使学生具有理想信念和社会责任感,具有科学文化素养和终身学习能力,具有自主发展能力和沟通合作能力"[1]。在学科课程标准方面,各学科基于学科本质提炼了本学科的核心素养,明确了学生学习该学科课程后应达成的正确价值观、必备品格和关键能力,对知识与技能、过程与方法、情感态度价值观三维目标进行了整合;在学业质量方面,各学科明确学生完成本学科学习任务后,学科核心素养应该达到的水平,各水平的关键表现构成评价学业质量的标准。由此可见,随着新的课程标准的颁布,以核心素养为本的化学教学改革已成趋势。

新课标重点突出了核心素养在高中教育中的重要性,形成了指向核心素养

---

[1] 中华人民共和国教育部.普通高中课程方案(2017年版2020年修订)[M].北京:人民教育出版社,2020:3.

的课程目标与学业质量标准。由此,新课标背景下的课堂教学改革也必然需要由传统的"知识本位"的教学转向"素养本位"的教学。因此,在课堂教学中,教师要深入理解化学学科核心素养的内涵,以培养化学学科核心素养为目标,科学制订化学教学目标,结合学生的已有经验,对学段、模块或主题、单元和课时教学目标进行整体规划和设计。在教学内容方面,"化学教学内容的组织,应有利于促进学生从化学学科知识向化学学科核心素养的转化"[1],应重视STSE(科学、技术、社会、环境的英文缩写)内容主题的选择和组织,紧密联系生产、生活实际,使学生认识到化学能够创造更多物质财富满足人民日益增长的美好生活需要,同时还应重视跨学科内容主题的选择和组织,加强化学与物理学、生物学、地理学、材料科学和环境科学等学科的联系。在教学方式上,创设真实且富有价值的问题情境,引导学生积极开展建构学习、探究学习和问题解决学习,促进学生化学学习方式的转变。

总之,新课标强调素质教育,注重培养学生的综合素质和能力。教师需要转变教育观念,从过去的应试教育向素质教育转变,关注学生的全面发展,提高学生的创新能力、实践能力和团队协作能力。新课标背景下的化学课堂教学是基于化学学科核心素养、通过化学学科核心素养和为了化学学科核心素养的教学,要求课堂教学从"知识为本"转向"素养为本",实现整体而全面地育人。

(二)新教材

目前,依据《普通高中化学课程标准(2017年版2020年修订)》编写的普通高中化学教科书正在全国各地使用。新教材是教学的基本载体,是落实化学学科核心素养的基本方式。新教材充分体现了新课标的理念,相较于原有的教材在栏目设置、编排方式等方面都呈现新的特点。

在栏目设置方面,新教材共设置了14个栏目,"实验X-X""实验活动"重视实验探究与实践活动,让学生在实验探究活动中学习科学方法,在具身体验中形成真知;"探究""思考与讨论""研究与实践"充分发挥学生的主动性,让学生参与课堂教学和对化学知识与素养形成的过程中,实现化学知识向个人能力与素养的转化;"整理与提升""练习与应用""复习与提高"则注重学生对知识的复

---

[1] 中华人民共和国教育部.普通高中化学课程标准(2017年版2020年修订)[M].北京:人民教育出版社,2020:70.

习、巩固与转化,使其浅层认识转化为深度认知;"方法导引"则注重从学科思维、模型认知的角度为学生开展化学学习提供方法指南;"化学与职业"将化学学习与学生未来的职业规划相结合,既彰显出化学学科的价值,又能激励学生持续探索;"科学史话""科学·技术与社会"则是化学的科学性与人文性的共同展现,引导学生认识科学本质,体会科学事业的特征,把握化学的伦理性要求;"信息搜索""资料卡片"则为学生拓展相关认识,学会信息检索与主动探究提供了入口。这些栏目的设置,充分体现了化学学科的科学性、人文性、应用性等属性。对于教师而言,需要改变传统的知识结构,形成丰富的化学素养,从而促进学生学科核心素养的发展。

在编排方式上,注重知识的逻辑顺序、学生的认识顺序和心理发展顺序及社会发展的需求等方面的合理结合。采用了从绪言引入、理论和元素化合物知识穿插安排、化学计算、化学实验与有关理论和元素化合物知识密切配合,最终落脚于化学与可持续发展、彰显化学价值的体系结构[1]。这种由易到难、知识结构相互关联贯通的知识编排,注重化学知识的结构化,反映化学学科知识之间的内在逻辑,为学生开展自主学习,深度理解化学知识之间的关联,把握知识的脉络和结构提供了可能。

在呈现方式上,新教材注重情境、活动和问题解决的整体设计,教材知识不是生硬地直接呈现在学生面前,而是融入丰富的背景知识与现实情境,将知识融入问题和活动中,让学生对化学知识形成真切直观的感知,进而达成深度学习。

综上所述,新教材所呈现的新特点核心表现为指向学生核心素养的提升,由传统意义上教师为主体的"教材"转变为学生为主体的"学材",以教材为基础和起点,启发学生的化学智慧,激发起自主学习和探索的欲望,从而构建个性化的化学知识体系以应对复杂的问题情境。由此,新教材背景下的教学,对教师能力提出新要求,要求教师应具备综合的化学素养,在教学中能够对知识进行结构化整合,能够构建化学情境引导学生自主学习,能够设计有效的化学实践活动提升学生解决综合问题的能力等。换言之,教师的角色应从"知识传授者"转化为学生学习的"引导者"或"辅导者",课堂教学应从"教师中心""教材中心"转变为"学生中心""活动中心",构建以学习为中心的课堂。

---

[1] 任雪明. 人教版新课标化学必修教科书编写特色分析及教学建议[J]. 化学教学, 2020(08): 7-11.

(三)新高考

2014年,《国务院关于深化考试招生制度改革的实施意见》的发布标志着我国新一轮考试招生制度改革正式启动。《国务院关于深化考试招生制度改革的实施意见》是新高考改革的纲领性文件,确定了新高考改革的基本方向。2020年1月,教育部考试中心发布《中国高考评价体系》,明确提出了"一核""四层""四翼"的高考命题方向,为高考综合改革提供指南;2020年10月,中共中央、国务院印发了《深化新时代教育评价改革总体方案》,提出要扭转不科学教育评价导向,破除唯分数、唯升学、唯文凭、唯论文、唯帽子的顽瘴痼疾。可见,新高考改革不仅是考试方式的改革,更是关于人才评价的改革。截至2023年,全国29个省份先后分五批启动新高考改革,其中6个省份采用"3+3"模式,23个省份采用"3+1+2"模式[①]。

新高考以《普通高中课程标准(2017年版2020年修订)》为高考命题依据,以《中国高考评价体系》为高考内容改革的实践指南,落实立德树人根本任务。具体而言,新高考基于课程标准,以学科核心素养为导向,打破"以纲定考",实现"考教衔接",贯彻高考评价体系命题理念,强化关键能力和思维品质的考查,落实"核心价值、学科素养、关键能力、必备知识"四层高考考查内容体系,着重考查学生的科学精神、创新能力和批判性思维,增强试题的开放性、探究性和创新性,从而引导拔尖创新人才的培养[②]。根据《中国高考评价体系》,高考评价的核心内容是"一核四层四翼":"一核"指核心功能,即"立德树人、服务选才、引导教学",回答的是"为什么考"的问题;四层为考查内容,即"核心价值、学科素养、关键能力、必备知识",回答的是"考什么"的问题;四翼为考查要求,即"基础性、综合性、应用性、创新性",回答的是"怎么考"的问题。基于此,中国高考报告学术委员会将高考命题的一般要求概括为"核心价值金线""能力素养银线""情境载体串联线"和"问题导向,任务驱动",体现出"无价值,不入题;无思维,不命题;无情境,不成题;无任务,不立题"的特征[③]。由此可见,新高考在模式上注重自由组合,打破传统的文理分割状态,强调人文性与科学性的统一,注重学生自

---

① 周建华,单正义,覃红霞.新高考是否促进了学生自主选科?——基于CatBoost回归树模型的实证分析[J].华东师范大学学报(教育科学版),2024(03):12-25.
② 徐尚昆,杨汝岱,郝保伟.中国高考报告(2024)[M].北京:新华出版社,2023:5-6.
③ 徐尚昆,杨汝岱,郝保伟.中国高考报告(2024)[M].北京:新华出版社,2023:58-62.

主选择权利,充分尊重其兴趣和发展其多元化的思维;在考查的内容和形式方面,更加注重学科核心素养,强调核心价值与学科知识的融合,注重情境的建构与学科实践能力的养成,强调批判性思维和独立思考能力的培养,尤其注重对复杂情景的认知与问题解决能力。

在评价方式上,新高考背景下的学生评价,不再用唯一标准评价学生,而是以立德树人为根本任务,以学科核心素养为基础,让每一个学生都获得其应有的发展。新高考改革倡导评价多元化,要求教师关注学生的全面发展。教师需要改变传统的评价方式,注重过程性评价,关注学生的学习态度、学习方法和学习成果,为学生提供更加全面、客观的评价;关注学生的个性化发展,因材施教,帮助每个学生发挥自己的潜能。在考查内容上,新高考注重思维品质和综合实践能力的考查,而不再是传统的知识记忆和机械运用,要求教师课堂教学应注重学生主体性,提供丰富的教学情境和实验活动,通过化学问题引导学生自主探究和实践,形成严谨的科学态度和敢于创新的意识。概言之,新高考背景下的课堂教学对教师提出了新的要求,教师自身应具备学科核心素养,转变教学观念,将核心价值、学科素养、关键能力和必备知识作为化学教学的基本点,改变传统的单一学科教学方式和点状化、割裂式思维,以培养学生高阶思维能力、问题解决能力、实践能力为导向,推进跨学科教学、项目式学习、大单元整体教学、学科实践等新的教学理念进入课堂。

第二章

化形化学：教育教学主张

针对传统高中化学教学存在的问题,理论界和实践界都提出了相关的教育理念和实践策略。笔者作为一线教师,也在长期的化学教学实践中形成了自己对化学教学的理解,形成了基于化学学科特性,面向学生化学核心素养提升,推进化学教育教学变革的教学主张——"化形化学"。"化形化学"这一教学主张的形成既融合了时代背景与相关的理论基础,也融入了笔者长期的教学实践,它们共同构成了"化形化学"这一教学主张的理念体系。

第一节 化形化学教学主张的形成过程

任何一个教学主张的提出都不是空穴来风、一时兴起,常常需要经历长期的过程。化形化学这一教学主张是笔者在长期的教育实践与反思过程中提出来的。在这个过程中,既有对不同时代教育需要的反思,也有对自身教育经验的提炼,还有漫长持续的实践探索。

一、教学主张的概念与内在意蕴

一个概念或一个想法成为一种主张,而非纯粹的概念游戏与抽象的话语,其背后有着深刻的理论逻辑。在日常生活中,我们经常会用"我主张……"来表达自己的观点,或许这更多源自经验层面的话语习惯,而尚未对"主张"一词本身进行科学的界定和理解。提出一种主张,并非只是提出一个不同的词汇或概念,更多是话语背后所呈现的价值取向、思维方式和逻辑论证。换言之,"主张"不是一般的日常经验的理解,而是基于日常经验又超越日常经验的思考。

在拉丁语中,"主张"是"选择"的含义,意指个体针对某一事物或行动所做出的基本取向。在《现代汉语词典》中,"主张"作名词时,指"对某种事物所持有的见解";作动词时,"主张"的内涵是"提倡;扶持;对某种行动提出见解"。我们可以对"主张"进行拆解,所谓"主张"即是有"主"有"张"。所谓有"主",凸显的是人的主体性,是某一个人"自己的"独立思考后的结果,包含人的主体意向,也渗透人的意志和愿望;所谓有"张",强调的是把个人对事物的见解进行表达和张扬,尤其注重"见解"与"行动"的关联性,倾向于表示对事物及问题的处理方法,直接指向活动,并指导活动。一般来说,主张是指历经一段时间所形成的稳定的对事物的理解与认识,它与实践活动紧密联系在一起,具有鲜明的个性化特征和行动化指向。

什么是教学主张?成尚荣认为,教学主张是教学流派的内核,是教师教育思想的具体化,是对其教育观点的梳理、归纳和提升,是教师在教学实践中逐步形成的教育理念、价值、立场的综合体。在他看来,教学主张是对教学及教学改革的一种坚定的见解。这种见解是个性化的、独特的、稳定的。它指向行动,坚持在教学实践中运用,被证明而发展[1]。余文森认为,不同教学主张的名师,对于同一堂课、同一问题有不同的见解,这是名师教学特色、风格的内核。教学主张体现了名师解读教材的独特视角,可以有效防止教学同质化和平庸化,增强教学新意。教学主张是教师从教学经验走向教学理论,从教学思考走向教学思想,促进教师从优秀走向卓越,实现自我超越的专业生长点[2]。李建军认为,教学主张是教师主体对于如何开展教学行动所持有的见解和观点,具有个人性、价值性、行动性、生成性等特性。教学主张直接引导着教师的教学行为,是教师专业发展的能动因素和内在需求[3]。耿琳认为,教学主张是在教师个人实践的基础上形成的对如何开展教育活动的见解,而在其教育见解中就渗透着教师个人的教育理念、教育情感和教育意志,教学主张一旦形成就会对教师的进一步教学实践具有指向功能。葛倩玲指出,教学主张是教师在实践中形成的独特、稳定、系统的认知和理解,是教师个体教学观和方法论的重要体现。方华基等人指出,教学主张是教师在长期解决教育实践问题的过程中不断地反思、提炼与再实践,进而形成的"是什么"(陈述性知识)与"怎么做"(程序性知识)相结合的实践性个人知识。

综上可知,研究者普遍认为教学主张具有个人性、实践性、独特性和稳定性等特征,是教师在教学实践中所积淀下来的用以指导教学实践的见解和观点,对于教师专业发展,改进教学实践具有重要价值。基于此,笔者认为:教学主张是教师在教学实践过程中,通过对自身教育观点与理念的梳理、整合、系统化,逐渐形成的对自身经验和思考的理论化、结构化的认识,并最终形成具有自身特色的、稳定的个性化教学见解。

---

[1] 成尚荣.名师应当是思想者——谈教学主张与名师成长[J].人民教育,2009(01):43-46.
[2] 余文森.教学主张:打开专业成长的"天眼"[J].人民教育,2015(03):17-21.
[3] 李建军.教学主张:教师专业发展的内在维度[J].教育科学研究,2009(01):68-71.

二 "化形化学"教学主张的形成历程

"化形化学"教学主张的形成大致经历了三个过程。

(一)孕育形成期

1.构建与社会主义市场经济相适应的教育体制的探索阶段

从1985年开始,我国基础教育进入了改革快车道,教育改革的不断深化对我国中小学教研提出了新要求。从1986年到1992年,国家教委连续颁布了若干个政策文件,在中小学教学观念、教学计划、教学方法等方面提出了改革的新思路。为深化落实这些改革思路,1997年10月29日,国家教委印发《关于当前积极推进中小学实施素质教育的若干意见》,文中强调:中小学要认真执行课程计划,加强对教学过程的管理,要建立相应的制度。广大教师要更新观念,在新的教学观指导下,进行教学方法、学习指导方法和考试方法的改革,提高教学质量和效益。充分发挥学生的积极性、主动性,指导学生学会学习,使学生真正成为学习的主体。

从1989年6月党的十三届四中全会到2002年11月党的十六大,党中央准确把握时代发展的本质特征,落实教育优先发展战略地位,坚定实施科教兴国和人才强国战略,召开了两次全国教育工作会议(1994年和1999年),出台《中国教育改革和发展纲要》《关于深化教育改革全面推进素质教育的决定》,推动了一系列重大体制机制改革。

国家启动新一轮考试招生制度改革。1998年年底,在坚持"有助于高等学校选拔人才、有助于中学实施素质教育、有助于高等学校扩大办学自主权"三项原则的基础上,教育部推行了"3+X"科目设置改革、考试内容改革、高考形式改革、录取手段改革四项改革,以更好地体现高校办学自主权、增加高校选择权,更好地考查学生综合运用知识的能力、引导中学开展素质教育培养学生创新能力,更好地将中央政府的统一领导和省级政府的省域统筹权以及高校招生自主权相协调。

2.个人经历:为了考试

1995年笔者步入工作岗位,将自己定位为"教书匠",在大环境下,名义上为了学生好,本质上是为了让学生取得好成绩,以考试结果为导向,这种教学观忽视了教学中人的发展。入职前十年,笔者在备课、出题、改卷、听课、做实验等中度过,暑假积极参加中考、高考的阅卷工作。所有的工作核心指向都是"为了考试",为了让学生有较高的升学率。在这期间,笔者主要以自己出考题、学生做试题为核心任务。与此同时,笔者也逐渐意识到化学实验对于学生发展的重要性,重视学生化学实验,甚至和学生一起制作玻璃仪器。

在这个阶段,笔者主要以迎接高考,提高学生成绩为主要目的。同时,也逐渐萌发了对化学学科性质的认识,即化学的学习离不开实验操作,需要在"知"的基础上"行",在化学实验中让学生感受化学的魅力。

(二)转折成形期

1.教育体制改革整体推进阶段

21世纪初始,我国启动了新一轮的基础教育课程改革。2001年教育部颁布了《基础教育课程改革纲要(试行)》及义务教育课程设置实验方案和各科课程标准,2003年颁布了普通高中课程方案和课程标准(实验),我国各学段的课程改革实验有序推进。全国所有省份都开启了普通高中新课程改革,采取了一系列政策举措以完善课程体系,为学生提供多样化选择以满足个性发展。这次课程改革以素质教育为导向,以"为了中华民族的复兴,为了每位学生的发展"为目标,推动了基础教育课程教学实现全面而深刻的变革。

为适应新课改发展的需要,2002年,教育部组织相关专家在江苏昆山市召开了"以校为本"教研制度研讨会,会议首次提出建立"以校为本"的教研制度。

在这样的背景下,中小学校本教研主要围绕素质教育实施,在课程开发、课堂教学三维目标落实等维度上展开。这一时期的教育科学研究主要以基础教育课程改革为核心,围绕新课改中遇到的理论与实践问题进行深入研究与实践。教育科学研究在综合开展校本研究(尤其是校本课程开发)、聚焦课堂教学和教师专业发展方面发挥了重要作用,"实践导向"较为突出。

在实践领域,聚焦新课程改革的校本教研主要围绕教材教法研究,通过集体备课、课例研讨、同课异构等方式加强课堂教学改进提升,主要目的是提高课堂教学质量、建设高效课堂。新课程改革背景下,校本教研致力于课程建设和教学方法的研究与实践,从单纯的讲授法到多种教学方法的综合运用,强调自主思考、合作探究、基于真实情境的问题探讨等。其中同课异构作为一种教研方式在全国普遍开展。

2.个人经历:为了效率

步入中年,经历过更换教材、高考改革,笔者开始思考我们究竟要为了什么而教学？如果固守原有的经验和习惯难以适应教育改革的需要,而面对新的问题,需要加强学习,提升教学效率,构建高效课堂。

2001年全国高考统一命制理综试卷,2006年高中新课程改革全面推行,全新的课程标准,三种教材版本,对教学和教研提出新的要求,提高效率迫在眉睫。高中新课程改革为教师发展提供了机遇。2006年厦门市启动全方位全员培训,笔者聆听郑长龙、王磊、王祖浩等大师高屋建瓴的指导,并在郑长龙教授、盖立春博士的指导下,聚焦教师课堂教学行为,对教师课堂教学行为进行质性和量化研究,进而探寻提高课堂教学效率的新思路。在此期间,笔者加入厦门市化学科指导组,参与高中化学课标解读、复习指导等教学研讨及市级命题工作。

在这近十年的教学教研实践中,笔者主要关注点在课堂教学上,重点解决教师如何提高课堂效率的问题。通过结构化板书、教师语言行为分析、信息技术融合、研究性学习开展、实验改进和创新、编制导学案和校本作业等,教研取得了一定成效,但一些问题仍然没有解决。在这一阶段,笔者从整体性、系统性的角度重建课堂教学,从教师发展、课堂教学行为、学生学习等层面进行综合思考,进一步将"知"与"行"的关系贯彻落实到课堂教学实践中。

(三)巩固发展期

1.新时代教育体制改革全面深化阶段

21世纪第二个十年的基础教育改革实践始于《国家中长期教育改革和发展规划纲要（2010—2020年）》的颁布。该纲要明确提出,把育人为本作为教育工作的根本要求。要以学生为主体,以教师为主导,充分发挥学生的主动性,把促进学生健康成长作为学校一切工作的出发点和落脚点。关心每个学生,促进每个学生主动地、生动活泼地发展,尊重教育规律和学生身心发展规律,为每个学生提供适合的教育。把提高质量作为教育改革发展的核心任务。这一阶段国家一系列的标志性教育改革文件和研究成果密集发布,助推基础教育改革不断深化,凸显社会主义核心价值观培育和立德树人的价值导向,"核心素养""社会主义核心价值观""中华优秀传统文化教育"等成为研究热点。

随着《普通高中课程方案和语文等学科课程标准(2017年版)》发布以后,一线教师在校本教研中围绕课程标准落实优化教学设计,改进课堂教学,教学育人的导向日趋鲜明。由于国家政策的方向引领逐渐发挥作用,中小学校本教研在转变育人方式、变革课程教学形态等方面逐渐加大推进力度。中小学的校本教研在探索学生个性化教育和学校多样化发展方面迈出了坚实步伐,学校课程教学改革的样态进一步丰富,通过多样化的课程开发,充分满足学生的个性化发展需要。

2.个人感悟——为了育人

《普通高中化学课程标准(2017年版2020年修订)》以发展化学学科核心素养为主旨,从学科价值、教育价值和社会价值等3个方面,系统阐释了化学学科的价值;在21世纪科学发展的前沿,从打通物质世界和生命世界的高度,总结了化学学科的独特价值:揭示元素到生命奥秘的核心力量;直面化学课程的当代责任和使命,明确提出化学课程是落实立德树人根本任务、发展素质教育、弘扬科学精神、提升学生核心素养的重要载体,对于科学文化的传承和高素质人才的培养具有不可替代的作用。这是新中国成立以来创新程度最大的一份国家化学课程文件,源于实践,更基于理论,它是对我国基础化学教育教学实践经验的继承和总结。

笔者在对课程标准的研读基础上,结合近三十年的教学经验,提出了"化形化学"的教学主张:化"无形"为"有行",以"知行合一、悦动有道"为指导,呈现"知—行—道"三重境界,即思维立知、实践立行、观念立道。

第二节 化形化学的时代背景与理论基础

教学主张的形成并非空中楼阁式的幻想,而是源自实践的需要和已有理论的启发。时代背景所带来的需要与挑战是教学主张产生的现实动力,理论基础则是构成教学主张的思想来源。"化形化学"主张的提出源自笔者对当下高中化学教学的时代背景的考察,是对已有相关教育教学理论的诠释与转化。

一 化形化学的时代背景

作为一种教学主张,"化形化学"是笔者针对现有化学教学实践存在的问题,结合现代教学理念的要求提出来的,意在转变传统教学观念,总结相应的教学实践路径,进而推进化学教学的整体性变革。

(一)化形化学提出的背景

新课程改革提出了以"素养为本"的教学理念,要求在高中化学课堂教学中发展和提升学生的化学学科核心素养,实现由获取知识向形成素养与能力转变。然而,现阶段化学课堂教学与"素养为本"的教学理念并不一致。目前高中化学教学存在如下问题亟待解决。

一是灌输式课堂,重"无形"而缺"有行"。例如,在化学平衡的教学中,面对看不见、摸不着的抽象化问题,需要学生通过参与实验探究或构建模型来帮助理解。然而,教师在教学中为了提升效率,一般不开展实验课,即使有实验课,也是以教师演示为主,学生更多扮演的是"观众"的角色。由于学生缺乏直接参与化学实验的机会,其头脑中缺乏对化学变化的感性认知,也就无法建构认知模型。这些通过灌输而来的知识是抽象的"无形"的符号堆积,不过是外在于学生头脑的记忆,而非内在于学生心中可感知、可随时调用的素养。

"化形化学"主张化学教学中的第一个"化"即"转化""优化",实现"无形"向"有形"的转化,从抽象到具体,从概念到实践,从他者言说到自我建构等;达成从"有行"向"无形"的优化,从具体到抽象,从实践到理论,从个别经验到普遍原理等。由此,"化形化学"尤其注重学生主体性,让学生参与到抽象知识的理解与生成过程中,通过实验探究、化学实践将抽象的化学符号、理论、公式等化学原理转化为学生具体可感、切身参与的化学经验与化学体验。在这里,教师不再是传统的知识灌输者,而是帮助学生实现"无形"与"有行"相互转化的辅导者、引领者,师生共同参与到化学知识与原理的理解、诠释、建构之中,打破学生对知识的单向接受与对老师权威崇拜的状态,构建学生学习为中心的课堂。

二是机械式记忆,被简化的"无形"和被遮蔽的"有行"。目前化学教学中仍然过于注重知识的讲解与传授,教师缺乏对教学方式以及学习方式的关注与重视。化学知识原本是充满活力的,总是与日常生活的相关现象密不可分,以机械式记忆为主导的教学把知识作为一种程序化的工具,专注于公式、符号的推演,忽视了化学知识背后的原理与逻辑,忽视了化学知识与日常生活的关联,导致学生处于被动状态。机械式记忆一方面强化了所谓的知识权威,将现成的知识奉为圭臬,减少了学生的自主思考与探索化学问题的可能性,导致学生缺乏质疑、批判与探究的科学精神,降低了学生化学学习的自主性;另一方面机械式记忆导致化学知识真空化,学生不过是记住了一堆抽象化的文字与符号,但未形成对其真正的深度理解,从而导致他们不会用所学知识去解决问题。自主性的降低和化学探索能力的缺失,最终导致学生失去对化学的学习兴趣,无以激发其对化学的好奇心与想象力,更难以将化学学科核心素养贯彻落实。

"化形化学"所主张的"无形"与"有行"的相互转化,蕴含着敢于自主探索与批判的教学追求,也蕴含着将抽象的化学知识放置到丰富具体的情境中,开展情境化学习的期待。在化学知识理解层面,从"无形"到"有行"即是从传统的单向机械化的知识记忆转向对知识本身的深度理解与实践探索,让"无形"的抽象知识得以在"有行"的具体情景中被看见、被理解,而不再是简单记忆与背诵,通过学生"做中学",真正将知识转化为自我生命发展的构成部分;在化学学习的自主性层面,从"有行"到"无形",则是在深度理解化学知识及其背后原理的基础上,通过参与具体的化学实践或实验,对已有知识进行批判性的反思和总结,在自主探索中拓展对化学知识的认知,释放化学学习的想象力,在化学实验与实践中,学会证据推理与模型认知,进而形成科学探究与创新意识、科学态度与社会责任。

三是过度追求分数和升学率,导致"无形"和"有行"的双重异化。教学的目的在于促进学生生命质量的提升,使其通过学习更好地应对复杂多变的现实世界。化学教学的目的也在于通过学生学习化学,形成化学学科核心素养,从而学会以化学的知识、眼光与思维认识世界和探索世界,激发其对科学的想象力和创造力。然而,在功利主义的教育目的影响下,目前中学化学教学的价值取向依然是应试主导,导致化学的"无形"与"有行"均服务于考试和升学率的需要。"无形"的化学知识与原理是服务于学生身心成长不可或缺的部分,是引导其更好地认识、发现和探索世界的不可替代的资源,是促成其建构意义丰盈人生的重要基础;"有行"的化学实践则是提升学生"宏观辨识与微观探析""变化观念与平衡思想""证据推理与模型认知""科学探究与创新意识""科学态度与社会责任"五大核心素养不可或缺的步骤;"无形"与"有行"的相互转化是提升学生化学思维品质,涵养积极探索精神的重要方面。然而,以获得分数为唯一指向,为了提高升学率,学生面临着课业负担过重的问题,身心健康受到严重损害,导致学生缺乏学习的动力和兴趣;此外,分数更多体现为"纸上谈兵"的试题解答,而难以培养学生"起而行道"的探究与创造精神,以分数为导向的化学教学导致学生学习、创新及实践等能力不足。以分数为本的传统教育造成"无形"的化学知识和"有行"的化学实践的双重异化,最终由此而来的是教育中的人的异化:学生为了获取分数而开展化学的学习,将自我封闭在一系列的习题之中,隔绝了对现实世界的联结和对未知世界的探索,曲解了化学学科存在的价值,从而导致学生的综合素质不能适应自身可持续发展及经济社会发展的需求。

"化形化学"从根本上对化学学科的价值做了界定,认为化学的本质是"化形",化学教学的目的不仅是为了让学生获得分数,让学校提高升学率,而是通过化学的学习最终实现"知—行—道"三位一体的学习成效,让学生获得真实的生命成长而非简单的知识记忆。在这个过程中,化形化学以"无形"为基础,以"有行"为条件,以"无形"与"有行"的相互转化为目标,最终让化学之"化"不仅真实地体现在化学教学中,还体现在每一个学生的核心素养提升中,即通过构建以"化形"为导向的课堂,通过"化形"让学生实现"知行合一""知行互化",最终促进学生的"化形"素养提升,以"化"作为思维和行动,引导学生构筑起新的学习态度与方法,实现个体生命质量的整体提升。

(二)化形化学的提出

中共中央、国务院《深化新时代教育评价改革总体方案》指出,"教育评价事关教育发展方向,有什么样的评价指挥棒,就有什么样的办学导向"。党的十八大报告强调,把立德树人作为教育的根本任务,培养德智体美全面发展的社会主义建设者和接班人。十八届三中全会进一步提出要"坚持立德树人"。五育并举、融合育人是落实立德树人工作的内在要求,也是核心举措。立德树人工作所要培养的德智体美劳全面发展的社会主义建设者和接班人应当能够担当民族复兴大任,能够探索并解决日常生活、学术科研、国家发展乃至人类社会所面临的各种问题。

为充分挖掘各学科课程教学的独特育人价值,各学科基于学科本质提炼了本学科的核心素养,体现了各学科在帮助学生形成未来发展需要的正确价值观、必备品格和关键能力中发挥的独特作用。通过学科教学,促进学生变被动学习为主动探究,由"学会"向"会学"转变,提高学生亲身实践、求真求证的内驱力,培养学生的创新精神和求异思维,从而有益、明智、健康、美妙、实在地付出体力和脑力,自主、自尊、愉悦地建设社会、为人民服务、建设祖国,自身茁壮成长,让人生出彩。由此可见,现代教学理念的核心取向是注重学生主体性,引导学生自主学习和探究;注重个体实践,引导学生在具体情境中探索求真;注重生活体验,引导学生将知识学习与问题解决紧密结合。

为了适应新时代对人才的新需要,新时代的教学应当面向现实问题和具体情境,培养学生解决真实问题的能力,通过知行合一、知行互化以适应未来社会的快速变革。明代哲学家王阳明提出了"知行合一,致良知"的思想,教育家陶行知先生则将"知行合一"思想应用于教育实践,创立了"生活即教育、社会即学校、教学做合一"的生活教育理论,习近平总书记也强调"教育要注重以人为本、因材施教,注重学用相长、知行合一"。由此可见,"知行合一"蕴含着丰富的哲学和教育智慧。

笔者基于"知行合一"的思想,结合化学学科的性质,提出了"化形化学"的教学主张。"化形"包含两个寓意,即化"无形"为"有行"、"有行"优化"无形",通过双向奔赴、双向转化,以"知行合一、悦动有道"为指导,呈现"知—行—道"交互融通、逐层递进的学习境界,以此构建起整全的育人结构,为学生核心素养的发展提供可行的方向和路径。

二 化形化学教育教学主张的理论基础

（一）杜威："做中学"

美国现代著名的教育家、哲学家杜威提出"做中学"理论，该理论在全世界产生了较为深远的影响。1916年杜威出版了《民主主义与教学》一书，这本书的出版也标志着与传统教育理论完全不同的实用主义教育理论体系的形成，为教育学提供了新的理论研究方向。杜威指出，所谓教育，就是要在学校知识的获得与社会的各种活动和职业之间建立有效联系。杜威在书中提出"三中心论"：儿童中心、经验中心和活动中心。这是理解"做中学"理论的三大支点。杜威的"三中心论"将儿童、经验以及活动作为课堂的中心，扭转了传统意义上将"教师、教材和课堂"放在主体位置的理念。杜威的"做中学"理论将传统教学中以教师为中心转变为以学生为中心，以课本为中心转变为以学生的经验为中心，以课堂为中心转变为以活动为中心。

首先，以儿童为中心。学校要听取儿童内心最真实的声音，从校园环境、课程设置、教材选择等方面来创设有利于儿童发展的环境。杜威认为，儿童是教育的起点，是课堂教学的中心，是教育的最终目的。通过教育促进儿童的发展、儿童的生长，就是教育的理想所在。教师在课堂中应该关注每一个学生的需求，尊重儿童的个体差异，让学生成为课堂的主人翁。在教学中，通过构建民主平等的教学关系，让学生不再受到教师权威和知识权威的压制，释放学生的主体性，让其意识到自身具备发现和探索未知世界的能力，激发其主动学习的欲望，这是"做中学"的基本前提。

其次，以经验为中心。杜威指出：教育或许能被称为经验的不断改造或重组。"经验"这一概念一直在杜威的教育理念中占有核心地位，他认为一切的教育都从经验中产生，教育就是经验发展的过程，而经验则是有机体与环境之间交互作用的结果。儿童在进入课堂教学的时候，就已然拥有其各自的经验，教育的目的就在于通过合理的方式实现其经验的更新迭代，不断朝向更加丰富且崇高的方向发展。在教学中，基于学生的经验，让学生参与到经验的生成过程，最终实现学生经验的改造，达成个体生命境界的提升，这是"做中学"的主要目的。

最后，以活动为中心。"以活动为中心"换句话说也就是"从活动中学"，"从做中学"，通过让学生参与适切的活动实现学生经验的更新、改造和提升。他认为"活动"是发展"有效思维"不可或缺的一环。所谓"有效思维"是在探索和认识过程中所做的能够捕捉事物内在联系，符合事物发展规律的有效实践。没有经过实践验证和反复修改的理论是不能获得肯定和认可的。一切理论都需要在实践活动中接受检验，并最终实现有效转化，将抽象化的理论转变为个体能够真正理解与运用的资源，转化为个体生命成长的能量。在教育中，如果缺少了"活动"，缺少了"做"的过程，也就是离开了实践验证，此时无论如何也不可能形成有效思维。因此，有效思维必须通过活动来实现。在教学中，通过设计有意义、有挑战性的活动，让学生参与其中并进行辩证思考和总结，实现知与行的相互转化，这是"做中学"的主要方式。

综上，杜威以"经验"为核心，构建了知行合一的教育哲学，提出"做中学"的理念。在杜威看来，学校教育必须重视"从做中学"的实践开展，这一思想从儿童的整体发展出发，注重实践的特点，体现了现代教育的特征。"从做中学"实际上就是通过实践来进行知识的积累和经验总结，进而实现校园知识与日常生活的衔接。儿童能够自主地从那些感兴趣的活动中获得知识供给，获得感知和领悟。在教育中，学生必须亲身经历探究过程，融入真实情境中，让学生从一个被动接受者转化为主动实践者，学生通过实践活动，逐步认识世界的本体，充分体现学与做相结合的理念。

基于"做中学"的理念，杜威提出教学过程的五步教学法，即：创设情境，指教师需要创设能够引发学生兴趣的真实情境；明确问题，指学生需要基于真实情境明确关键问题；提出假设，指学生根据问题提出可能性的假设；解决问题，指在教师的引导下学生进行实验验证；检验假设，指根据实验验证得出结论。在"做中学"的过程中，需要学生分析问题、思考问题、验证假设，只有通过不断尝试才能解决问题，才会真正理解知识。

总的来说，"做中学"认为个体只有通过自我实践和摸索，才能对所学知识点进行提炼和延伸，进而发挥其实用价值。从人的认识规律来看，这种观点有其可取之处的，通过具体的实践活动有助于学生形成对抽象知识的深度理解，也能够激发学生自主探索知识，形成实践性知识、个人化知识，应对复杂的问题情景。然而，如果在教学中片面追求"做中学"，把"做"作为学习的唯一方式，那么就割裂了"知"与"行"的双向转换关系，势必导致对系统知识价值的质疑，对间接知识传授的否定，学生无以构建起对自我、他者和世界的系统认知，教师存在的价值也将因此而被否定，失之偏颇。

(二)陶行知:"教学做合一"

陶行知将杜威的"教育即生活"理论加以中国化改造,演绎出独具特色、内涵丰富的"生活即教育"的生活教育理论体系,其内容包括"生活即教育""社会即学校""教学做合一"。陶行知特别强调"做"在"教"与"学"中的中心地位,"在做上教,在做上学",不然"教固不成教,学也不成为学。"杜威的"从做中学"强调直接经验的作用,陶行知的"教学做合一"既继承了杜威的思想,又发展了他的思想,既重视直接经验的作用,也重视间接经验的作用,是对杜威思想的批判性继承。

陶行知认为教育目标是:康健的体力、劳动的身手、科学的头脑、艺术的兴趣和团体自治的精神。

1."教学做合一"思想的内涵

"教学做合一"思想是一个完整的教学系统理论,具体来看,针对"教学做合一"思想内涵的理解可以从三个方面来看。

首先,教法、学法和做法是三者合而为一。针对某件特定的事,"教、学、做"是一个系统的整体,表现出来的是同一件事的三个方面。对于事件本身而言是某项任务的完成,因而是"做";在这个过程中,通过"做"来拓展知识层面,而认知提升的过程即为"学";自己的行为和观念在无形中对他人产生影响,使得他人的认知层面也有所提升,即为"教"。为此针对"教学做合一"思想的认识应当将其视为一个整体,或者是从三个不同的角度来看待事物之间的联系。在该思想的运用中,"做"是基本,而"学"与"教"则贯穿于"做"的全过程,它们是有机统一的。

其次,教的方法应根据学的方法,学的方法应根据做的方法,事情是怎么做的,学生就应该怎样学;学生是怎样学的,教师就应该怎样教。换言之,做法决定学法,学法决定教法。教师要想教好,不仅要研究学生是怎样学的,更重要的是要研究事情是怎样做的。不懂事物发展原理的教师是不会教出好学生的。所以,陶行知认为,教科学课,最好的教师应该是科学家;教师要想教好科学课,必须成为科学家。以此类推,语文教师应该是语言学家,数学教师应该是数学家。总之,每一位教师都应该像科学家那样去研究学问,才能成为优秀的教师。

最后,实施"教学做合一",就是要引导学生在做中学,"在劳力上劳心"。"教学做合一"思想主要是围绕"做"来展开,教师要在做中教,学生要在做中学。陶行知为了强调"做"的重要性,进一步对"做"进行了阐释。陶行知强调过做是在劳力上劳心;做是发明、是创造、是实验、是建设、是生产、是破坏、是奋斗,是探寻出路。"在劳力上劳心"意味着学生不仅要参与实践,还要不断思考。它有三个基本的过程:一是行动,二是思想,三是新价值的产生。新价值的产生就是创造。这一思想,要求教师要引导学生从知识的本源出发来探寻知识,一方面,把握知识背后的原理与不同知识之间的关联,形成结构化的认知;另一方面,通过行动与思考,在行动中检验,在检验中反思,有助于发现前人知识中有待改进甚至需要更正的地方,从而激活学生的创造力,让学生受益终身。

2."教学做合一"思想的特点

(1)生活性

生活性是陶行知"教学做合一"思想的外在体现,强调学习的过程即为对生活现象的阐述和说明。就生活层面而言,对于特定的事情需要通过"做"来实现,对于自身认知能力的提升需要通过"学"来实现,过程中对于他人的影响是为"教"。"教、学、做"是一个紧密联系的有机整体。陶行知强调教育必须立足于社会生活实践,需要打破以往教师纯理论灌输、学生被动记忆的局面,需要教师能够带领学生走出书本,回归生活,实现从耳目的到全身心的彻底转变。教师必须将整个教学过程贯穿于生活实际,打破以往常规的教学模式,走出教材,在传授理论知识的同时带领学生学会在生活中去观察和思考,探索和领悟知识的本源。"教学做合一"思想强调为什么教,为什么学,如何在生活中去做,去应用,都体现了它的生活性。

(2)主体性

主体性强调的是学生主体,注重学生的探索、行动和学习在教学过程中不可替代的价值。"教学做合一"打破传统教育以教师为主体,学生为被动客体的状态,主张每一个人既可以教也可以学,先生和学生之间并没有严格的分别。教师虽然有自己的教学内容和教学计划,但学生才是课堂的主体,教师要跟着学生的思路走。学生是学习的主体,是教师教学的参考,教师在教学过程中不能以自己的主观想法进行教学,而是要根据学生"学"的要求来进行教学。学生既是教学的对象又是教学的主体。在"教"与"学"的矛盾中,矛盾的主要方面是"学",即学生的学是教学中的关键问题,教师的教应围绕学生的学展开。因此,在教学中,教师要调动学生的积极性,增加学生对学习的兴趣;要因材施教,根据学生的实际情况来安排教学,我们要知道受教的人在生长历程中的能力需要,然后才知道要教他什么和怎样教。根据每个学生个性、接受水平和能力开展教学,是尊重学生主体性的重要体现。

(3)实践性

实践性是陶行知"教学做合一"思想最显著的特性。陶行知强调"教"与"学"都需要立足于"做","在劳力上劳心",从这一点上可以显现出来。教育具有生活性,同时教育也具有实践性,实践是检验真理的唯一标准。陶行知指出教师的教与学生的学都需要与社会生活实际相结合,都需要通过实践来进行总结,从日常生活中来领悟知识的深层含义。教师要将一定的实践经验结合教学理论教给学生,而学生应该在社会实践中实现对教师所传授理论的认识和理解,最终形成"手脑并用"的实践能力,促进自身素质的提高。强调实践性的同时,陶行知也并没有否定间接经验和书本知识的作用,而是让我们辩证地看到"教学做合一"的实践性,提高对实践的重视并付诸行动。

(4)创新性

创新是社会发展的主旋律,陶行知教育理念无疑为教育体系的改革和创新提供了丰富的资源库。他认为教育的目的是要培养创造性的人才,因此就需要使用创造性的方法开展教学管理活动。他指出,教学不是直接教给学生什么知识,而应该重在对学生的引导,教会他如何学会学习,只有让学生自主学习并且学会运用,日后自己才能更好地去生活去成长。"教学做合一",实际上教会了学生一种自我学习的方法,能够在面对陌生的知识时,使用科学的方法来进行学习,丰富自身的技能。知识是没有限度的,而通向知识的道路又是个性化的,个体应当通过自主探究,创造个性化的知识体系,进而对已有知识进行批判和质疑,生成和创造更加科学的知识体系。"教学做合一"重视对学生发散性思维的培养和提升,强调教学中的学生问题意识的培养,引导学生自主思考、主动发问,以批判性思维探寻真理,以创新精神开拓新的认知领域,这就形成了一种充满自主性的创造性活动。

(三)建构主义:主动学习

建构主义学习理论是学习理论中的行为主义发展到认知主义后的再一次发展,其代表人物有皮亚杰、维果斯基等。皮亚杰在原有认识论的基础上进一步提出认知发生的前提是已有经验和新信息之间发生冲突,个体经历不平衡的过程,以及认知的主要途径是"同化"和"顺应",个体通过这两个过程来构建认知结构。维果斯基则指出认知过程与个体所处的社会背景不可分离,并提出"最近发展区理论"等。建构主义认为:世界是客观存在的,但是对于世界的理解和赋予的意义是我们每个人自己所决定的。因为不同的人原有的经验不同,所以我们对于外在世界的理解也是各不相同的。因此,建构主义的核心观点在于学生的学习不是将知识直接搬运到脑海里,而是先前经验与外界交互作用构建知识的过程。它更强调主体在学习过程的主观能动性以及在学习情境下活动与交互的重要性,建构主义学习模式见下图。建构主义学者提出和总结了一些经典的理论与观点形成了建构主义的知识观、学生观、学习观、教师观、教学观等。

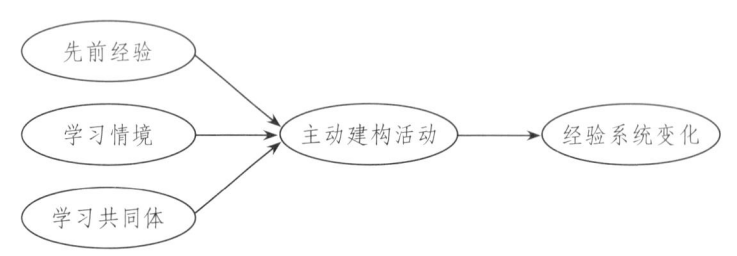

首先,不确定的知识观。建构主义认为,知识具有主观性和情境性。所谓主观性,即它强调知识并不是客观存在并被人所发现的东西,而是人在真实情境中面对新鲜事物所作出的阶段性的解释,是主观性与客观性互动的产物。与此同时,这种解释会随着社会的进步与科技的发展,不断地被新的解释所推翻和革新。所谓情境性,即它认为知识是在具体的情境中,个体结合先前经验针对具体问题构建出的知识体系。正如皮亚杰所说的:知识不由主体的内部结构和客体的内部特性决定,而是通过内部结构的中介作用被人所认识。也就是说,在每个学习者拥有不同经验的情况下,针对具体情境的反应会有较大的区别,因此每个学习者会构建出基于相应情境的不同知识。

其次,自主建构的学习观。建构主义学习理论的知识观、学习观和教学观并不是毫无联系的。它强调知识并不是客观存在并被人发现的东西,那么学习应该是学习者主动积极建构,并生成自己经验的过程。这个过程不是被动的,而是由学习者独立主动完成。学习者根据已有的认知结构,主动地对外界的新信息、新问题、新事物进行选择,然后加以解释和建构。建构主义学习理论认为这种个体与环境相互作用进行建构的过程分为两个部分:"同化"和"顺应"。同化是指学习者在已有的认知结构(又称"图式")基础上吸收与合并新的外部信息,即学习者将外部刺激所提供的信息整合至原有认知结构的过程。顺应是指当外界环境发生改变,学习者无法将原有认知结构与新环境提供的信息同化时,学习者的认知结构由于受到环境刺激而发生改造和重组的过程。换言之,同化是学习者认知结构扩大的过程,顺应是学习者认知结构改造的过程,学习者通过这两个过程达到认知平衡。无论是同化还是顺应,都需要学习者发挥主观能动性,自主去建构和完善自己的认识。

再次,情境互动的教学观。如前所述,建构主义学习理论认为知识并不是客观存在并被人发现的东西,学习也不是被动地接受知识,因此教学应该是教师通过创设情境,引导学生主动地进行意义建构的过程。建构主义所提倡的学习环境主要由四个部分构成:情境、协作、会话和意义建构。情境,指学习者所处环境必须有利于其对所学内容进行意义建构。协作,可以指师生协作也可以指学生之间的协作,这种协作发生在学习的全过程。会话,指小组成员通过会话商讨制定学习计划,这是协作过程中不可或缺的内容。意义建构,是学习过程的最终目标,指学习者最终能够对所学内容反映出的事物性质、规律以及内在联系有一个较深的理解。因此,我们可以将建构主义理论下的教学模式总结为:通过创设情境、团队协作等方法充分调动学生的积极性,在以学生为中心,教师做指导的教学过程中达到学生对所学知识的有价值建构的目标。在这种教学模式下,学生作为知识意义建构的主导者,教师将身份转化为意义建构的指导者。

综上可知,建构主义理论认为,学习是一个人对外界的信息进行选择和处理,并积极地建构自己的知识结构的过程。学习者要在真实的情境下对知识进行主动建构,同时在教师的引导和同伴的互动下探究知识的本质。教学应以培养学生的解题能力和创造能力为目的,使其在已有知识的基础上建立新的、有意义的知识系统。据此,建构主义认为情境、协作、会话、意义建构是学习环境中的四大要素,建构主义学习理论实施四要素关系如下所示。

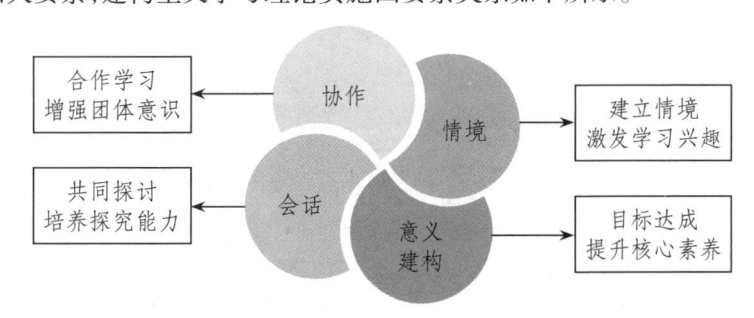

根据杜威的"做中学"、陶行知的"教学做合一"和建构主义学习理论,高中化学教学应注重"做"与"学"的统一,"知"与"行"的统一,教师"教"与学生"学"的统一,"知识"与"情境"的统一。在教学中,通过选取与生活相关的项目,让学生在真实情境中得以进行意义建构;充分发挥学生的主观能动性,强调以学生为中心的教学模式,在教师的指导下通过协作学习完成项目,让学生经历知识生产的过程,让学生学会合作、学会探究、学会质疑。最终,实现由"会学"转向"会用",能够将所学知识运用到复杂的理论问题和现实情境中,将知识转化为素养。

第三节 化形化学的核心概念与思想内涵

基于长期的化学教学实践,结合杜威"做中学"、陶行知"教学做合一"、建构主义学习等理论,笔者提出了自己的教学主张——化形化学。本节聚焦"化形化学是什么"这一问题,从化形化学的核心概念及其思想内涵进行介绍,呈现化形化学在理论层面的总体面貌。

一 化形化学的核心概念

"化形化学"的教学主张,主要是针对中学化学学科特点,引导学生通过探究肉眼看不见的微粒的特征和行为(所谓"无形")来认识物质世界,并创造新事物(所谓"有行")。"化",即变化、改变的简称;千变万化、潜移默化。《易经·恒卦》中说:"日月得天而能久照,四时变化而能久成。"《淮南子》中说:"故圣人法与时变,礼与俗化。""形",即形状。《说文》中说:"形,象形也。"《庄子·天地》中说:"物成生理谓之形。"古通"型",模型,《韩非子·用人》中说:"冰炭不合形。""化形"寓意为从宏观和微观相结合的视角,建构模型,分析与解决实际问题。"化学"字面解释为"变化的科学",是一门以实验为基础,在原子等微粒层次上研究物质的组成、结构、性质及变化规律的自然科学。

"化形化学"实质上是要化"无形"为"有型",以"有型"促"有行",以"知行合一、悦动有道"为指导,在"无形"与"有型"、"有型"与"有行"的双向转化、交互生成中,呈现"知""行""道"三种境界。其中"知"是"道"的灵魂,"行"是达成"道"的路径,只有"知行合一",方可达成"悦动有道"。化形化学认为:化学教学是以学生为主体,以学科核心素养为导向,通过情境建构与化学实践,引导学生探索和发现物质世界的变化规律,并在化学实验和实践中持续验证和反思,建构和优化认知模型,把握学科本质、涵养学科精神的教学。

据此,化形化学包括三个核心概念。

(一)"知"之意蕴

"知",思维立知,以化学之知解释世界,是化学学习的第一层次。"知"读 zhī,指知道、了解、赏识等,也指彼此了解、交好的人;读 zhì,同"智",指智慧,《中庸》中说:"知、仁、勇三者,天下之达德也。"在化学教学中,"有所知"是通向化学学习的前提,有知者才具有智慧,学生必须获得和理解一定的化学知识,形成以化学的眼光看世界的思维,才能够真正进入化学的世界。具体而言,化学教学应引导学生积累科学的化学知识,把握化学知识的结构体系与背后的原理,以批判性思维对现有的知识进行考查验证,进而形成科学的思维方法,以化学的思维认识世界和解释世界。根据新课标核心素养,"知"的内容可以概括为:宏观辨识与微观探析""变化观念与平衡思想""证据推理与模型认知"。

(二)"行"之意蕴

"行",实践立行,以化学之"行"深化理解,甚至改造世界。它促进"知"的达成,主导"道"的走向,是化学学习的第二层次。行,道也,引申出行走、通行、品行、执行、践行、修行等;也指实施,《系辞传上》中说:"推而行之谓之通。"唯有经过"行"的深度体验和实际验证,"知"才能转化为个体有价值、有意义的知,而非抽象的、符号化的外在之知。如果说没有"知"的教学是没有根基的教学,那么没有"行"的教学就是没有"魂"的教学,通过"行"才让知成为"真知""深知"而非"假知""浅知",教学才可能将核心素养落地。在化学教学中,通过建构情境,让学生解决化学实践问题,或通过强化学生的实验操作,培养学生的创新思维和实践能力,是联接"知"与"行"的关键路径。在这个过程中,学生通过动手动脑,以宏观现象揭示微观世界的奥秘,达成知行合一;通过亲身实践,愉悦地主动参与探究活动,促进学科教学到学科育人的转变。通过化"无形"为"有行",实现化学原理与个体体验的统一,实现微观世界的观察与宏观世界的行动的统一,形成以化学的方式介入世界、改造世界的能力。根据新课标化学学科核心素养,"行"体现为"科学探究与创新意识"。

(三)"道"之意蕴

"道",观念立道,以立德树人为本,融入价值观教育,培育学科精神,是学科育人的最高层次。在中国哲学中,"道"有着丰富的内涵。在道家看来,它可以指代宇宙万物的本源和运行规律,"道"不仅是对万事万物的完整性概括,也是对万事万物发展过程的高度概括。老子说:"道生一,一生二,二生三,三生万物","道"循环往复,"周行而不殆"。"道"也被认为是自然界中事物变化运动的轨迹或轨道,即万事万物的运行规律,是一种自然法则。此外,"道"也指代一种生活的智慧、行为的准则或者道德的标准。例如,"邦有道则仕,邦无道则可卷而怀之",儒家思想中的"道"强调的是人伦道德和社会规范。可见,"道"主要指法则、规律、道理、道德、道义等。在化学教学中,不仅要引导学生认识物质及其变化的规律之"道",让学生学会科学认识世界的方法之"道",更要在教学中融入社会主义核心价值观的价值规范之"道",使其能够深刻领悟到化学学科的科学性与人文性,通过化学学习培养科学态度和社会责任。在教学中,通过构建民主平等和谐的课堂,让学生拥有充分表达和实践的权利,感受到化学课堂之于个体生命发展的重要价值,体会化学在人的精神成长、日常生活中的不可替代的作用,让学生在知"道"、行"道"的过程中,不断探索新"道",领悟正"道",形成真善美的统一,真正享受到"道之乐、道之悦"。

概言之,知、行、道三者是三位一体、交互转化的关系,知是基础、行是中介、道是目的。化学教学应当以知、行、道为基本要素,化"无形"为"有行",在持续的转化生成中领悟化学之"道",充分发挥化学学科育人的独特价值。在高中化学教学中,以核心素养为导向,化形化学"知、行、道"关系结构图如下图所示。

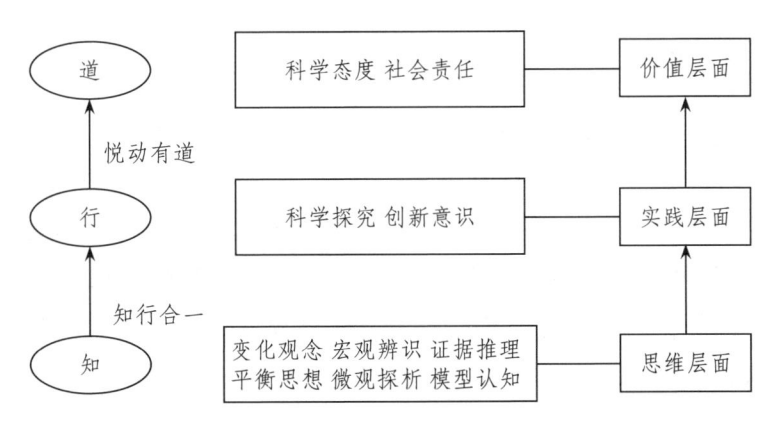

二　化形化学的思想内涵

（一）系统化：结构联动，化"形"为"型"

化形化学是一种关于化学教学的系统性的主张，其不仅关照课堂教学层教学内容、教学方法的变革，更注重从与化学教学相关的教师成长、教学设计等的变革，通过形成以"化形"为核心的教学体系，以"知、行、道"为主要内容与目标，将教师、教学、学生三者联动起来，进行整体化、系统化的设计与实践，让"化形"的思想融入化学教学的时时、处处，使其得以真正落地。以整体关联式思维为基础，结合化学本身的特性，我们化"理念"之"无形"为实践之"有行"，并基于"有行"建构起化形化学之"型"。

（二）可视化：基于证据，宏观与微观模型构建

化形化学强调"形""行""型"三者之间的相互转化，其都是可被观察、观测和表达的存在，是基于证据推理而获得的化学模型认知与学科素养的外化表现，这也和化学是从微观层面认识物质、以符号形式表征物质、在不同层面创造物质的学科属性具有一致性。

首先，"知形"，通过"宏观—微观—符号"的方式对物质及其变化进行分类，将所观察到的物质变化之"形"进行概念、符号化的表征与提炼。化学作为面向物质变化的学科，如何对变化进行描述和解释至关重要。化形化学认为，学生首先要学会"知形"，并以科学的、恰当的方式将物质变化表征出来，把握物质变化背后的过程性原理。换言之，在化形化学中，学生如何以符号的语言表达和解释化学现象、解决化学问题，让无形的"变化"以有形的"符号"的方式可视化，对于学生理解化学变化、把握变化的本质具有重要意义。根据对化学现象的探索规律，一般遵循从宏观到微观，再由微观到符号的学习过程，通过对"有形"与"无形"的探索与提炼，用符号把握"形"背后的过程与原理，从而"知形"。

其次，"悦行"，通过构建"思考—操作—延伸—表达"的课堂教学模式提升学生的化学实践能力，将素养外化为可见的行动。化学不仅需要通过符号解释与表达现象，更需要学生通过实验操作去观察、体验和探究现象，在具体的实践操作中将自己所拥有的素养体现出来，并将在实践体验中对"知形"之"形"进行优化，化抽象的符号化之"形"为具体可感知的实践之"行"。具体而言，需要学生在对已有化学知识反思的基础上，开展试验操作或在具体的情境中解决相关

问题,以可感知、可被观察的行动展现和检验学生素养的达成度。同时,在这个过程中,引入新的问题或新的实践,让学生进一步操作和观察,进而对已有的认识进行优化、总结和提炼,以新的认知、符号话语进行表达。在这里,素养以可视化的方式得以展现,学生对化学的深度理解、个性化的体验也以可视化的方式进行表达。

最后,"道型",以"知形"和"悦行"为基础,在反复的知行合一、反思提炼中建构学生个性化的知识体系与价值体系,构建出既符合化学原理、化学实践、化学学习的认知模型、实践模型、学习模型等,形成学科思维和学科观念,将复杂、碎片化的知识与经验进行结构化的整合与提炼,明晰价值导向、提升学习效率。"道型"是学生学习的最高境界,也是化形化学的最终目的,其最终实现由表层低阶的"形"向深层高阶的"型"的转变。这意味着学生真正将自我融入化学学习中,以正确的价值导向和科学的方法论引领自身的学习,各类知识融会贯通、正确的价值理念持续渗透,化学之于学生的个性化意义得以体现。

(三)学生为本:基于发展,悦动解决真实情境问题

教育的根本目的是促进学生的发展。化形化学认为,没有学生主动学习的发生的教学不是理想的教学。在教学中,我们首先要对学生的性质、在教学中所处的地位有一个整体的认识。

首先,学生是发展的人。第一,学生的身心发展是有规律的,包括顺序性、阶段性、不平衡性、个体差异性等,教育应当遵循学生身心发展规律来开展,根据学生发展的需要进行教学设计,激发其学习兴趣。第二,学生具有巨大的发展潜能,应该进行赏识教育。在教育中,应当充分肯定每一个学生都拥有发展的潜能,尊重学生的个体差异,引导学生发现自我的优势,切忌给学生贴标签。第三,学生是处于发展过程中的人,应该开展容错教育。学生处于发展过程中,身心尚未成熟,在学习或者其他方面犯错是正常现象,教师要对学生有耐心,允许学生犯错,并进行指导纠正,使其逐渐向好发展。

其次,学生是独特的人。第一,学生是完整的人,每一个学生身上都有优点和缺点。我们应该从整体、全面、辩证的角度看待学生,以公平公正的态度看待每一个学生的优势和不足,而不能顾此失彼。第二,每个学生都有自身的独特性,需要因材施教。世界上没有完全相同的两个人,每一个学生都由其独特的经验、社会关系和生长环境所构成,这些独特性使其存在差异。教师应当包容

这种差异,因材施教,让每一个学生获得应有的发展。第三,学生与成人之间存在着巨大的差异,教师应学会换位思考,学会理解和共情学生的某些想法和行为。

最后,学生是具有独立意义的人。第一,每个学生都是独立于教师的头脑之外,不以教师的意志为转移的客观存在。学生虽然是尚未成熟的人,但是具有自己的想法,我们要尊重学生的想法,与学生平等沟通。第二,学生是学习的主体,需要激发和培养学生学习的兴趣,充分发挥学生学习的主观能动性。第三,学生是责任和权利的主体,教师应当尊重学生的基本权利,并在教育中培养其责任意识。

综上,学生是发展的人、独特的人和具有独立意义的人。化形化学认为,教师在教育中应面向全体,立足个体,对每一个学生的生命成长负责。通过构建民主、安全和谐的教学氛围,让学生在个性化的"知—行—道"中,学会自主表达,发展个性,成为自立、自信、自强的人;在课堂教学中,以学生为本,促进学生自主学习为目标,设计学习活动,创设问题情境,引发学生的探究愿望,让他们在分析问题与解决问题的过程中,获得全面发展。

(四)共同体:基于平等,回归教育美好初心

共同体是指一个由共同价值观、目标、兴趣或身份连接在一起的群体。共同体成员之间通常存在一定程度的相互依赖和互动,他们可能共享资源,相互合作。在教育背景下,构建共同体意味着创造良好的学习环境,学生、教师、家长和其他利益相关者共同努力,支持彼此的学习和成长,同时促进尊重、包容和公平。这种共同体有助于培养积极的学习氛围,提高学术成就,并发展学生的社交技能和公民意识。化形化学认为,要实现从"知行合一、悦动有道"的理想境界,仅依靠个人的力量难以达成,需要不同主体之间相互理解和合作,以共同的愿景为指引,在民主、平等的教育氛围中实现每一个主体的终身学习和持续生长。

学校是一个多元化的社会小环境,学生来自不同的背景和文化。在平等的基础上构建共同体有助于不同背景的学生相互理解和尊重,减少歧视和偏见,促进社会融合,这是"知"的前提,个体的学习与实践必须依赖于他者支持与合作。在一个团结协作的学习环境中,学生更愿意分享知识,互相帮助,这种互助合作的学习方式能够提高学习效率和质量。在心理情感层面,共同体的建立能够让学生感到自己是学校这个集体的一部分,增强他们的归属感和安全感,这对于学生的心理健康和形成积极学习态度至关重要,这是"行"的重要保障。只有当个体感受到了集体的温暖,形成了对学习环境的认同,才可能投入学习进程,开展深度学习和实践探索。在价值观层面,在一个平等和相互支持的环境中,每个学生都有机会展示和发展自己的才能,这有助于学生的自我实现和个人潜能的发展,并学会将自我融入集体中,学习如何参与公共事务,如何与他人沟通协商,从而为成为负责任的公民奠定基础,这是"道"的条件。只有打破了个体的"小我",融入共同体的"大我"之中,才可能以正确的价值观开展学科实践,应对复杂的现实生活。

总之,通过构建共同体,让学生参与到平等、民主、安全的教育环境之中,构建起个体与集体的关联,形成归属感与责任感,这既是化形化学实现"知—行—道"的条件,也是教育面向每一个人、促进每一个人生命发展的重要保障。

第四节 化形化学的教育教学实践

化形化学实践模型以"知行合一、悦动有道"为根本遵循,充分融入教师发展、课堂教学与学生学习过程中:通过"知—行—道"三位一体的校本教研,让教师成为持续生长的学习者、实践者与传道者,促进教师成长、优化教学设计;通过"知—行—道"三位一体的课堂教学,引导学生真正理解化学学科的意义,实现"知—行—道"逐层进阶,形成化学核心素养。通过教师发展的"知行合一、悦动有道"和课堂教学的"知行合一、悦动有道",构建学习中心的课堂教学,激发学生学习主动性,进而成为一名"知行合一、悦动有道"的学习者。最终,教师与学生共同构建以"化形"为导向的育人氛围,实现"向下扎根"与"美美与共"的理想境界。

一 化形化学实践模型

以启普发生器为外形,笔者构建了化形化学的实践模型,如下图所示。

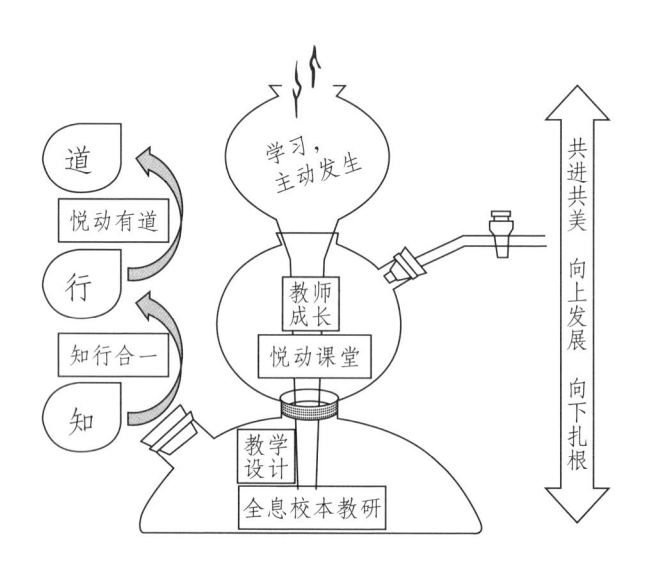

具体来说,化形化学实践模型主要分为以下三个层面。

首先,微观层面。教师是教育的中坚力量,教师专业发展是教育高质量发展的第一资源,教研是深化教育教学改革、促进教师专业发展的重要引擎,校本教研作为教研工作体系中最基本的一层,是中国基础教育发展的基石。课堂教学的变革、教学理念的落地首要的是教师观念的变革,进而推进教学设计的优化。教师通过校本教研不断更新教学理念、丰富教学思路、提升教学能力,既是教师自身发展的需要,也是教学变革的需要。教师应拥有终身学习的理念,把握时代脉搏,与时俱进,在理论学习与实践探索中,实现"知、行、道"的统一,在向下扎根与向上生长中,积蓄教学变革的能量。换言之,教师与新的教学理念的相遇、碰撞,在理论与实践的交互中知行合一、悦动有道,发生"化学反应",生成新的认知与行动,是化形化学实践的基础。

其次,中观层面。在这里,启普发生器阀门打开,气流通畅,教师与新的理念发生的化学反应所生成的"新物质"直接塑造着课堂的新样态——以学习者为中心的课堂教学。教师以"化形"为目标,以"知—行—道"作为化学教学的理想境界,其所开展的校本教研与课堂教学实践,最终构建起"知—行—道"为核心架构的课堂教学。课堂教学是化形化学理念实践的根本载体,其以让学生"知行合一、悦动有道"为实践目标,转变传统课堂教学重"知"轻"行"、重"智"轻"道"的弊端。在这里师生之间、生生之间开展民主平等的交流与讨论,学生拥有更多的机会参与到化学知识发现与生成的过程之中,形成具象化的直接体验,感受到化学学科的魅力与物质世界的奥妙。

最后,宏观层面。启普发生器内的化学反应最终被看到,即通过校本教研与课堂教学的变革,最终生成了学习主动发生的样态。这既是化形化学的目的,也是化形化学的结果。在"知—行—道"三位一体的课堂教学与教师引导下,学生逐渐明晰化学学习的方法论,并在知行合一、悦动有道中激发化学学习的兴趣和科学探索的欲望,从而实现由传统的被动学习向主动学习的转变。

二 化形化学的教育教学实践

(一)"知—行—道"三位一体的课堂教学模式

化形化学以"知—行—道"为核心架构,以化学学科核心素养为导向,以"知行合一、悦动有道"为目的和原则,形成了在教学目标、教学理念、教学资源、教学形式、教学时空等层面全方位贯彻"知—行—道"三位一体教学理念的课堂教学模式,如下图所示。

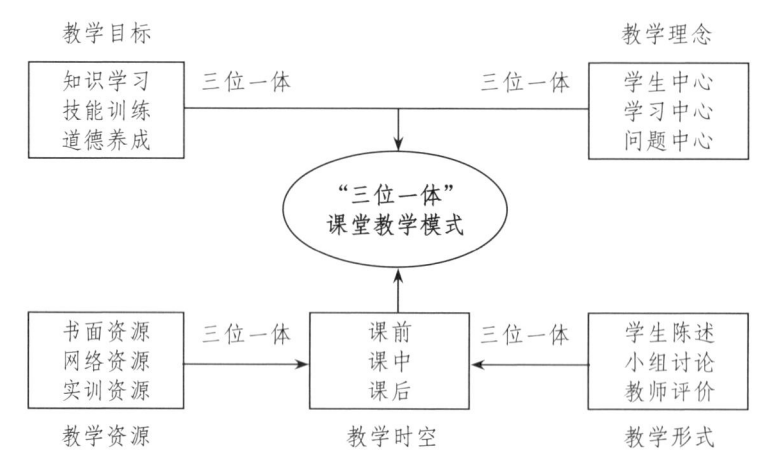

```
教学目标                                          教学理念
┌──────────┐                                  ┌──────────┐
│ 知识学习 │  三位一体        三位一体        │ 学生中心 │
│ 技能训练 │─────────┐    ┌─────────│ 学习中心 │
│ 道德养成 │         │    │          │ 问题中心 │
└──────────┘         ▼    ▼          └──────────┘
                   ╱"三位一体"╲
                  │ 课堂教学模式 │
                   ╲_____╱
                         ▲
┌──────────┐             │              ┌──────────┐
│ 书面资源 │  三位一体  ┌────┐ 三位一体  │ 学生陈述 │
│ 网络资源 │──────────→│课前│←──────────│ 小组讨论 │
│ 实训资源 │           │课中│           │ 教师评价 │
└──────────┘           │课后│           └──────────┘
                       └────┘
  教学资源              教学时空           教学形式
```

首先,确立"知—行—道"三位一体的教学目标,以促进学生知识学习、训练学生技能和道德养成为教学目标。其中,知识学习的目标对应的是"知",注重学生对已有化学知识的积累和理解,为学生开展化学实验和实践提供基础;"技能训练"对应的是"行",注重学生实验能力、动手操作能力的培养,是直接指向行动的技能,对于学生深化对化学知识的理解、感知物质变化的规律具有重要作用。"行"与"知"二者是相互转化、交互生成的关系,根据建构主义学习观,学生将基于自己已有的知识或经验体系和复杂的情景互动,最终生成新的认知。通过"知识学习"和"技能训练",学生实现了个体直觉认知与普遍科学规律之间的统一,从而在不断的"知"与"行"的互动中修正自己的认知和方法,进而实现由"知"与"行"向"道"的进阶,即以"道"为原则理解客观世界、知识世界和自我世界,以科学的精神和态度审慎处理自我与社会的关系,形成科学精神与社会责任。

其次,树立"知—行—道"三位一体的教学理念,以学生为中心、学习为中心和问题为中心,引导学生主动学习、自主探索、求真求实。以学生为中心强调从传统的教师中心走出来,让学生成为课堂教学的主角,充分发挥学生的思考能力、独立性和自主性,激发其探索科学世界的欲望,成为主动的学习者;以学习为中心则是以学生为中心的外化,教学基于学生学习、通过学生学习和为了学生学习,以学生学习的水平、状态为基础,设计教学内容和过程,通过学生独立思考和互动参与深度理解教学内容的意义,最终通过教学拓展学生认知、技能与道德的发展,促进学生学习力的提升;以问题为中心则将传统的教师单向灌输转变为师生互动、生生互动,强调教师提出问题、学生提出问题,是基于问题、通过问题和为了问题解决的教学。通过以学生为中心、学习为中心和问题为中心,充分激活学生自主学习能力,引导学生不断地进行探索和实践,进而把握知识背后的逻辑与原理,实现"知行合一"。以此为基础,在学生学习、问题的持续探究、提出新问题的过程中,学生也培育出对待世界的价值观,形成如何处理自我与世界关系的方法论,从而达成"悦动有道"的境界。

再次,构建"知—行—道"三位一体的教学资源,通过书面资源、网络资源、实训资源,为学生"知形""悦行""道型"提供良好的环境。书面资源为学生提供了丰富的知识储备,是学习的基础。书面资源的深入阅读和研究有助于学生形成扎实的理论基础,并激发他们的思考与创新,这是"知形"的基础。网络资源更新快、信息量大、形式多样、交互性强,对学生具有天然的吸引力。合理利用网络资源有助于为学生理解化学知识提供更加多样化的体验,例如图片、视频、虚拟现实等,为激发学生的求知欲,深化"知形"提供了新的手段。实训资源则是在实践教育基地、科技教育基地等开展教学,它们是将知识转化为技能的重要场所。通过参与实训活动,学生能够将书本上学到的知识应用到实际情境中,加强理论与实践的结合,培养解决实际问题的能力,实现"知形"向"悦行"的跃迁。书面资源、网络资源和实训资源最终都指向学生"道型"的生成,引导学生走出碎片化、散点式的认知状态,从浅层的理解上升到更加普遍性意义的深度理解,从而成为把握化学背后之"道"的重要载体。

最后,形成"知—行—道"三位一体的教学形式,通过学生陈述、小组讨论和教师评价的方式,让学生的素养可视化,让"知—行—道"在教学中得以具体体现。学生陈述要求学生对学习内容进行整理、归纳和表达,这有助于加深对知识点的理解。通过准备和表达过程,学生能够更好地梳理信息,形成系统的知识结构。小组讨论鼓励学生分享不同的观点和理解,通过交流和辩论,学生能够从多个角度理解知识,促进深层次的学习。教师的评价可以帮助学生了解自己对知识的掌握程度,指出理解中的偏差和不足,引导学生进行正确的知识建构。在"行"层面,陈述过程中,学生需要运用语言表达和逻辑思维能力,对实验、项目等实践活动进行总结,从而提升学生的实践操作和反思能力;小组讨论模拟了团队合作的工作环境,学生在讨论中学习协作、沟通和解决问题的技能,这些都是实践能力的重要组成部分;教师通过对学生"知"与"行"的评价,给出改进建议,从而帮助学生提升实践技能。在"道"的层面,在陈述过程中,学生需要遵守课堂规则,尊重听众,公正客观地表达观点,这是道德素养的体现;小组讨论要求学生学会倾听、尊重他人意见、公平交流和达成共识,这些过程有助于培养学生的道德意识和社会责任感;教师评价也是对学生道德行为的一种反馈。教师可以通过评价来强化学生的道德规范,如诚实、公正和责任感,促进学生道德素养的提升。

综上,将"知—行—道"为目的和原则,全方位融入教学理念、教学目标、教学资源、教学形式和教学时空之中,让教学的处处、时时都渗透着"知行合一、悦动有道"的理想境界,从而构建起"知—行—道"三位一体的课堂教学模式。

(二)"预期成果—评价指标—规划过程"的课堂教学设计

化形化学以实现"知行合一、悦动有道"为目标,以学生学习为中心,注重学生将所学习的内容外化为可见的能力和素养。为此,化形化学建构了结果导向、以终为始的逆向式教学设计,逆向教学设计先明确预期结果,再确定预期结果达到的证据,把评价设计提到教学活动设计的前面,使评价嵌入教学过程,成为诊断和驱动教学的工具[①]。以"预期结果—评价方法—规划过程"为主线的教学设计在每一个阶段都要清晰地知道:首先,学生应当知道、理解和能做什么?其次,教师如何来评价学生是否达到预期结果或标准?最后,怎样的学与教能促进预期结果的达成?在化形化学中,形成了以"知—行—道"为基本框架和内容的教、学、评一致的教学设计。"预期成果—评价指标—规划过程"的课堂教学设计如下图所示。

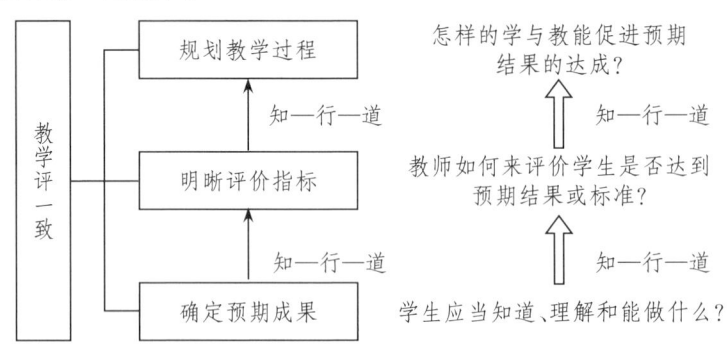

首先,确定预期成果。预期成果为教学活动提供了方向。它指教学活动结

---

① 叶海龙.逆向教学设计简论[J].当代教育科学,2011(04):23-26.

束后学生应该达到的知识、技能和态度等方面的目标。这些目标应该是具体、明确、可衡量的,并且与课程标准或学习成果相对应。在化形化学中,预期结果就是基于化学学科核心素养的"知""行""道"的目标。教师需要根据学科特点、学生需求和课程要求来设定合理的预期结果。预期结果的确定首先要考虑到学生在"知""行""道"三个方面现有的水平和能力,并结合每一单元、课时的教学要求和核心素养发展的需要,确立合理的学生可达到的教学目标。在预期结果的表述上,注重预期结果的层次性,将可外化的、可见的、可衡量的能力作为预期的结果。在"知"的层面,强调对符号表征现象的一般性理解,将宏观辨识与微观探析结合起来;强调学科思维能力的提升,具备变化观念和平衡思想,能够进行证据推理和模型认知。在"行"的层面,则注重学生科学探究和创新意识,将实验操作和实践问题的解决作为重要目标。在"道"的层面,以科学态度和社会责任为核心。通过确定"知""行""道"三个方面的预期成果,保证整个课堂教学的育人方向。

其次,明晰评价方案。基于预期学习成果设定评价方案是一个重要的教学设计步骤,它确保了评价活动与学习目标的一致性。在化形化学中,评价内容主要基于教学目标的"知""行""道"三个方面进行设定。在"知"层面,根据学生对知识的把握程度,可划分为知识记忆、概念理解、符号运算、推理应用四个层次,这既是衡量学生所应达到相应水平的依据,也是在"知"方面教学的指南;在"行"层面,根据学生实验能力和化学探究能力的具体表现,可以划分为"记忆-重复"型操作、"变动-模仿"型操作、"问题-创造"型操作等层次,主要以外在行为的表现衡量教学目标的达成度。在"道"的层面,主要根据学生对于学科本质的理解,以及化学科学性所蕴藏的人文性的阐释与应用,可划分为"机械记忆""浅层理解""深度理解"和"内在认同"等层次,以能否对化学历史、化学人物、化学实验的伦理性进行批判与共情作为衡量标准。在评价的方式上,设置定量指标和定性指标。定量指标通常涉及数量或比率,如测试分数、完成任务的数量等;定性指标则涉及对质量的描述,如写作质量、口头表达能力、实验操作的准确性等。

最后,规划教学过程。当教学目标和评价方案确定之后,教师需要基于目标和评价设计教学过程。规划教学过程包括确定教学内容、选择教学方法、安排教学时间、准备教学资源和材料等,这些都是服务于教学目标的基本要素,要依据教学目标和教学评价来进行整体规划。在化形化学中,教师应该考虑如何激发学生的兴趣、如何组织有效的课堂互动、如何开发学科实践活动、如何融入化学的人文元素、如何使用多媒体和其他教学工具等,让学生的"知""行""道"得以在教学中体现。同时,教学活动并非固定和线性的,而是基于课堂师生互动即兴生成的,教学过程的规划还应该灵活多变,能够根据学生的实际表现和反馈进行调整,从而更好地适应学生的学习需求,实现预期的教学目标。

(三)以人为本的校本教研模式

校本教研以人为本,围绕研究主题,按照"学习—行动—思考"循环推进。以人为本的校本教研模式如下图所示。

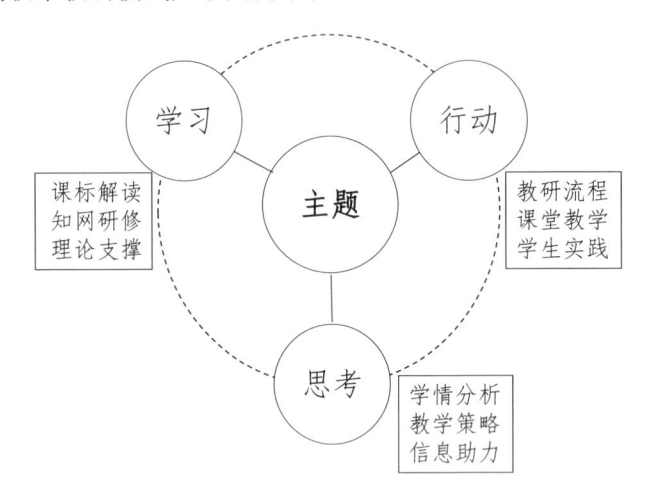

(1)"知"——通过学习获取,是基础,以人为本的校本教研模式主张"三学"。"三学"包括个体自学(对知网文献和教育理论的研读)、共同体研学(对课程标准、教材、资源等交流研讨)、专家领学(对关键问题和前沿问题请专家指导)。

(2)"行"——行动,是依据,以人为本的校本教研模式主张"三稿""三研""三课"。"三稿"包括个体自学和共同体研学后形成单元设计草稿、专家领学改进单元设计初稿、经课堂展示和跨学科交流后的单元设计定稿。"三研"即同学科共同体研讨、跨学科共同体研讨、教研展示三个方面。"三课"即课堂教学尝试、实施课堂教学、典型课例课堂展示。

(3)"道"——思考、反思达成,是内核,以人为本的校本教研模式主张"三评""三融"。"三评"指先他评,基于学科角度,学习共同体评价;再自评,基于自我感知和学生问卷;最后证据评,基于课堂观察,定性定量相结合证据评价,优化单元设计。"三融"贯穿路径全过程,即素养融心、信息融通、美育融创,达成至美教育。

(四)"教研—教学—培训—比赛"教师校本研训促教师专业发展

教师专业发展以年度为时间周期,以一个单元或项目为研修任务,构建"教研—教学—培训—比赛"环节,以教师专业实践达成教师专业发展,流程如下图所示。

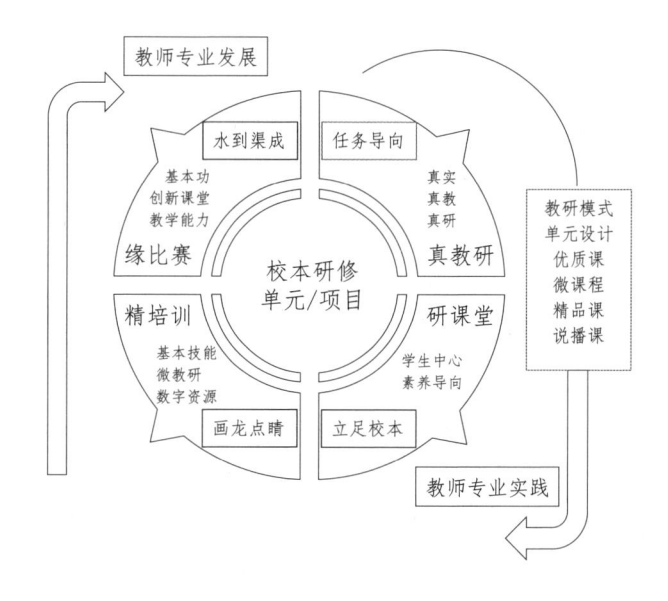

教师专业发展

水到渠成 / 任务导向
基本功 / 真实
创新课堂 / 真教
教学能力 / 真研
缘比赛 / 真教研

校本研修 单元/项目

精培训 / 研课堂
基本技能 / 学生中心
微教研 / 素养导向
数字资源

画龙点睛 / 立足校本

教研模式
单元设计
优质课
微课程
精品课
说播课

教师专业实践

1.教研:"三真"教研内练功力

新课标颁布后,市级教育主管部门组织全员教师线下集中培训,并组织市级大集备和教学观摩活动。学校层面教研活动是新课改落地的关键环节,但教研无法一蹴而就,它是一个反复研究、螺旋式提升的过程。

以单元设计为抓手,实施年度周期教研。教研需要抓手,即任务驱动,如单元设计可作为抓手。每位教师以年度为周期,选取一个单元或项目,基于课程标准和新教材内容,结合知网研修开展单元设计活动,包括单元目标、课时目标、学情分析、资源选取、评价方式等。基于本单元在落实课程育人、五育融合、核心素养、深度学习、认知能力、创设思维等核心内容上开展设计,组织教研活动,选取典型课例实施课堂教学展示,组织听课、评课、课堂教学评价等。

基于真实情境问题解决的"三真"教研。"三真":一真为真实,教研问题的提出为解决真实教育教学情境问题;二真为真教,教研活动的内容真正服务课堂教学,解决问题的方法能真正促进学生全面发展;三真为真研,真正研读课标、教材,以研究的视角,创新课堂教学模式,培养教师教育科研意识。三真教研以单元设计为抓手,经历个人研修、团队交流,促进教研过程可视化、教研内容流程化。

2.教学:研磨课堂外显素养

课堂教学是教师外显素养的主阵地,也是检验教师专业发展的直观证据,是教师专业发展的一个研究焦点。

"研"即有研究的课堂教学,"磨"即仔细品味,挖掘内涵。话说台上一分钟,台下十年功,课堂是教师和学生交流的主阵地,教师的毕生心力都倾注到课堂教学的一招一式之中。新一轮普通高中新课程新教材实施的落脚点在课堂,课堂教学不再是知识的累积与方法的灌输,更多转向以学科素养为导向、以学生为中心,达成课堂教学转型和学科核心素养落地。"研"重在课堂教学模式的转变,"磨"重在课堂教学评价,对教师的评价、对学生素养达成的评价。

3.培训:信息融训点睛之笔

教师专业培训被国家纳入政策制度中,成为教师维持就业、晋级加薪的必备条件和强制性义务。在学校层面,应关注学校发展需要和教师真实需求,同时借助网络及信息技术,针对性选择培训项目,提升教师专业技能。

循序渐进精选培训项目。目前教师的培训参与度非常高,但日益增重的教学负担和繁杂的行政事务严重影响教师培训的有效性。教师参加培训并不意味着一定会获得专业发展,有效的教师专业发展活动才是获得专业发展的关键所在。教师培训要建立在专业发展的需求上,所以应精选项目,切合教师专业学习过程中的最近发展区,创设既能满足成就感又富有挑战性的学习过程。

信息助力融合发展。信息技术与课堂教学深度融合,将为课堂教学注入创新元素和智慧活力,一方面可以促进高效便捷地获取优质教学素材,另一方面可以启发学生思考,促进多重交互和资源共享。随着教师专业发展,教师数字资源开发能力也成为教师专业实践的一项重要技能。我校(厦门大学附属科技中学)校本研训在信息技术方面依次推进项目为:课件制作、微课制作、微课程制作,并在此基础上推进说播课、精品课制作培训,在理化生等实验教学中还运用手持技术,将微观世界可视化,将实验成果融入说播课。

4.比赛:缘赛淬"型"水到渠成

教师通过教研、教学、培训等专业研修和实践,各级各类比赛则为此提供检验的平台。笔者以为,这一路走来,比赛就是收获的环节,水到渠成。

以研验赛以赛促教。教师在日常教学教研中有意识以单元设计为抓手,研修的成果参加单元设计、单元作业设计征集和评选活动,促进国家课程校本化落地。教师课堂教学中板书设计、课件和微课等数字资源都是教学比武的内容,教研的过程形成微教研展示。整个单元设计都是各级各类比武的抓手,以比赛检验校本研修的成效。所有一系列活动激发教师自我反思、改进和提升,提炼教育教学真实问题,萌生教师教育科研意识,如此良性循环,可以加快教师专业发展速度。

搭建行动引领发展模型。教师以单元教学设计为抓手,经历自我研修、团队打磨、专家引领、反思和改进等环节,从设计、实施、评价、融入信息技术等专业实践淬炼,在不断地探索和实践中创建特色、形成机制,构建中学校本研修立体可见实践模型,达成以教师专业实践带动教师专业发展的培师育人模式。

第三章

化形化学课堂：
以学生为中心

化形化学的核心在于引导学生化"无形"为"有行"，让学生主动参与课堂互动，参与化学知识的建构与生成，实现抽象认知与具体行动的统一。因此，化形化学课堂教学是以学生为中心的教学。以学生为中心的教学或学习中心教学，是指"以学生独立（自主）、能动的学习作为整个课堂教学过程的中心（本体、目的）的教学"，教学的中心是学生的学习，而不是教师的教导，教师是学生学习的促进者和条件，促进学生主动学习的发生。

以化学学科核心素养为导向，结合化学作为自然科学所具有的实验性、实践性、探索性等特征，以学生为中心的化形化学课堂应通过真实情境引导学生开展综合学习，构建基于学生之"知"的情境化课堂教学；应赋予学生自主探索和自主学习的权利和机会，信任学生的自主学习能力，构建基于学生之"行"的自主探索型课堂；将社会生活与化学学习融合，构建基于学生之"道"的社会责任意识培养的课堂，彰显化学的育人价值。

第一节 以真实情境问题发展学科素养

化形化学认为,化学教学应实现"知—行—道"三位一体,培育学生化学核心素养。真实情境问题既是实现课堂由传统的"教师为中心"转向"学生为中心"的重要方式,也是让"知—行—道"得以实施和实现的载体。真实情境问题有助于激发学生的学习兴趣,让学生更加主动地参与到学习过程中,也有助于加深其对知识的理解和掌握,提高运用知识解决实际问题的能力。在教学中,通过设置开放性的真实问题情境,鼓励学生自主探究、合作交流,使其充分发挥主观能动性和动手操作能力,能够激发学生的好奇心、求知欲和探究精神,有助于发展学生的逻辑思维、批判性思维和创新思维等素养。此外,真实情境能够引发学生的情感共鸣,在体验和感悟中形成正确的价值观和责任意识,培养学生的科学态度与社会责任等素养。

一 对接课标教材,知行合一剖析核心概念

1.明确课标要求

《普通高中化学课程标准(2017年版2020年修订)》要求能根据物质的组成和性质对物质进行分类,认识物质间的相互转化关系;知道胶体是一种常见的分散系;知道酸、碱、盐在溶液中或熔融状态下能发生电离;通过实验事实认识离子反应及其发生的条件,了解常见离子的检验方法;根据实验事实了解氧化还原反应的本质是电子的转移,举例说明生产、生活中常见的氧化还原反应。

2.新教材不同版本内容对比

随着《普通高中课程方案(2017年版2020年修订)》的颁布和实施,我国现行高中化学新教材(2019年版)主要有三个版本,即"人教版"(由人民教育出版社出版)、"苏教版"(由江苏凤凰教育出版社出版)、"鲁科版"(由山东科学技术

出版社出版）。高中《化学必修 第一册》包含的内容具有重要的基础性、引导性，高一阶段也是激发学生对化学这一科目学习兴趣的重要时期，2019版高中化学新教材对"元素与物质"的编排对比见下表。

2019版高中化学新教材对"元素与物质"的编排对比表

鲁科版	人教版	苏教版
第2章 元素与物质世界 第1节 元素与物质的分类 一、元素与物质的关系 二、物质分类与物质性质 三、一种重要的混合物——胶体 第2节 电解质 一、电解质的电离 二、离子反应 第3节 氧化剂和还原剂 一、认识氧化还原反应 二、氧化剂和还原剂 三、氧化还原反应的应用	第一章 物质及其变化 第一节 物质的分类及转化 一、物质的分类（胶体） 二、物质的转化 第二节 离子反应 一、电解质的电离 二、离子反应 第三节 氧化还原反应 一、氧化还原反应 二、氧化剂和还原剂	专题1 物质的分类及计量 第一单元 物质及其反应的分类 物质的分类 物质的转化 化学反应的分类（氧化还原反应） 第二单元 物质的化学计量 物质的量 气体摩尔体积 第三单元 物质的分散系 常见的分散系 胶体 电解质溶液

鲁科版教材分别构建了基于物质类别研究物质性质和基于核心元素化合价升降认识物质性质的思路和方法。在基于物质类别研究物质性质方面，鲁科版教材首先通过实验探究活动指导学生研究一类物质的性质，而后用特色的方法导引栏目帮助学生发展利用物质类别预测物质性质的能力，使学生初步具有探索陌生物质世界的意识和能力。电解质是高中阶段水溶液认识的起点，也是发展学生基于微粒认识物质性质，使学生认识方式从宏观发展到微观，并向宏微观结合转变的重要环节。鲁科版教材构建了从电离、离子反应视角认识溶液的思维模型，将"电离"作为本节发展的关键点，实现以电离-离子反应概念为认识角度的对酸、碱、盐性质的认识发展。在建立认识物质性质的氧化还原角度时，鲁科版教材以构建氧化还原反应概念—将氧化还原反应概念转化为认识物质性质的角度—运用氧化还原视角认识物质性质的逻辑设计了本节教材的3个一级标题：认识氧化还原反应、氧化剂和还原剂、氧化还原反应的应用。

3.剖析核心概念

高中化学三个版本的《化学必修 第一册》教材基于新课标要求,在对"元素与物质世界"单元的构建上,都是基于元素观、转化观、微粒观,以物质为主要内容线索编排教材内容,从物质的分类角度引出新的教学内容。鲁科版通过设置"元素与物质分类""电解质""氧化剂和还原剂"这三节内容,展开对相关知识的学习,加深学生对物质分类的理解。鲁科版和人教版的教材都将这一单元分为三节内容,而苏教版则将这些内容融入分类教学中,强化分类意识。

二 构建真实情境,激发学生学习主动性

真实情境能够帮助学生将所学知识与现实生活联系起来,提高学习兴趣和动机。当学生意识到所学知识在实际生活中的应用时,会更加主动地投入学习过程中。真实情境所带来的直观和情感体验,能够让学生理解化学对于个体发展、社会变革等的价值和影响,从而以科学的态度分析、解释和改造世界,并且意识到科学所蕴藏的伦理属性,树立社会责任意识。在"元素与物质世界"的教学中,构建真实情境对于激发学生主动学习,培养学生的核心素养具有重要价值。

1.课堂整体规划

在物质性质认识发展的过程中,元素化合物具体知识的增加是认识发展的载体,而核心概念的建立和深化是物质性质认识角度发展的关键。鲁科版教材必修第一册第二章"元素与物质世界",通过"元素与物质分类""电解质""氧化剂和还原剂"三节内容集中完成几个核心概念的学习,发展基于价类二维的元素观和转化观,基于离子电离和离子反应的微粒观。通过教材中素材巧妙布局,不但完成学生在物质性质认识方面的初高中衔接,而且利用这些素材实现价类二维角度物质性质认识模型的建构与运用,凸显核心概念对元素化合物学习的指导功能,使知识向素养转化,为学生运用该模型认识物质性质打下坚实的基础。

"元素与物质世界"单元整体规划如下图所示。

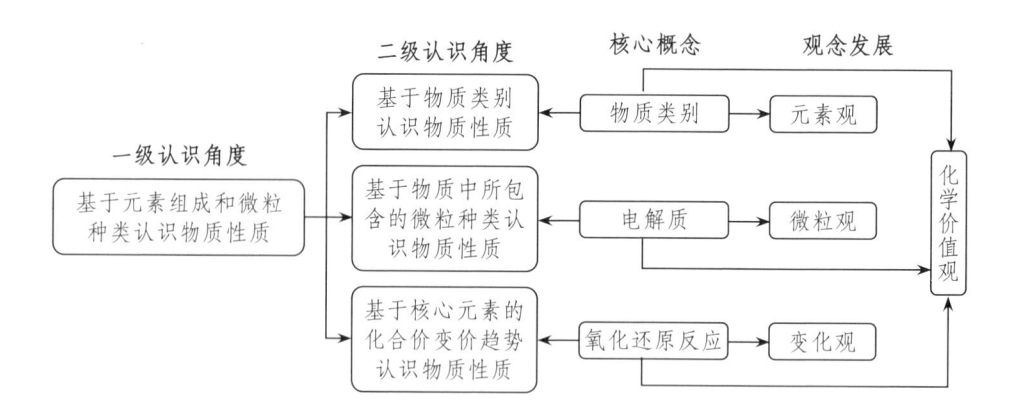

```
二级认识角度          核心概念      观念发展
┌─────────────┐
│ 基于物质类别   │ ← 物质类别 → 元素观
│ 认识物质性质   │                        │
└─────────────┘                          │
一级认识角度  ┌─────────────┐              │
基于元素组成和  │ 基于物质中所   │              │  化
微粒种类认识  → │ 包含的微粒种类 │ ← 电解质 → 微粒观 → 学
物质性质     │ 认识物质性质   │              │  价
             └─────────────┘              │  值
             ┌─────────────┐              │  观
             │ 基于核心元素的 │              │
             │ 化合价变价趋势 │ ← 氧化还原反应 → 变化观
             │ 认识物质性质   │              │
             └─────────────┘
```

2. 创设真实富有价值的情境

《普通高中化学课程标准（2017年版2020年修订）》指出，教师应重视创设真实且富有价值的问题情境，结合学生已有的经验和将要经历的社会生活实际，引导学生关注人类面临的与化学有关的社会问题，引导学生在更广阔的学科背景下认识物质及其变化规律，帮助学生拓宽视野，开阔思路，综合运用化学和其他学科知识分析解决有关问题，发展学生的科学素养。

"元素与物质世界"单元内容概念性强，若能找好生活素材，能很好地帮助学生建立概念的认识—发展—应用模型。我们选择"海洋"这一熟悉又陌生的生活情境素材，将科技生活中的内容与化学的概念和应用紧密联系形成一个大单元。由于第二章相关知识较为抽象，教学时容易出现知识割裂的情况，学生理解较为困难，以往的教学研究侧重对知识本体的教学，关注学生概念的形成转变。因此，我们尝试基于创设海洋相关的问题情境，在单元教学的概念建构过程中，重视学生核心素养的发展，关注学生的学习进阶和学生认识角度的发展。

3. 有效调动学生学习积极性

厦门作为沿海城市，海洋是非常重要的教育教学素材。"元素与物质世界"教学选择了真实的问题情境——以海洋中的元素与物质世界为教学载体，结合人类对海洋的探索和利用，引导学生进一步学习研究物质的方法，建立对物质及其反应进行分类的认识模型，形成"结构决定性质，性质决定用途"的化学学科观念，引导学生关注人类面临的与化学有关的社会问题，培养学生的社会责任感、参与意识和决策能力。"元素与物质世界"单元设计如下图所示。

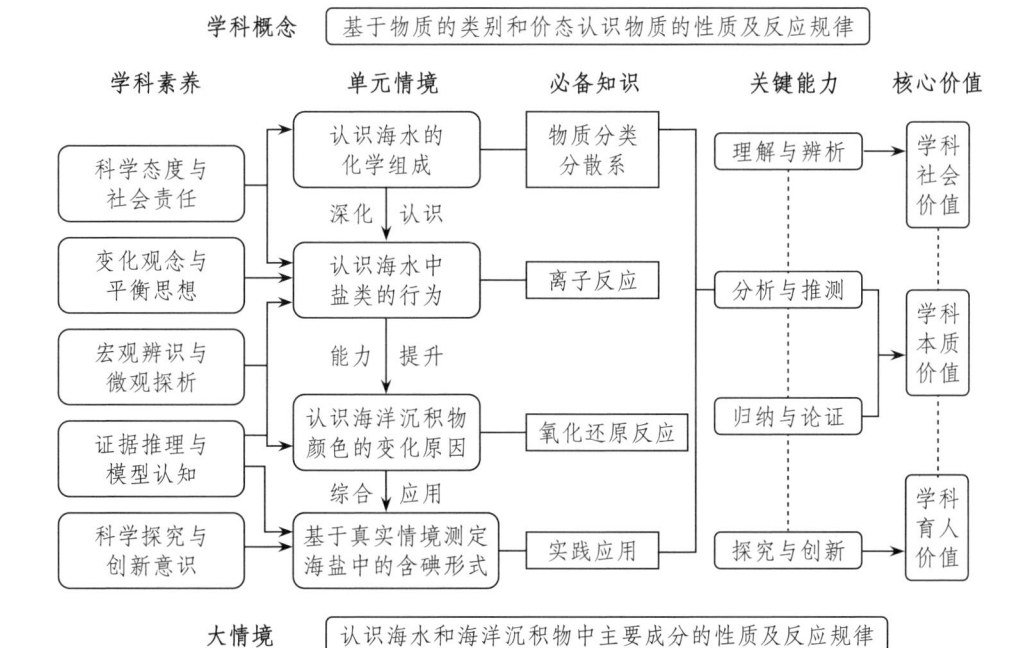

```
学科概念 ── 基于物质的类别和价态认识物质的性质及反应规律

学科素养        单元情境        必备知识        关键能力        核心价值

┌──────────┐    ┌──────────┐    ┌──────────┐    ┌──────────┐    ┌──────┐
│科学态度与 │───▶│认识海水的 │───▶│物质分类   │    │理解与辨析 │───▶│学科  │
│社会责任   │    │化学组成   │    │分散系     │    │           │    │社会  │
└──────────┘    └──────────┘    └──────────┘    └──────────┘    │价值  │
                     │深化  认识                                  └──────┘
┌──────────┐    ┌──────────┐    ┌──────────┐    ┌──────────┐    ┌──────┐
│变化观念与 │───▶│认识海水中 │───▶│离子反应   │    │分析与推测 │───▶│学科  │
│平衡思想   │    │盐类的行为 │    │           │    │           │    │本质  │
└──────────┘    └──────────┘    └──────────┘    └──────────┘    │价值  │
                     │能力  提升                                  └──────┘
┌──────────┐    ┌──────────┐    ┌──────────┐    ┌──────────┐    ┌──────┐
│宏观辨识与 │───▶│认识海洋沉积物│─▶│氧化还原反应│   │归纳与论证 │───▶│学科  │
│微观探析   │    │颜色的变化原因│  │           │    │           │    │育人  │
└──────────┘    └──────────┘    └──────────┘    └──────────┘    │价值  │
                     │综合  应用                                  └──────┘
┌──────────┐    ┌──────────┐    ┌──────────┐    ┌──────────┐
│证据推理与 │───▶│基于真实情境测定│▶│实践应用  │    │探究与创新 │
│模型认知   │    │海盐中的含碘形式│ │           │    │           │
└──────────┘    └──────────┘    └──────────┘    └──────────┘

┌──────────┐
│科学探究与 │
│创新意识   │
└──────────┘

大情境 ── 认识海水和海洋沉积物中主要成分的性质及反应规律
```

根据"元素与物质世界"单元设计,分8个课时达成学习目标。

第1课时:以南水北调为情境,从物质分类的方法认识物质通性。

第2课时:以"丁达尔效应"为情境,认识分散系、胶体及性质。

第3课时:以海水供电为情境,认识酸、碱、盐等电解质在水溶液中或熔融状态下能发生电离。

第4课时:以海水形成及变迁为情境,通过实验事实认识离子反应及其发生的条件,书写离子方程式。

第5课时:以装置结垢为情境,了解常见离子的检验方法。

第6课时:以海岸砂砾红化为情境,认识氧化还原反应,了解氧化还原反应的本质是电子的转移。

第7课时:以海底沉积物变色为情境,认识常见的氧化剂和还原剂,了解氧化还原反应发生的规律。

第8课时:以海盐中碘的测定为情境,预测物质的化学性质和变化,设计实验进行初步验证,并能分析、解释有关实验现象。

三 立足学生已有基础,构建以学生为中心的课堂

1.针对学生已有知识经验,采取应对策略

学生经历初三化学学习后已有知识经验为:能将物质初步分类;知道金属、酸、碱的通性,及三者与常见盐的反应;知道复分解反应及其发生条件;从得失氧角度认识氧化反应、还原反应;知道并能判断四大基本反应类型;能书写 1~18 号原子的结构示意图;掌握 H、O、Cl 等常见元素的主要化合价。

课堂中创设真实问题情境,以"海洋的认识和利用"为主线,利用陌生问题激发学习兴趣,将学生已有的知识和方法作为真实问题解决的基础,在问题解决过程中逐步深化对原有知识、方法的认识与提升应用能力。

2.基于学生前概念的课堂组织方式

学生高一入学的前概念包括:纯净物与混合物、化合物和单质、酸性氧化物、碱性氧化物、金属与非金属、化学式与化合价、导电性、氧化反应和还原反应。

课堂中创设恰当、合理又有趣的问题情境,便于学生发现问题,引发学生的认知冲突,使学生产生学习的欲望和动力,让学生自觉地参与到学习活动中来。该情境可与学生前概念产生冲突,让学生充分暴露错误观念,并反思自己的观点与科学观点之间的差异;也可针对概念步步设疑,让学生对每一个问题进行分析、思考、探讨,并在此基础上进行交流。

3.预测学生可能的学习困难,采取相应的教学策略

学习中学生可能遇见的困难为:容易将电离与导电必然联系起来,混淆电解质的电离条件和电解质概念;难以准确判断化合价;将电子转移数目看作得失电子数目之和。

通过实验探究、模型帮助、查阅科普书籍与网络资源等途径增加学生的知识经验,补充学生科学概念的知识背景。设置一系列与概念相关的命题让学生辨析,或者选取典型的例题进行概念辨析。通过概念图,帮助学生将所学概念与化学事实系统化,组织成相互联系、层级分明、可回忆的知识网络。

四 分析并明确以学生为中心的学习目标

1.分析学习目标

根据对教材内容的分析,"元素与物质世界"单元以物质为核心,以物质分类为基础,从物质和反应分类的角度引入"胶体""电解质""氧化剂和还原剂""氧化还原反应"核心概念,并对核心概念展开深入学习。由于"元素与物质世界"单元涉及的核心概念和观念较多,将"元素与物质世界"这个大教学单元划分为三个教学主题。

"元素与物质分类、胶体"教学主题:元素与物质的关系,是对物质进行分类的基础,物质的分类是在学习元素周期律前,系统学习元素化合物知识的科学方法。胶体作为混合物中与日常生活生产密切相关的一种分散系,是对物质分类的补充。

"电解质、离子和离子反应"教学主题:一是通过从化合物水溶液或熔融状态能否导电角度对化合物分类,引入电解质概念,而电解质电离概念的建立让学生从微观上认识酸碱盐的水溶液组成,这为认识离子反应奠定知识基础。二是离子反应揭示了酸碱盐在水溶液中反应的微观本质,为学生提供了从微观视角认识水溶液间反应的思路,丰富学生的微粒观。

"氧化还原反应"教学主题:这一概念使学生从微观角度(得失电子)认识化学反应,丰富学生对化学反应的认识角度,能促使学生从微观角度认识化学变化的本质,使学生建立起利用氧化性和还原性研究物质性质的思路。

2.明确学习目标

"元素与物质世界"的单元目标如下。

(1)能依据物质类别和元素价态列举某种元素的典型代表物。

(2)能利用电离、离子反应、氧化还原反应等概念对常见的反应进行分类和分析说明。

(3)能从物质类别、元素价态的角度,依据复分解反应和氧化还原反应原理,预测物质的化学性质和变化,设计实验进行初步验证,并能分析、解释有关实验现象。

(4)能从物质类别和元素价态变化的视角说明物质的转化路径。

"元素与物质世界"课时目标如下。

(1)能从元素组成(宏观)和微粒构成(微观)的角度分析认识物质,根据物质的组成和性质对物质进行分类。掌握同类物质的通性,学会分析研究物质性质与相互转化的方法。

(2)认识胶体是一种常见的分散系。了解胶体的丁达尔现象、聚沉等性质及其简单应用。

(3)认识以氯化钠为例的电解质在水溶液和熔融态的电离过程,从微观认识电解质在水中的存在形态,会书写常见物质的电离方程式。从物质分类角度认识电解质和非电解质,知道常见的电解质和非电解质,以及强弱电解质。

(4)通过实验事实认识离子反应的概念及其发生的条件。掌握离子方程式的书写方法,并能够判断书写正误。

(5)能运用离子反应的原理,进行常见离子Cl^-、SO_4^{2-}、CO_3^{2-}的检验,判断离子共存问题。以粗盐提纯为载体,掌握离子共存和除杂问题。

(6)认识有化合价变化的反应是氧化还原反应,根据实验事实了解氧化还原反应的本质是电子的转移;能根据元素化合价的变化判断反应是否为氧化还原反应;认识到可以通过氧化还原反应实现含有不同价态同种元素的物质的相互转化;会用化学用语表征简单氧化还原反应中化合价和电子转移的情况。

(7)能从元素价态的角度分析、预测物质的氧化性和还原性,知道常见的氧化剂和还原剂;能运用氧化还原反应的有关知识推测典型氧化剂、还原剂的关系;感受化学反应的规律性,增强学习信心。

(8)能从氧化性与还原性、氧化剂和还原剂的新视角认识物质及其转化,建构从元素价态视角预测物质性质的思路方法。能利用氧化还原反应理论指导物质的转化,合理使用化学物质。

元素化合物知识是化学学科的核心知识,是培养学生科学的认识思路和研究方法的良好素材。以上针对元素化合物主题,提出了基于真实情境中单元教学模型的建构思路,在其他化学问题解决中也有借鉴作用。

在真实情境中探索元素周期律,学生需要运用"宏观辨识与微观探析"的能力,通过观察元素在实际生活中的应用,如金属材料的性质、化合物的颜色等,建立宏观认识;同时,通过探究这些性质背后的原因,学生又可以深入微观层面,理解元素的结构和性质的关系。

在真实情境中观察和分析化学反应,化符号为具象,化静态为动态,有助于学生真正理解化学变化的机理和所蕴藏的规律。学生通过观察化学反应的进程，分析影响反应进程的因素，理解化学反应的可逆性和化学平衡的意义。这有助于学生切实感受到化学反应中的元素的"变化"与"平衡"。

在真实情境中探索元素周期律，学生需要收集证据、进行推理、建立模型，这一过程可以培养"证据推理与模型认知"以及"科学探究与创新意识"的核心素养。学生需要运用所学知识，通过实验、观察等方法获取证据，并基于证据进行推理，建立元素周期律的认知模型。同时，真实情境本身为学生提供了科学探究的条件和机遇，能引导学生参与到化学元素的认识和规律总结之中，并以实验和实践的方式去验证，乃至创造新的实验方法。

第二节 以自主探索构建推进育人转型

以学生为中心的课堂教学核心是学生通过自主探索获得知识,进而形成素养。化形化学认为,实现从"知"到"行",由"行"达"道"的理想境界离不开学生在学习过程中的主动探索。建构主义学习理论强调学习者在学习过程中的主体地位和自主性,认为知识不是通过教师传授获得,而是学习者在一定情境中,通过自主探索、主动建构而获得。皮亚杰的认知发展理论也指出,个体通过与环境的相互作用,不断同化和顺应,实现认知图式的发展。因此,以自主探索建构学习,符合学习者认知发展的规律。科学本身是一种探究型的活动,需要个体持续进行实验、总结和验证。化学作为基础科学,化学教学需要转变传统的以教师单向灌输为主的教学模式,以自主探索推动育人方式的转型。

一、根据新课标新教材,规划学生学习方式变革

电解是将电能转化为化学能的一种重要方法,电解池是电化学系统中的核心内容,从知识分类看属于化学基本原理内容,是基于氧化还原反应和元素化合物知识的延伸和具体应用,从主题分类看属于化学反应与能量,是中学化学重要理论之一。电解池作为一个小的独立系统,包含的知识点有:电解的含义,电解过程中的能量转化关系,电解池、电解原理的应用。

《普通高中课程方案(2017年版2020年修订)》有关电解池的要求如下。

选择性必修"化学反应原理":认识化学能与电能相互转化的实际意义及其重要应用。了解电解池的工作原理,认识电解在实现物质转化和储存能量中的具体应用。了解防止金属腐蚀的措施。

选修课程系列1"实验化学":以真实的化工生产过程为研究对象,借助相关资料对化工生产的原理、流程进行复原和模拟。如电解熔融盐制备金属。

2019年版高中化学新教材对"电解原理及其应用"的编排对比见下表。

2019年版高中化学新教材对《电解原理及其应用》的编排对比表

鲁科版	人教版	苏教版
第1章 化学反应与能量转化 第3节 电能转化为化学能——电解 一、电解的原理（电解熔融氯化钠） 二、电解原理的应用 1.电解学生知识体系的构建,饱和食盐水制备烧碱、氢气和氯气 2.铜的电解精炼 3.电镀（铁钉镀铜）	第四章 化学反应与电能 第二节 电解池 一、电解原理（电解氯化铜溶液） 二、电解原理的应用 1.电解饱和食盐水 2.电镀（精炼铜） 3.电冶金（电解熔融氯化钠）	专题1 化学反应与能量变化 第二单元 化学能与电能的转化 电解池的工作原理及应用（电解熔融氯化钠、电解氯化铜溶液、电解饱和食盐水、电镀银）

三种教材版本在"电解池"单元的构建上,均以电解的原理和电解原理的应用为基础展开,响应了课标推荐的素材:电解熔融氯化钠、电解饱和食盐水、电解氯化铜溶液,简单的电镀实验电冶金、电解精炼铜和电解在污水处理、煤炭脱硫中的应用等。

但是按照传统的单课时教学容易造成教学目标割裂,各课时碎片化,知识无法有效融合,学生知识体系无法完整建构。电解池的认知模型既包括装置实物模型,又包括原理理论模型,其蕴含着完整的建构模型→完善模型→应用模型等模型认知阶段,经历这些模型建构的阶段有助于提高学生的"证据推理与模型认知"的素养水平。

为此,我们以高中化学选择性必修课程中的"电能转化为化学能——电解"为载体,将"电解池"和"电解原理的应用"整合为一个教学单元,主题设定为"电解原理及其应用"。通过单元教学重点引导学生从装置维度、原理维度理解电解池的工作原理,具体细化各认识角度及各角度之间的关联,进而形成解决电能转化为化学能的一般思路和方法,有助于知识间的关联和认识的进阶,从而促进学生"证据推理与模型认知"素养的发展。

二、依据学生实际,构建知识—素养—认知进阶

1.知识与核心素养分析

电解原理及其应用内容是发展学生"模型认知"的良好载体,而"模型认知"又是化学核心素养中的重要组成部分。关于"模型认知",新课标指出"知道可以通过分析、推理等方法认识研究对象的本质特征、构成要素及其相互关系,建立认知模型,并能运用模型解释化学现象,解释现象的本质和规律。"电解池的认知模型是什么?学习了北师大王磊教授团队的电化学认知模型,我们建立电解池的原理分析模型,这个模型从装置维度表达,包含了电解池的构成要素,也蕴含了电解原理思路,是解决电解问题的通用认知模型。电解池的原理分析模型如下图所示。

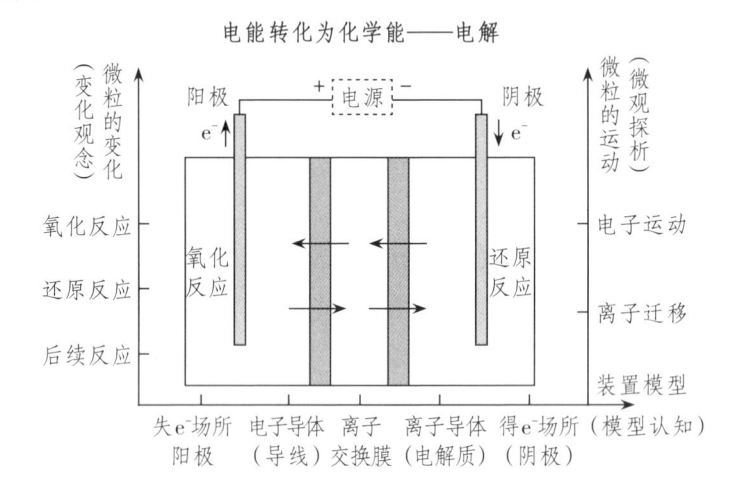

电能转化为化学能——电解

(变化观念) 微粒的变化		(微观探析) 微粒的运动
氧化反应	阳极 +电源- 阴极 e↑ ↓e 氧化反应 → ← 还原反应	电子运动
还原反应		离子迁移
后续反应		装置模型
失e⁻场所 阳极	电子导体 离子 离子导体 (导线) 交换膜 (电解质)	得e⁻场所(模型认知) (阴极)

2.学情与教学策略分析

如何建构电解池的认知模型?模型的建构一般基于大量的化学事实,因此,寻找合适的化学事实是建构电解池认知模型的关键,在理解、描述、解释化学事实的过程中形成对一类事实的模型化理解,继而形成化学观念。学生可以按照下图自下而上进阶形成化学观念。而教师设计教学则可以从自上而下的顺序进行以核心观念统领思考,发挥核心观念的指导作用,完成电解池认知模型的建构和理解。"电解原理及其应用"中化学事实、化学知识、化学观念的关系如下图所示。

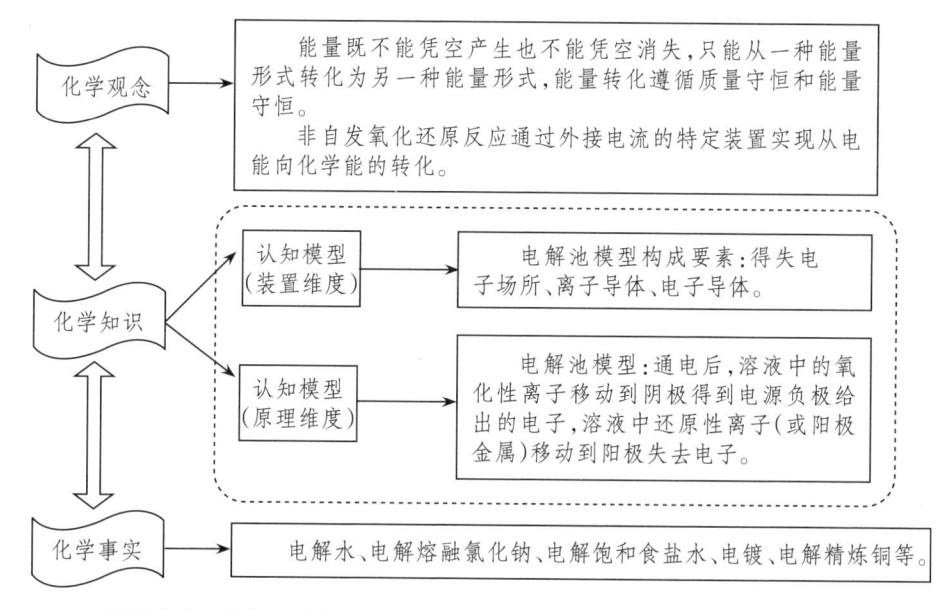

```
化学观念 → 能量既不能凭空产生也不能凭空消失，只能从一种能量
            形式转化为另一种能量形式，能量转化遵循质量守恒和能量
            守恒。
            非自发氧化还原反应通过外接电流的特定装置实现从电
            能向化学能的转化。

化学知识 → 认知模型（装置维度）→ 电解池模型构成要素：得失电子场所、离子导体、电子导体。
         → 认知模型（原理维度）→ 电解池模型：通电后，溶液中的氧化性离子移动到阴极得到电源负极给出的电子，溶液中还原性离子（或阳极金属）移动到阳极失去电子。

化学事实 → 电解水、电解熔融氯化钠、电解饱和食盐水、电镀、电解精炼铜等。
```

3. 认识与知识进阶分析

整个单元设计紧紧围绕"电解池"的单元大概念，以简单体系的电解池、复杂体系的电解池和电解池的应用为知识线索完成电解池分析模型的初建、完善和应用，通过宏、微观结合演示实验、实验设计模型认知和科学探究实践应用等方法建立分析电解池的基本思路、系统认识角度和设计思路，层层深入，实现对电解本质的认识进阶。本单元的教学分为3个课时，"电解原理及其应用"单元课时进阶系统如下图所示。

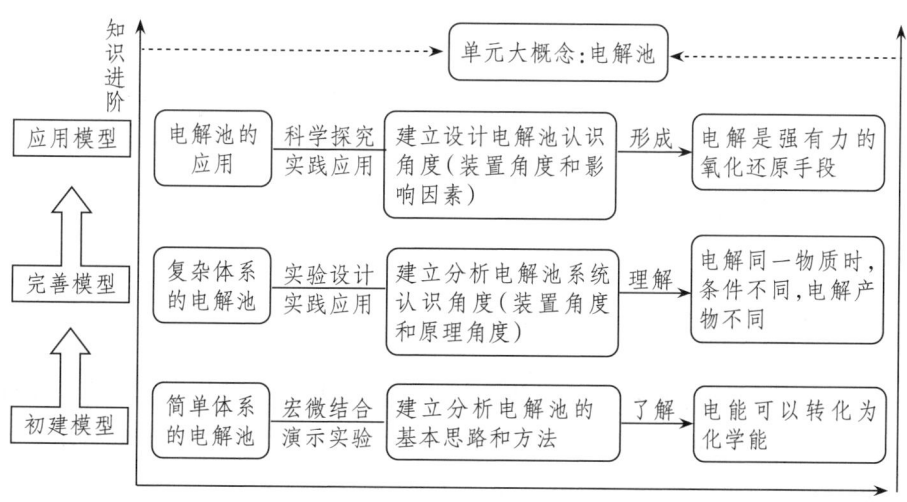

```
知识进阶 ┈┈┈┈┈┈ 单元大概念：电解池 ┈┈┈┈┈┈

应用模型  电解池的应用   科学探究  建立设计电解池认识   形成   电解是强有力的
                    实践应用   角度（装置角度和影            氧化还原手段
                              响因素）

完善模型  复杂体系    实验设计  建立分析电解池系统   理解   电解同一物质时，
         的电解池   实践应用  认识角度（装置角度          条件不同，电解产
                            和原理角度）                物不同

初建模型  简单体系    宏微结合  建立分析电解池的    了解   电能可以转化为
         的电解池   演示实验  基本思路和方法             化学能
```

三 构建学生自主探索学习目标

"电解原理及其应用"以与生产生活息息相关的化学真实问题为真实情境，确定学习目标如下。

1. 能从装置（失电子场所、离子导体、电子导体）和原理（电极反应、电极表达式）两大维度建立电解池分析模型，能解释相关知识间内在的逻辑关系。

2. 能将复杂真实的问题拆解为基本的化学问题，形成用所学知识解决复杂真实问题的意识和基本思路。

3. 通过了解电解原理在生产生活中的具体应用，初步认识知识与技术的融合，感受化学学科价值，增强社会责任感。

课时目标如下。

第1课时：通过对电解水实验的分析了解电解原理，认识电化学体系的基本要素，初步建立对电解过程的分析思路模型；通过运用电解的原理分析氯化铜溶液的电解，了解较复杂体系中所发生的反应以及电能转化为化学能的实际意义；了解电解在工业生产中的实际应用（如电冶金制备金属），感受化学学科的价值，增强社会责任感。

第2课时：通过使用不同电极电解不同电解质溶液的探究实验和分析，了解这些较复杂体系中所发生的反应，进一步完善电解过程的分析思路模型；通过分析掌握电镀和电解精炼铜，感受化学学科的价值，增强社会责任感。

第3课时：通过观察电解饱和食盐水溶液的现象，分析解释其工作原理及工业设备中离子交换膜的作用，完善对"电解认知模型"的模型建构；通过实验设计能分析预测电解饱和食盐水溶液还能制备其他物质，并设计制备 $NaClO$ 的简易装置图；了解电渗析原理进行海水淡化和物质制备，了解复杂体系中所发生的反应以及电解的实际价值。

四 搭建单元整体教学结构框架

"电解原理及其应用"教学均以与生产生活息息相关的化学真实问题为真实情境，紧紧围绕初建电解模型→完善电解模型→应用电解模型等环节展开教学，以化学实验探究为依托，通过一系列核心任务和学生活动将教学串联起来，逐步建立电解的认知模型，实现知识与能力培养的进阶，有效搭建单元整体教学结构框架。具体课时定位及教学设计思路如下。

课时1《初建电解模型》学习活动设计

情境:探究太阳能路灯的能量转化。

问题:白天太阳能路灯如何快速高效地储存太阳能转化的电能?

教学环节	核心问题或任务	教学活动	认知发展目标
环节1: 认识能量转化方式	【任务1】将电能转化为哪种形式的能量进行储存较为实际?	【活动1】讨论电能可能的储存方式,对电能可以转化为其他形式的能量进行猜测,形成假说。	知道能量的转化方式,电能可以转化为化学能。
环节2: 初识简单体系模型	【任务2】什么实验事实可以支撑我们的假说?为什么?(以电解水为例) 【任务3】电解池由哪些装置构成?如何工作的?	【活动2】通过电解水和氢氧燃料电池的实验进行取证,分析已有实验基础,感受能量的相互转化。通过电解水实验,认识电解池装置的构成;通过通电前后微粒的变化分析电解池的工作原理。	从微观角度分析电解池的工作原理,进一步认识到电极材料、电极反应、离子导体、电子导体是电化学体系的基本要素。
环节3: 建构复杂体系模型	【任务4】在电解水实验中,为了加快反应速率,我们会加入一些电解质,对电解水有什么影响?(以电解氯化铜溶液为例)	【活动3】分析预测4种离子参与的电解产物,并设计实验验证。总结出放电顺序,概括出分析电解问题的思路和方法。	从单一体系到混合体系,引导学生认识到不同离子在放电过程中存在先后顺序,丰富学生对电解原理的理解。
环节4: 应用模型解决问题	【任务5】电解法是谁发明的?如何冶炼活泼金属?	【活动4】了解戴维用电解法发现活泼金属元素的史实,分析解释电解熔融 Al_2O_3、$NaCl$、$MgCl_2$ 获得 Al、Na、Mg 等活泼金属。书写电极反应式和总反应式。	通过化学史帮助学生理解电解是一种强有力的氧化还原手段。

083

课时2《完善电解模型》学习活动设计

情境:揭秘"水质电解器"骗局。

问题:某品牌水质电解器的测试显示自来水浑浊不堪,我们喝的水真的那么脏吗?

教学环节	核心问题或任务	教学活动	认知发展目标
环节1: 完善模型 提升认识	【任务1】通电后自来水为什么出现"浑浊不堪",你能不能通过实验来重现这个过程?	【活动1】观看新闻,思考可能的原因。利用实验盒完成探究用不同活性的电极材料的电解实验,结合视频揭秘骗局。分析各组实验的电极产物,并写出电极反应式。	活泼电极作阳极时优先放电,进一步完善电解原理。
环节2: 设计电镀铜的方案	【任务2】请设计方案给一把钢钥匙"穿"上铜外衣,画出装置图。	【活动2】思考讨论,展示实验方案,分析实验原理,总结出电镀模型。	总结电镀模型:镀件(待镀金属)作阴极,镀层金属作阳极,含镀层金属离子的溶液作电解质溶液。
环节3: 分析精炼铜的原理	【任务3】分析解释精炼铜装置为什么可以实现将粗铜精炼?	【活动3】分析预测溶液中离子参与的电解产物,写出电极反应式,总结出精炼模型。	总结精炼模型:待精炼金属作阳极,精炼纯金属作阴极,以含精炼金属离子的溶液作电解质溶液。
环节4: 总结应用	【任务4】电解有铁钉的饱和氯化钠溶液会看到什么现象?	【活动4】分析溶液中离子参与的电解产物,预测实验现象。动手实验加以探究,解释现象发生的原因。	可将复杂问题简单化、模型化处理。

课时3《应用电解模型》学习活动设计

情境:设计并优化"杀菌消毒卫士"装置。

问题:如何利用电解原理设计并优化制消毒液的简易装置?

教学环节	核心问题或任务	教学活动	认知发展目标
环节1:应用模型解决问题	【任务1】疫情期间的爆款"家庭卫士"只需要食盐和水就可以自制消毒液,应用了什么原理?	【活动1】描述现象,分析装置,探析微粒运动,结合现象书写电极反应式,整理分析电解池装置的思路与方法。	真实问题需要转化为基本化学问题。
环节2:从离子交换膜角度认识电解装置	【任务2】工业大规模生产会遇到什么问题?氯碱工业中阳离子交换膜的作用是什么?	【活动2】思考分析、交流讨论问题并提出解决问题的猜想。对比电解饱和食盐水的实验装置图和氯碱工业示意图,从工作原理和物质反应角度"识膜",分析阳离子交换膜的作用。	将电解基础知识与工业生产关联,实现从原理到设备的再认识,从离子交换膜角度重新审视氯碱工业的用途。
环节3:电解的应用——电渗析法	【任务3】请根据阳极室电解质溶液浓度的变化和工作原理提出一个化工用途。(电渗析法海水淡化)	【活动3】观察思考、交流讨论,用彩色笔标出钠离子和氯离子,分组完成离子"穿越游戏",展示结果,解释分析过程。	从"单膜"到"多膜"构建电渗析原理模型。通过知识和技术的融合,合理开发利用自然资源。
环节4:电解的应用——制消毒液	【任务4】能否通过所学过的电解原理设计一种类似的简易装置?该装置还存在的安全隐患是什么?如何改进优化?	【活动4】讨论设计实验方案,交流评价最佳方案,并改进实施。	同样的原理,设计不同装置时,可得到不同的产物。

自主探索的教学模式能够转变传统的由教师单方面灌输的教学取向，形成以学生之"行"为主导的课堂教学。传统的教学取向以教师为中心，通过灌输、讲授的方式传递知识，学生被动接受，缺乏主动性和参与性。以自主探索为主的教学，则强调学生的主体地位，鼓励学生根据自己的兴趣、疑问和想法，通过实验、讨论、查阅资料等方式，自主探索和发现知识。教师从知识的传授者转变为学习的引导者和促进者，为学生提供探索的情境和支持。这种教学取向的转变，有利于调动学生的学习积极性，发展学生的自主学习能力。

在探究原电池原理的教学活动中，教师通过设计一系列引导性问题，激发学生的好奇心和探究欲，让学生通过小组合作或个人研究，自主收集资料、设计实验、观察实验现象、记录数据和分析结果。这种教学方式使得学生从被动接受知识转变为主动探究知识，实现了教与学的有机结合，更符合现代教育对学生综合素质要求的发展趋势。如教师提出"如何利用化学反应产生电能"的问题，引导学生查阅资料，了解电池的发展历史；鼓励学生自己动手组装各种原电池，探究电极材料、电解质等因素对电池性能的影响；开展小组讨论和交流，总结电化学工作原理。通过自主探索，学生能够建构起关于原电池、电解的完整知识体系，加深对电化学原理的理解，提高分析和解决问题的能力。

第三节 以社会责任意识彰显学科价值

从教育学的角度来看，化学教育不仅要传授知识和培养能力，更要注重塑造学生的人格和价值观。社会责任感是现代公民必备的品格和素养，体现在对他人、对社会、对环境的关切和承担义务的意识上。化形化学认为，"道"是化学教学的终极追求，理想的化学应体现"知行合一、悦动有道"的特征。结合化学学科核心素养，化学教学除了在认知、思维、行动层面促进学生发展之外，还应从伦理道德层面激发学生正确的价值观，即将化学与时代发展结合起来，以正确的态度和方式运用化学知识改变世界，这是化学造福于人类、促进学生发展的价值前提。通过在化学教学中渗透社会责任教育，可以促进学生全面发展，提升其道德修养和公民意识。从化学与人类社会变革来看，化学科学与技术的发展给人类社会带来了巨大福祉，但同时也引发了一系列环境和伦理问题，如环境污染、资源枯竭、毒品和化学武器等。培养学生的社会责任感，使其意识到化学知识和技能应用时需要遵循的道德规范和价值取向，能够引导学生正确看待化学与社会的关系，以负责任和符合伦理的方式应用化学知识造福人类。从时代需要来看，当前人类面临气候变化、能源短缺、环境恶化等全球性挑战，化学在解决这些问题中扮演着关键角色。培养学生的社会责任感，能够激发他们运用化学知识服务社会、造福人类的志向和担当，为学生的人生发展指明方向，也为社会培养高素质的化学人才。

在化学教学中，可以基于"道"的需要，开展教学设计，通过引导学生分析相关化学元素或产品在生活中运用的利弊，激发学生的社会责任感。如讲解氢能利用的技术原理和应用前景时，引导学生思考发展氢能的社会意义和伦理考量，如氢能对减少温室气体排放、缓解能源危机的作用，以及开发氢能面临的成本、安全、基础设施等挑战。鼓励学生从多角度分析问题，形成全面的认识；选取氢燃料电池汽车、氢能社区等实际应用案例，讨论发展氢能对环境、经济、社会的综合影响。引导学生思考作为化学工作者和社会公民，如何权衡利弊，推动氢能的可持续利用。

下面以《全氮类超高能材料的结构研究》为例，分析如何培养学生的社会意识与责任。

一 项目意图

2017年，南京理工大学胡炳成、陆明团队教授团队在国际顶级期刊 Science 上发表高水平文章，如右图所示。文章介绍了世界首个含全氮阴离子（N_5^-）的盐$(N_5)_6(H_3O)_3(NH_4)_4Cl$的合成，这是我国在 Science 上发表的第一篇含能材料领域研究论文。

本项目旨在让学生学会运用物质结构中的价键理论分析陌生复杂物质的结构，体会科学家不断克服多氮化合物稳定性瓶颈的艰辛探索历程，进而建立基于真实情境下用价键理论指导物质结构分析的思维模型。

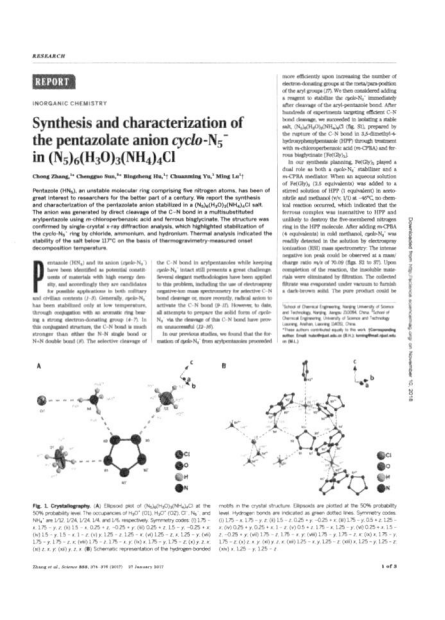

二 达成目标

1.了解新一代全氮类超高能材料的发展历程，体会科学家为科学发展付出的不懈努力，培养学生科学精神和社会责任的核心素养。

2.运用价键理论对已制备的全氮类超高能材料进行结构分析，逐步训练学生用科学思维模式去解决真实问题。

3.感受我国科学的迅猛发展和为世界含能材料领域作出的贡献，激发民族自豪感，树立文化自信。

三 学习过程

项目导引:了解全氮类超高能材料的发展历程。

知识视窗:化学前沿

全氮类物质具有高密度、高生成焓、超高能量、爆轰产物清洁无污染等优点,成为新一代超高能含能材料的典型代表,应用于炸药、发射药和推进剂等方面。

1.超高能材料

超高能含能材料是指能量比常规炸药至少高一个数量级的新型高能物质,是实现高效毁伤的核心技术。目前超高能含能材料主要分为两类:一类是基于化学能的高能物质(纳米铝、纳米硼等高活性储能材料,全氮类物质,金属氢等);另一类是基于物理能的高能物质(如亚稳态核同质异能素,反物质材料等)。

2.多氮化合物

多氮化合物是指分子结构中有多个氮原子直接相连的化合物(如叠氮类 N_3^-),由于其高氮低碳氢含量以及高张力使得该类化合物通常具有高的生成热,且易于实现氧平衡,是理想的高能量密度材料,同时由于其分解产物为清洁的氮气,多氮化合物被称为"绿色含能材料"。

由于其高张力造成的不稳定性,多氮化合物的合成是一项极具挑战性的工作,也是国际含能材料研究领域的热点。除了作为含能材料使用外,多氮化合物还可作为氮化碳纳米材料前体,在农药、医药、感光材料等领域的合成和应用研究也异常活跃。

3.全氮类物质

全氮类物质最突出的特性是分解产物为极其稳定的氮气,因而分子中蕴含有巨大的能量;同时由于氮的电负性仅次于氟元素和氧元素,能形成较强的化学键,即全部或部分由氮元素组成的全氮类衍生物具有一定的稳定性。

全氮类物质主要包括离子型、共价型和聚合氮等三类,随着研究的不断深入,人们对全氮结构的了解程度不断提高。全氮类超高能含能材料合成时间见下表。

全氮类超高能含能材料合成时间表

时间	成果
1772年	从大气中分离出 N_2。
1890年	发现第一种全氮离子 N_3^-。叠氮化物是一类重要化合物,一百多年来叠氮化物在炸药、磁性化合物研究、微量元素测定等材料、医药、农药领域得到了极为广泛的研究和应用。
1956年	合成全氮离子的前体芳基五唑(即全部由氮原子组成的五元环)——对二甲氨基苯基五唑(如右图所示),但其在0℃以上迅速分解成芳基叠氮和氮气。
1998年	美国空军研究实验室首次合成呈线状 N_5^+ 阳离子——第三种全氮类物质,当时的研究目的是制造取代有毒的肼类火箭燃料的新型火箭燃料。
2017年	南京理工大学胡炳成、陆明团队教授团队成功合成出世界首个含全氮阴离子(N_5^-)的盐 $(N_5)_6(H_3O)_3(NH_4)_4Cl$(如下图所示)并对其进行了表征。热分析结果显示其分解温度高达116.8℃,具有非常好的热稳定性。

此前,能合成并稳定存在的仅有叠氮负离子(N_3^-),而五氮负离子合成的难点主要在于其前体芳基五氮唑的稳定性较差,而且芳基与五唑环连接的碳氮键的键能大于氮氮单键和氮氮双键的键能,也就是说,在断裂芳基五唑分子中的碳氮键的同时会导致五唑环的破裂而无法获得cyclo-N_5^-离子。此前还没有通过这种方法成功获得过cyclo-N_5^-的固体形式。

现在,胡炳成教授团队创造性采用间氯过氧苯甲酸和甘氨酸亚铁分别作为切断试剂和助剂,通过氧化断裂的方式首次成功制备室温下稳定全氮阴离子盐$(N_5)_6(H_3O)_3(NH_4)_4Cl$。

思考题：

(1)为什么全氮类物质具有超高能量？

(2)多氮化合物被称为"绿色含能材料"，其原因有哪些？

(3)为什么多氮化合物的合成是一项极具挑战性的工作？

(4)在断裂芳基五唑分子中的碳氮键的同时会导致五唑环的破裂而无法获得N_5^-离子，为什么？

学习任务1：极具挑战性的多氮化合物合成的历程

活动1：氮原子如何形成氮气？

1772年，科学家从大气中成功分离出氮气。氮是自然界中含量最丰富的元素之一，占空气总量78%的氮气较稳定，常温下很难跟其他物质发生反应。但在高温、高能量条件下可与某些物质发生化学变化，用来制取对人类有用的新物质。

运用氮原子结构模型、价键理论分析氮气的性质。

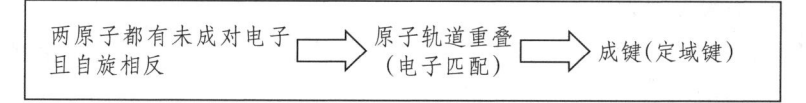

两原子都有未成对电子且自旋相反 ⟹ 原子轨道重叠（电子匹配） ⟹ 成键（定域键）

思考题：

(1)由氮原子价电子排布式分析N_2的成键特点。

(2)N_2与CO是等电子体，键能数据如下。

	A—B	A=B	A≡B
CO	357.7 kJ·mol⁻¹	798.9 kJ·mol⁻¹	1 071.9 kJ·mol⁻¹
N_2	154.8 kJ·mol⁻¹	418.4 kJ·mol⁻¹	941.7 kJ·mol⁻¹

结合键能数据，说明N_2比CO稳定的原因。

活动2：氮原子如何形成N_3^-？

1890年，科学家发现第一种全氮离子N_3^-。叠氮化物作为一类重要化合物，在炸药、磁性化合物研究、微量元素测定方面越来越引起人们的重视。其中叠氮酸(HN_3)是一种弱酸，易溶于水。联氨被亚硝酸氧化时便可生成叠氮酸：

$N_2H_4+HNO_2 \xrightarrow{\quad\quad} 2H_2O+HN_3$。叠氮酸稀溶液几乎不分解,但受到撞击立即发生爆炸分解成氮气。叠氮酸的正盐稳定,但重金属盐受撞击时仍爆炸。其碱金属、碱土金属盐加热只分解不爆炸。根据以上信息,运用价键理论分析叠氮化合物的结构、性质与应用。

思考题:

(1)查阅资料可知叠氮酸(HN_3)分子中共用电子对和孤电子对的数目分别为5和3。依据氮原子模型,分析叠氮酸(HN_3)分子可能的结构并写出结构式,判断每个氮原子的杂化轨道类型。

(2)叠氮根离子(N_3^-)的路易斯结构式为: :N—N—N:,分子中的大π键可用符号 Π_m^n 表示,其中 m 代表参与形成大π键的原子数,n 代表参与形成大π键的电子数(如苯分子中的大π键可表示为 Π_6^6),写出 N_3^- 中的大π键表示,并举例说明与 N_3^- 互为等电子体的分子。

活动3:氮原子如何形成 N_5^+?

1999年,美国空军研究实验室为了制造取代有毒的肼类火箭燃料的新型火箭燃料,首次合成 N_5^+ 阳离子。

思考题:

(1)在 N_5^+ 的各种异形结构中,V形结构最稳定,若阳离子中每个氮原子均满足8电子结构,写出 N_5^+ 阳离子的结构式,并说明氮原子轨道的杂化类型。

(2)N_5^+ 阳离子中含有共价键的类型有哪些?

(3)N_5^+ 阳离子在水中是否可以稳定存在?请说明原因。

知识链接:如何判断分子或离子中的大π键。

1.什么是大π键?

在多原子分子中,如有相互平行的p轨道,它们连贯重叠在一起构成一个整体,p电子在多个原子间运动形成π型化学键,这种不局限在两个原子之间的π键——称为离域π键或共轭大π键。

2.大π键的形成条件及表示方法？

形成条件：①这些原子都在同一平面上；②这些原子有相互平行的p轨道；③p轨道上的电子总数小于p轨道数的2倍。

3.如何计算大π键中的电子数？

①确定分子中总价电子数；②计算分子中的σ键和不与π键p轨道平行的孤对电子(含中心和外围的电子数)；③总电子数减去这些σ键和孤对电子，剩余的就是填入大π键的电子。

例1 苯分子中的p-p大π键

苯中的碳原子取sp^2杂化，每个碳原子尚余一个未参与杂化的p轨道，垂直于分子平面而相互平行。苯环分子中，所有6个平行p轨道，总共6个电子在一起弥散在整个苯环，在6个碳原子上形成了一个p-p离域大π键，符号Π_6^6，如右图所示。

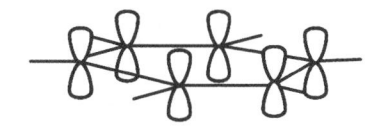

例2 CO_2分子里的大π键

CO_2的碳原子取sp杂化轨道，它的两个未参加杂化的p轨道在空间的取向是跟sp杂化轨道的轴相互垂直。CO_2分子里有两套3原子4电子符号为Π_3^4的p-p大π键，见下图。

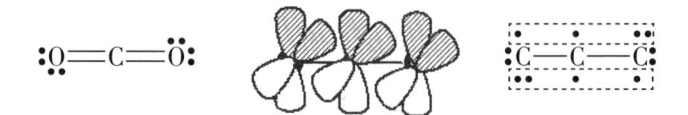

例3 CO_3^{2-}离子中的大π键

碳酸根离子属于AY_3型分子，中心碳原子取sp^2杂化形式，碳原子上有一个垂直于分子平面的p轨道；端位的3个氧原子也各有1个垂直于分子平面的p轨道；分子的总价电子数等于24，3个C—O键有6个电子，每个氧原子上有2个不与分子平面垂直的孤对电子对，因此4个平行p轨道中共有24-6-3×4=6个电子，所以CO_3^{2-}离子中有1个4轨道6电子p-p大π键，符号为Π_4^6，见下图。

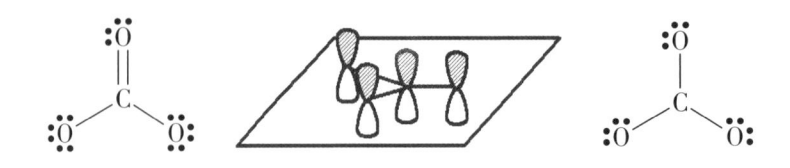

学习任务2 全氮阴离子盐$(N_5)_6(H_3O)_3(NH_4)_4Cl$的结构分析

活动1：芳基五唑可否通过断开C—N键生成N_5^-？

五唑是另一种具有代表性的N_5结构，是全部由氮原子组成的五元环。1956年，Huisgen和Ugi在低温下分离出能稳定存在的芳基五唑——对二甲氨基苯基五唑，科学家由此提出猜想：芳基五唑可否通过断开C—N键生成N_5^-？其示意图如下图所示。在实际研究中发现，芳基五唑在0 ℃以上迅速分解成芳基叠氮和氮气。

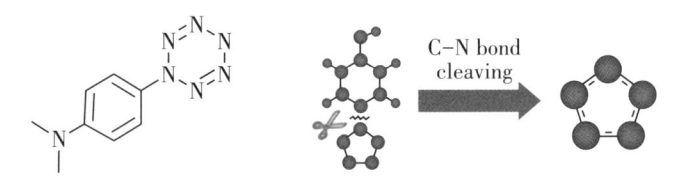

思考题：

（1）对二甲氨基苯基五唑稳定性差，写出分解的化学方程式。

（2）对二甲氨基苯基五唑无法分解生成N_5^-阴离子，主要原因在于其前体芳基五氮唑的稳定性较差，请说明其中的化学原理。

活动2：全氮阴离子盐$(N_5)_6(H_3O)_3(NH_4)_4Cl$的结构分析

2017年，南京理工大学化工学院胡炳成教授团队成功合成世界首个全氮阴离子盐，占领新一代超高能含能材料研究国际制高点。

（1）该团队此前就通过CsN_3和N_2在高压下合成CsN_5，如右图所示。

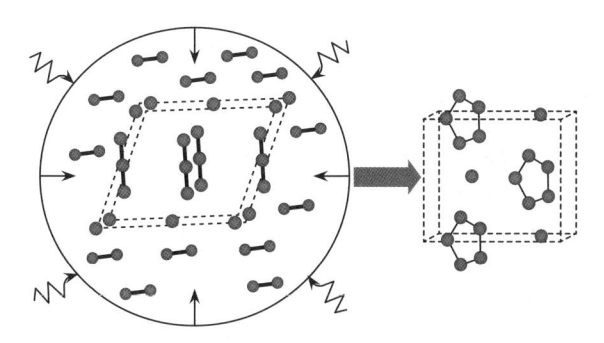

(2)胡炳成团队在其早期的研究中发现:在芳基五唑的芳基间位/对位上增加给电子基团的数目,就能提高由芳基五唑形成cyclo-N_5^-的效率。于是,他们期望通过加入一种试剂,在芳基五唑的碳氮键被切断的同时来稳定所形成的cyclo-N_5^-离子。经过反复实验,胡炳成教授团队创造性采用间氯过氧苯甲酸和甘氨酸亚铁分别作为切断试剂和助剂,通过氧化断裂的方式首次成功制备室温下稳定的全氮阴离子盐$(N_5)_6(H_2O)_3(NH_4)_4Cl$,其结构资料如下图(左)所示。经X射线衍射测得全氮阴离子盐$(N_5)_6(H_2O)_3(NH_4)_4Cl$(用R代表),局部结构如图(右)所示。

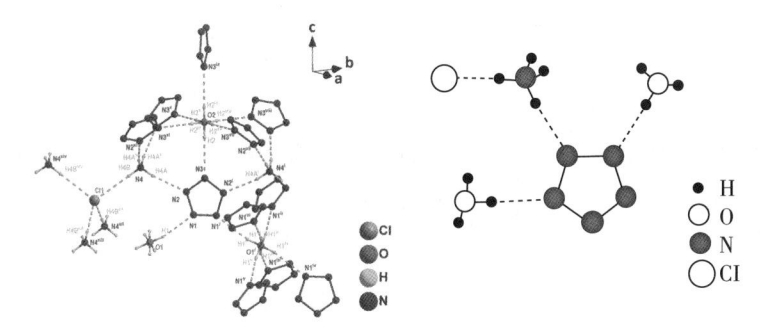

思考题:

(1)CsN_3和N_2在高压下合成CsN_5的应用前景被忽略,试分析其原因。

(2)N_5^-全氮阴离子大π键如何表示?

(3)上图中虚线代表氢键,用表示式表达所有氢键。

(4)热分析实验结果显示$(N_5)_6(H_2O)_3(NH_4)_4Cl$分解温度高达116.8 ℃,具有非常好的热稳定性。对比全氮阴离子盐和芳基全氮五唑,从性质和用途的角度分析,全氮阴离子盐有哪些优势?

知识链接:如何用现代仪器分析法测定物质的结构。

1.相对分子质量的测定——质谱法

用质谱仪测定其相对分子质量,得到的质荷比(分子离子、碎片离子的相对质量与其电荷的比值)最大值即为该有机物的相对分子质量。例如,经质谱仪检验得出,有相对分子质量为70.015 6的微粒,说明在反应体系中检测到N_5^-的存在。N_5^-的质谱图如下图所示。

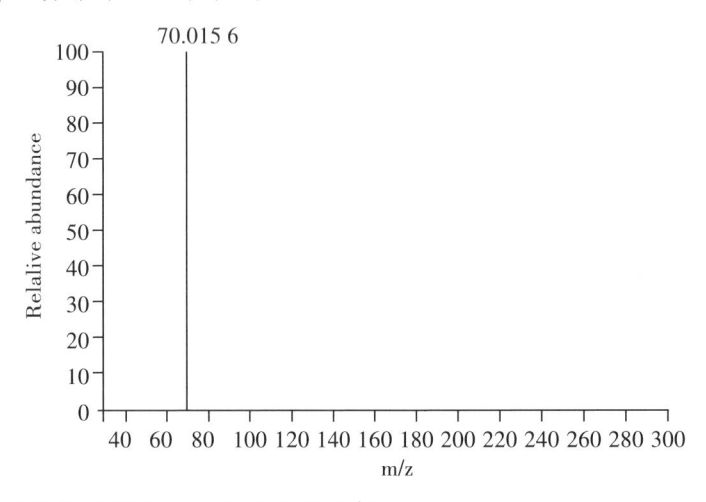

2.组成结构的测定——核磁共振分析

核磁共振应用最多的是氢谱和碳谱,不同化学环境下的氢原子或碳原子在核磁谱里出现不同的峰,从而测定有机物分子中氢原子或碳原子的种类和数目。

不同化学环境的氢原子 → 种数:等于吸收峰的个数
　　　　　　　　　　 → 每种个数:与吸收峰的面积成正比

科学家通过核磁共振氮谱对五氮负离子及^{15}N标记的五氮负离子进行了表征,这证明五唑环上5个N原子具有相同的化学环境,分子高度对称,从数学角度分析,应呈平面构型,是其具有芳香性的有力证据。N_5^-的核磁共振氮谱图如下图所示。

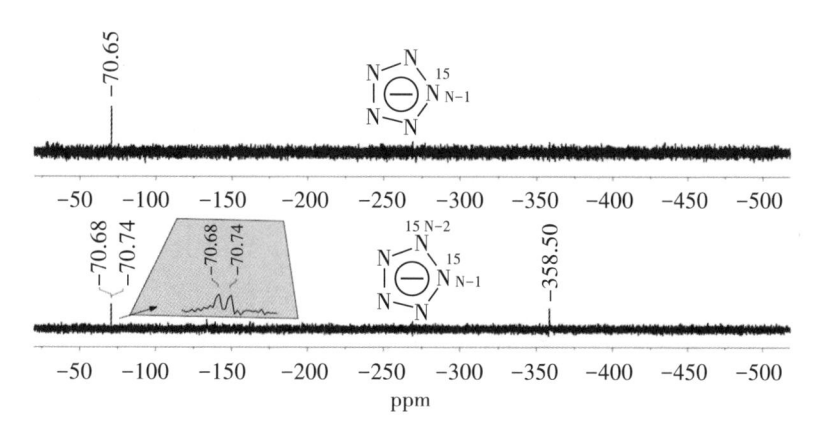

3. 晶体结构的测定——X射线衍射

利用X射线衍射原理,精确测定物质的晶体结构、织构及应力,精确进行物相分析、定性分析、定量分析。广泛应用于冶金、石油、化工、科研、航空航天,材料生产等领域。

学习任务3：全氮阴离子金属盐的结构分析

南京理工团队继 *Science* 之后又发 *Nature*，占领新一代超高能含能材料研究的国际制高点。

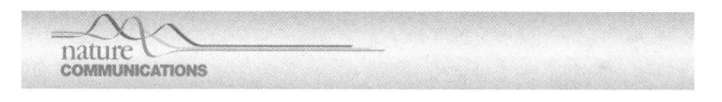

活动1：全氮阴离子金属盐的稳定性及表征

针对全氮阴离子盐$(N_5)_6(H_3O)_3(NH_4)_4Cl$中含有大量的非含能离子、晶体密度较低等问题,胡炳成教授等又制备并表征了五种 N_5^- 金属盐,即 $[Na(H_2O)(N_5)]\cdot 2H_2O$、$[M(H_2O)_4(N_5)_2]\cdot 4H_2O$（M = Mn、Fe 和 Co）和 $[Mg(H_2O)_6(N_5)_2]\cdot 4H_2O$。鉴于五唑阴离子金属盐的稳定性和能量特性,它可用作一类潜在的、新的高能量密度材料,或能用于开发仅由氮元素组成的超高能全氮材料。

思考题:

五唑阴离子金属盐具有较强稳定性的原因是什么?

活动2:金属五唑盐 $Co(N_5)_2(H_2O)_4\cdot 4H_2O$ 的结构

金属五唑盐 $Co(N_5)_2(H_2O)_4\cdot 4H_2O$ 的合成示意图如下:

金属五唑盐 $Co(N_5)_2(H_2O)_4\cdot 4H_2O$ 的氢键网络图如下:

思考题:

(1) $Co(N_5)_2(H_2O)_4\cdot 4H_2O$ 中含有哪些作用力?

(2)以 $Co(N_5)_2(H_2O)_4·4H_2O$ 为例,说明金属离子与其他微粒之间如何形成稳定结构。

活动3: $Co(N_5)_2(H_2O)_4·4H_2O$ 的爆炸性能

对比之前制备的全氮阴离子(N_5^-)盐,$Co(N_5)_2(H_2O)_4·4H_2O$ 具有更高的能量,能够产生更强的爆炸。其分解分以下两个阶段。

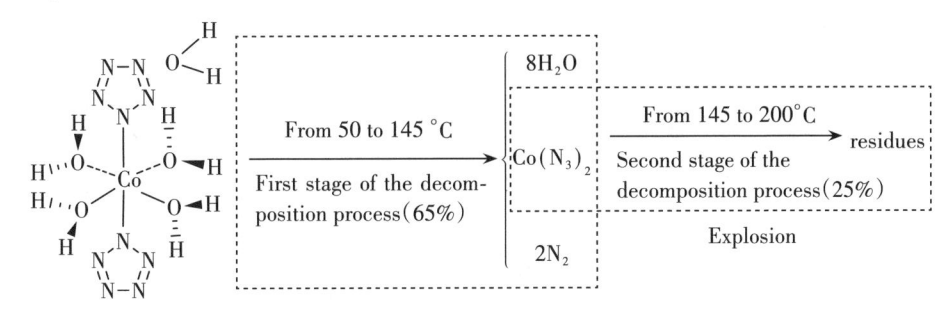

思考题:

(1)写出第一阶段的化学方程式。

(2)$Co(N_5)_2(H_2O)_4·4H_2O$ 为什么具有更高的稳定性和爆炸性能?

知识链接:配合物的稳定性及应用

历史上有记载,最早发现的第一个配合物是18世纪初用作颜料的普鲁士蓝,化学式为 $Fe_4[Fe(CN)_6]_3$。铜酞菁有较高的结晶性和稳定性,着色力是普鲁士蓝的数倍,但含有重金属离子。染料化工发展至今多为有机物染料,利用π电子结构运动的能量与光的波长对应,形成色泽鲜艳、耐晒、牢度高、不含重金属的环保型染料。

1.配位键的稳定性

通常,配位化合物的稳定性主要指热稳定性和配合物在溶液中是否容易电离出其组分(中心原子和配位体)。配位本体在溶液中可以微弱地离解出极少量的中心原子(离子)和配位体,例如[$Cu(NH_3)_4$]$^{2+}$可以离解出少量的Cu^{2+}和NH_3。配位本体在溶液中的离解平衡(络合平衡)与弱电解质的电离平衡很相似,也有其离解平衡常数,称为配合物的稳定常数K。K越大,配合物越稳定,即在水溶液中离解程度越小。

2.配合物分子和离子的空间构型

价键理论认为,配体提供的孤对电子进入了中心离子的空原子轨道,使得配体与中心离子共享这两个电子。配位键的形成经历了三个过程:激发、杂化和成键。配合物分子和离子的空间构型,常见例子如下所示。

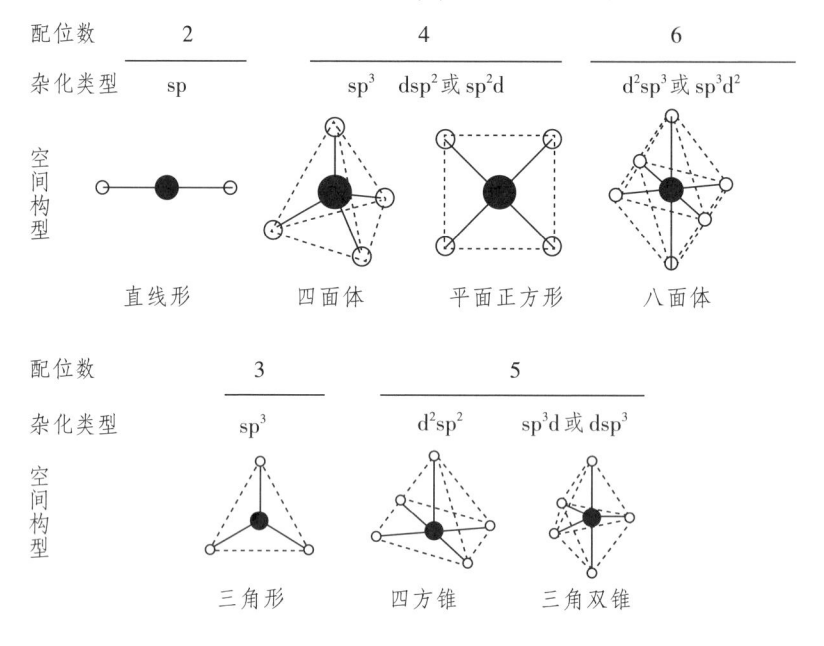

配位数	2	4		6	
杂化类型	sp	sp^3	dsp^2或sp^2d	d^2sp^3或sp^3d^2	
空间构型	直线形	四面体	平面正方形	八面体	

配位数	3	5	
杂化类型	sp^3	d^2sp^2	sp^3d或dsp^3
空间构型	三角形	四方锥	三角双锥

四 项目思维模型

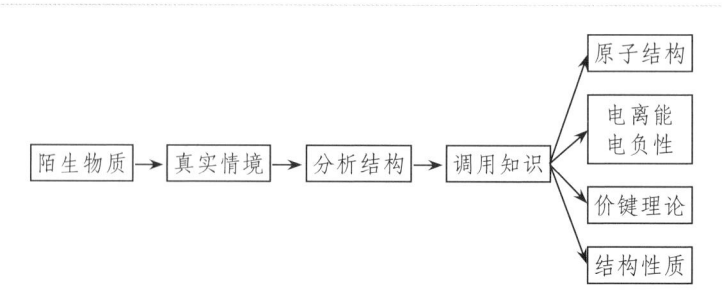

陌生物质 → 真实情境 → 分析结构 → 调用知识 → 原子结构 / 电离能 电负性 / 价键理论 / 结构性质

五 项目检测

1.一种可用于生物医学领域的平面五角星形钯（Ⅱ）配位络离子结构如右图，已知钯是原子序数为46的过渡元素。

（1）钯（Ⅱ）配位络离子中的第二周期元素，其第一电离能从大到小的顺序为_____（填元素符号）。

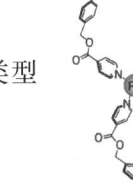

（2）钯（Ⅱ）配位络离子中含有的作用力类型为_____（填序号）。

A．金属键　　B．离子键　　C．共价键

D．配位键　　E．氢键　　　F．范德华力

（3）钯（Ⅱ）配位络离子中基态钯离子价电子排布式为_____，钯离子的杂化轨道类型_____（填"是"或"不是"）为 sp³，理由是_____。

（4）钯（Ⅱ）配位络离子中能与氢氧化钠溶液反应的配体，其分子式为_____，每1 mol 该配体与氢氧化钠反应时断裂的共价键类型及数目为_____。

（5）金属钯还容易与亚砜[O＝S(R₁)R₂]生成配合物。当 $R_1=R_2= -CH_2C_6H_5$ 时，三种配合物的结构和键长数据如下：

键长(nm)	S＝O	Pd—S	Pd—O
A	a	0.231 3	—
B	b	—	0.200 7
C	c、d	0.225 1	0.203 3

①亚砜的晶体类型为_____。

②配位键的稳定性：Pd—S＞Pd—O，其证据为_____（用上表数据说明）。

③三种配合物中 S＝O 键长不同，其数值最小的是_____（填"a""b""c"或"d"）。

2.哈佛大学 A.Y.Liu 教授首次合成类金刚石相氮化碳（$\beta\text{-}C_3N_4$）。福州大学

王新晨教授在此基础上以单氰胺(CH_2N_2)为原料制得光催化剂类石墨相氮化碳(g-C_3N_4),其单层结构如图a。

(1)C、H、N元素电负性从大到小的顺序为_____(填元素符号)。

(2)β-C_3N_4熔点、硬度均高于金刚石,其原因为_____。

(3)β-C_3N_4和g-C_3N_4中碳原子的杂化轨道类型分别为_____。

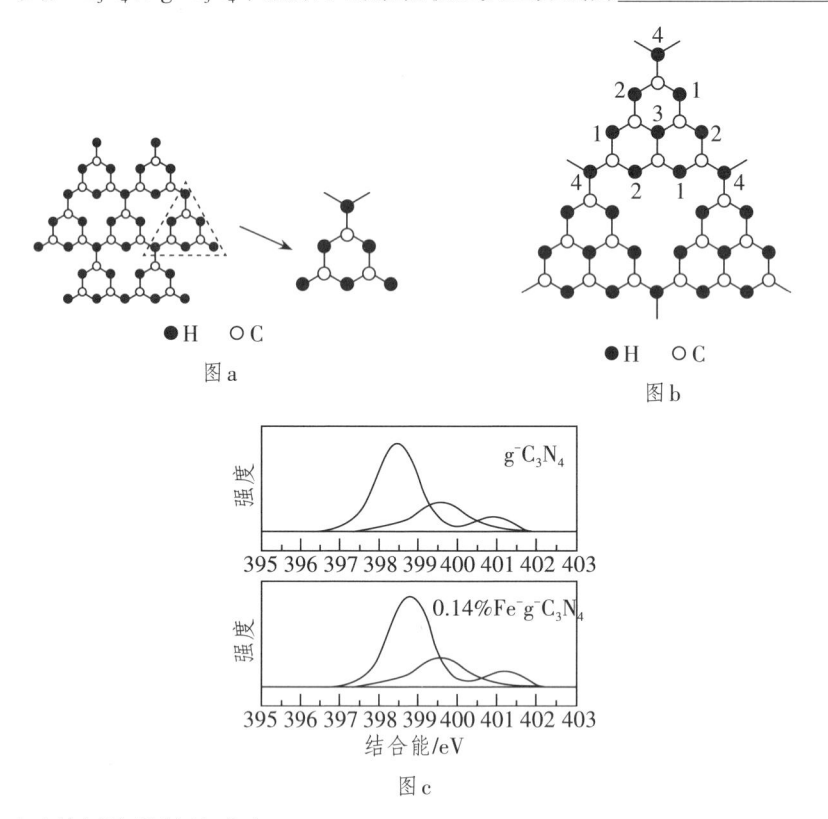

图a

图b

图c

(4)单氰胺的结构式为_____。

(5)g-C_3N_4中存在的作用力为_____(填序号)。

A.离子键　　　B.σ键　　　C.π键　　　D.氢键　　　E.范德华力

(6)g-C_3N_4中掺杂少量铁元素能提高光催化效果。图b为g-C_3N_4的另一种单层结构;图c为Fe^{3+}掺杂前后N-1s谱图(N原子1s的XPS谱图,谱图中峰的强度正比于原子数目),图c中横坐标为g-C_3N_4中N-1s结合能(原子结合能与稳定性成正比),掺杂Fe^{3+}后,结合能最小的谱线发生了明显右移。

① Fe^{3+}的价电子轨道表示式为_____。

②发生位移的谱线对应的N原子为_____(填图b中的序号)。

③谱线右移的原因为_____。

第四节 以学生为中心的课堂教学

范例一 学生自制米酒

一 项目介绍

学生通过亲身经历酿造过程,学会用化学的视角分析酿酒工艺。让学生在酿酒真实环境中进行变量的寻找、确定、控制,运用变量控制思想探究酿酒最佳条件,提高学生对于化学反应可调控的认识。为此,我们设计了两项活动,分别是"调研我国古代的酿造工艺"和"酿制米酒"。调研活动中,学生可以全面认识酿造过程,关注酿酒过程中的物质、物质转化、操作、反应条件与产物性质的关系,初步建立起酿酒过程中物质转化、反应条件的二合一模型。酿制活动中,采用家庭酿制和实验室定量探究相结合的方式进行,使学生在实践中体会物质转化的完整过程,理解条件控制对反应的重要意义。

二 学习目标

1.通过展示家庭酿酒结果和数据分析,认识酿酒工艺中的有机化合物及其反应,体会其中的物质转化关系;通过酿制米酒口味的差异,初识反应条件对有机反应的重要性。

2.通过实验室酿制米酒,掌握运用变量控制方法研究酿造米酒的最佳条件,体会调控反应条件在生产生活中的重要作用。

3.调研通过分析酿酒原理、展示酿酒结果,从化学的视角分析、解释酿酒过程及相关的实际问题,体会化学反应在生产生活中的价值,培养科学态度和探索兴趣。

三 活动设计

课前活动

调研我国的传统酿造工艺、在家自制米酒。一是学生自主查阅米酒酿造相关文献(一方面基于鲁科版教材的资料呈现,另一方面结合学校校本课程学生的文献检索经验),梳理出酿酒过程中涉及的主要环节(用流程图表示),最终汇总形成文本资料。二是在有经验家长的指导下在家自制米酒,并带到学校发酵。在酿造过程中,发现不同的小组酿制的米酒口味不同,引发学生对反应调控的思考并组建实验室定量探究小组。通过查阅文献、请教老师和家长,编制探究手册,确定了探究方案,开始第二次的酿制。每天观察米酒的变化,监测糖度、酒精度和pH,记录实验数据。酿制15天后,进行数据分析和实验结果的汇报准备。全程历时将近2个月。

环节一 研讨酿造工艺中的物质转化和条件

部分学生展示课前查找的文献,教师引导学生将酿酒过程的核心环节、有机化合物及转化过程对应起来,梳理酿酒工艺流程,初步建立物质及其转化流程模型。

环节二 探究酿制米酒的影响因素,设计最佳酿酒条件的实验方案

品尝不同小组酿制的米酒,分析讨论口味差异的原因,并预测绘制出酿酒过程中米酒的糖度、酒精度和pH的变化趋势图,分析讨论并完善物质及其转化流程模型,初步建立反应调控模型。

环节三 学习实验定量探究小组的汇报,梳理影响米酒口味的因素

由定量酿造小组分别对酒曲种类、酒曲添加量、原料种类、温度、时间等方面的控制变量的探究过程及结果进行汇报,在汇报过程中教师引导学生总结寻找变量、控制变量的方法,进一步完善反应调控模型。

环节四 酿酒工艺与现代技术

观看茅台酒酿造工艺视频,了解酿酒的规模化、工厂化生产,感受匠人精神。学以致用设计以糖厂甘蔗渣为原料获得燃料乙醇的方案。

四 学习评价

微项目的实施,对学生的评价与一般课堂是不一样的。在课前应明确项目

评价要求,评价不仅包括项目作品评价,而且应对项目探究过程进行评价。在项目探究上,应体现科学的探究过程、小组合作、工程技术的运用、持续性的观察与实验记录。基于此,由师生共同制定评价量表,确定项目成果的评价与要求,并说明小组展示与汇报要求。

项目评价量表设计主要包括三个等级:合格、良好、优秀,结合自制米酒项目从设计思路、跨学科实践、实验记录、项目作品、反思与改进、协同合作、表达交流、创新设计八个维度进行评价。

项目评价量表贯穿整个项目始终,驱动项目开展与推进。通过项目评价量表的使用,教师可以更加明确项目意义,诊断学生的发展水平;学生可以进行自评,并以量表为驱动进行发展、迭代、优化。

(厦门大学附属科技中学　叶曦提供)

范例二 砷资源的处理及利用

一、项目介绍

中国是 As_2O_3 的主要生产国,其主要用于提炼元素砷。在自然界中,砷主要以硫化物的形式存在,如雌黄(As_2S_3)、雄黄(As_4S_4)、砷黄铁矿(FeAsS)等。中国晋代炼丹术士葛洪在《抱朴子》中记载了将雄黄、松脂和硝石合炼,"三物炼之,引之如布,白如冰",制得三氧化二砷和砷。这是世界上关于炼制单质砷最早的可靠记录。公元1250年,德国的马格耐斯在将雄黄与肥皂共热时得到砷,比中国的葛洪大概晚了900年。到18世纪,拉瓦锡证实了砷是一种化学元素。

古籍中早有记载小剂量砒霜(As_2O_3)可作为药用。随着时代进步,砷及其化合物在颜料、杀虫剂、除草剂以及木材处理等方面的应用已逐渐被环保无毒的产品所替代。砷的应用主要集中在更具价值的合金、半导体材料、太阳能电池、医药等领域。

本项目任务:如何制备纯化砷——→如何定量检测砷——→如何回收利用砷。

二、学习目标

1. 通过讨论砷及其化合物的性质,利用价类二维形成物质转化的认识思路,构建预测、类比的方法模型,发展证据推理与模型认知的学科素养,实现中华传统文化的创造性转化。

2. 通过设计方案检测砷元素含量,形成从半定量到定量的实验方案,发展实验探究与创新精神的学科素养。

3. 通过分析真实情境下含砷废水、废渣的回收利用,培养科学态度和社会责任的学科素养。

三 学习过程

任务一 利用价类二维制备纯化砷

【活动一】借鉴传统,探索转化

基础回顾:

1. 写出 As 元素在周期表中的位置。与砷同主族的元素有哪些?

2. As 元素常见化合价有 -3、+3、+5。画出 As 元素及其常见化合物转化关系的价类二维图表。

As 及其常见化合物转化关系

	氢化物	单质	氧化物	含氧酸	盐
+5					
+3					
0					
-3					

方法导引:

1. 中华传统文化中蕴含着科学研究的方法,应该有扬弃地继承和弘扬。

2. 现代化学科学中常运用类比法、分类法结合氧化还原原理、元素周期律等预测物质的性质。

问题讨论:

1. 依据氧化还原反应原理,你可以预测砷的氧化物具有哪些性质? 砷的氧化物除了与碱反应之外,是否可能与酸反应呢? 说说你的依据。

2. 北宋《本草衍义》中对精制砒霜(As_2O_3)过程有如下叙述:"将生砒就置火上,以器覆之,令砒烟上飞着覆器,遂凝结,累然下垂如乳,尖长者为胜,平短者次之。"这体现了古人利用砒霜的什么性质实现 As_2O_3 的分离提纯?

3. 能否利用 As_2O_3 的这一性质,设计从砷的硫化物矿石雌黄(As_2S_3)、雄黄(As_4S_4)、砷黄铁矿(FeAsS)中提取砷元素。请从类维、价维的转化角度,思考如何将砷的硫化物转化成易升华的 As_2O_3?

砷的硫化物转化为 As₂O₃

物质	分类	核心元素化合价	预测物质的性质	制备 As₂O₃ 的化学方程式
雌黄（As₂S₃）				
雄黄（As₄S₄）				
砷黄铁矿（FeAsS）				

4. 如何将 As₂O₃ 进一步转化成单质砷？选择合适的试剂并说明理由，写出相应转化的化学方程式。

5. 将 As₂O₃ 转化成单质砷还可采用硫化-还原法：高温条件下用 H₂S 还原 As₂O₃ 生成多硫化砷 As₂S₃，再用氢气高温还原多硫化物成单质砷。写出相应转化的化学方程式。评价该方法的优势有哪些？

【活动二】工业生产，实现纯化

粗砷中含有 Zn、Fe、Pb、Ni、Cu、Si、Sb、S、Se 等少量杂质，如何从粗砷中获得纯度高达 99.999% 的高纯砷？相关单质沸点和相关氯化物性质见下表。

粗砷杂质相关单质沸点

物质	As	Zn	Fe	Pb	Ni	Cu	Si	Sb	S	Se
沸点/℃	614	907	2750	1525	2730	2562	2355	1635	444.6	684.9

相关氯化物性质

物质	AsCl₃	S₂Cl₂	Se₂Cl₂
沸点（℃）	130.4	137.1	130
稳定性（分解成对应单质）	/	100 ℃时开始分解，300 ℃时则完全分解	130 ℃时分解

问题讨论：

1. 类比粗硅提纯过程，结合上述物质的沸点数据，可设计粗砷分离提纯制得高纯砷的方案。试在下列流程中写出理想纯化路径，相应框图中写出物质及操作方法。

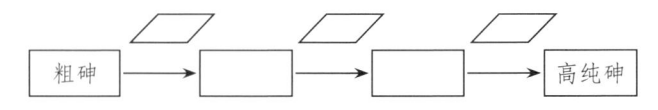

粗砷 → ☐ → ☐ → ☐ → 高纯砷

2.因碳还原法制得粗砷中含多种沸点接近的杂质,所以在实际的纯化流程中还可利用三氧化二砷与酸反应的性质,通过盐酸液相氯化-氢还原法制得高纯砷。请尝试写出该原理的化学反应方程式。并将之与你设计的理想纯化路径对比,评价两种方案的优劣。

【活动三】感悟方法,体会应用

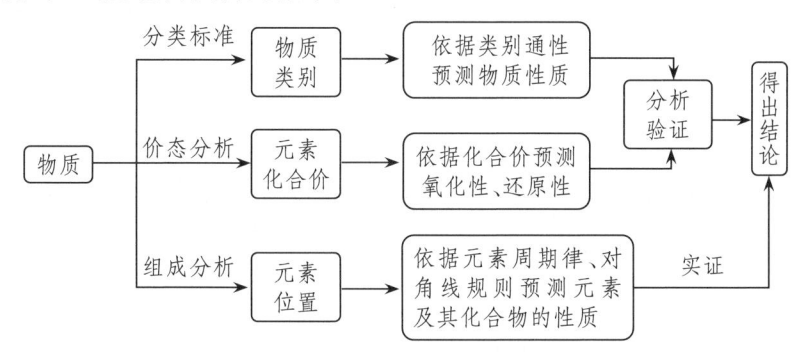

任务二 利用物质转化定量检测砷

含砷化合物的毒性,决定了它在为人类服务的同时,也会给人类的健康、生存环境带来一定的威胁,我国规定砷含量排放标准如下表。

砷含量排放标准

砷含量标准	生活中饮用水	居住区大气	工业废水	工业废渣
	<0.05 mg·L^{-1}	<0.003 mg·m^{-3}	<0.5 mg·L^{-1}	<0.04 mg·kg^{-1}

因此工业生产过程中所产生的含砷有毒废弃物需要处理和检测。

【活动一】砷元素的半定量检测方法

方案1 气体法——马氏试砷法

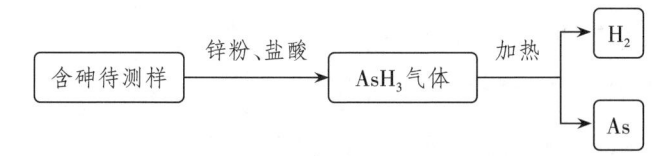

利用 AsH$_3$ 气体的不稳定性,在加热部位分解产生 As,积集而成亮黑色"砷镜",如果能用次氯酸钠溶液洗涤而溶解,则证明是砷。痕量元素的检出限量,是指在给定方案精确度一定时,被测元素的最小检出量。马氏试砷法的最低检出限为 0.007 mg。

写出生成"砷镜"及证明是"砷镜"的化学反应方程式。

方案2 气体法——古氏试砷法

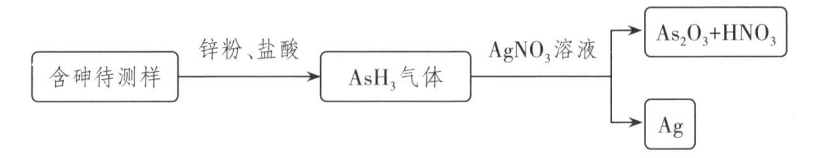

含砷待测样 —锌粉、盐酸→ AsH₃气体 —AgNO₃溶液→ As₂O₃+HNO₃ / Ag

利用 AsH_3 的还原性,将 $AgNO_3$ 溶液还原得 Ag,积聚而成"银镜"。古氏试砷法的最低检出限为 0.003 mg。

写出其中由砷化氢转化成"银镜"的化学反应方程式。

问题讨论:

冶炼废渣中的砷元素主要以 As_2S_3 形式存在,可用古氏试砷法半定量检测(As 的最低检出限为 $3.0×10^{-6}$ g)。

步骤1:取 10 g 废渣样品,粉碎后与锌粉混合,加入 H_2SO_4 共热,生成 AsH_3 气体。

步骤2:将 AsH_3 气体通入 $AgNO_3$ 溶液中,生成银镜和 As_2O_3。

步骤3:取 1 g 废渣样品,重复上述实验,未见银镜生成。

固体废弃物的排放标准中,砷元素不得高于 $4.0×10^{-5}$ g·kg⁻¹,请通过计算说明该废渣是否符合排放标准。

【活动二】砷元素的定量检测方法

方案1 氧化还原滴定法

含砷(Ⅴ)待测样 —NaOH溶液 至中性→ AsO_4^{3-} 待测液 —过量KI溶液→ 含 I_2 溶液 —$Na_2S_2O_3$标准液→ 滴定分析

利用砷(Ⅴ)的氧化性,通过两步氧化还原反应,建立 AsO_4^{3-}、I_2、$Na_2S_2O_3$ 的转化及定量关系,测定砷元素的含量。

写出氧化还原滴定过程中的化学反应方程式。

方案2 砷标准对照液的银盐比色法

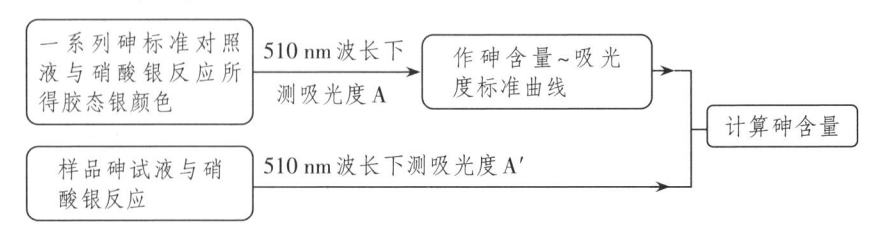

一系列砷标准对照液与硝酸银反应所得胶态银颜色 —510 nm波长下测吸光度A→ 作砷含量~吸光度标准曲线 → 计算砷含量

样品砷试液与硝酸银反应 —510 nm波长下测吸光度A'→ 计算砷含量

步骤1:配制1 L含砷量为1 mg·L⁻¹的砷标准溶液。

步骤2:制备砷标准对照液。

①右图为银盐法示意图,往A瓶中加入一定体积的砷标准溶液,依次加入7.00 mL盐酸、4.00 mL KI溶液和2.00 mL SnCl₂溶液,稀释至50.00 mL。混匀,室温放置10 min,使砷元素全部转化为H_3AsO_3。

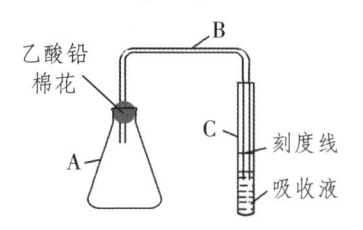

②往A瓶中加入足量锌粒(含有ZnS杂质),立即塞上装有乙酸铅棉花(除去H_2S)的导气管B,并使B管右侧末端插入比色管C中银盐吸收液的液面下,水浴加热控制温度25~40 ℃。45 min后,生成的AsH_3气体被完全吸收,Ag^+被还原为红色胶态银。

③取出C管,向其中添加氯仿至刻度线,混匀,得到砷标准对照液。

④利用砷标准对照液,设计对比实验数据如下表。可根据胶态银颜色深浅与相应的砷含量,制成标准比色依据。

对比实验数据表

	a组	b组	c组	d组	e组
砷标准溶液/mL	0.00	2.00	4.00	6.00	8.00
盐酸/mL	7.00	7.00	7.00	7.00	7.00
KI溶液/mL	4.00	4.00	4.00	4.00	4.00
SnCl₂溶液/mL	2.00	2.00	2.00	2.00	2.00
水/mL	37.00	35.00	33.00	31.00	29.00

步骤3:将样品放入A瓶,重复步骤2,与砷标准对照液比照,判断砷的含量。

问题讨论:

1.锌粒的作用是什么?比色用的红色胶态银是如何生成的?请用化学方程式解释。

2.向A瓶中加入砷标准溶液这一组实验的用途是什么?在进行控制变量对比实验时,需注意哪些方面?

3.试比较各种方案的优缺点。

4.检测明矾样品(含砷酸盐)中的砷含量是否超标,砷标准曲线如左下图所示。实验装置如右下图所示(夹持装置已略去)。

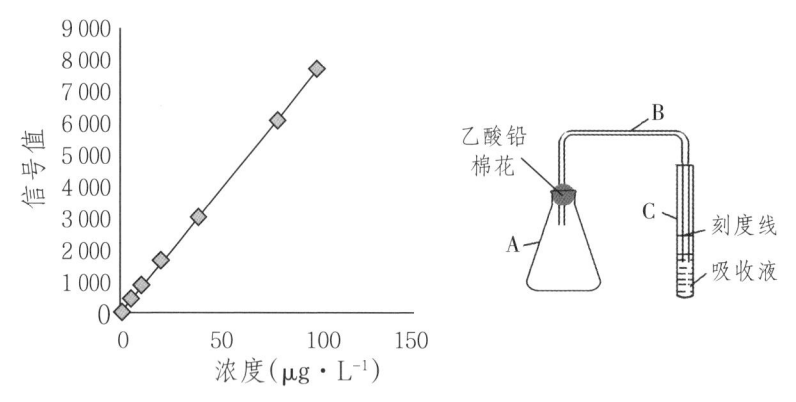

[实验1]配制砷标准溶液

①取 0.132 g As_2O_3,用 NaOH 溶液完全溶解后,配制成 1 L Na_3AsO_3 溶液(1 mL 此溶液中相当于含 0.10 mg 砷)。

②取一定量上述溶液,配制 1 L 含砷量为 1 mg·L^{-1} 的砷标准溶液。

[实验2]制备砷标准对照液

①往 A 瓶中加入 2.00 mL 砷标准溶液,再依次加入一定量的盐酸、KI 溶液和 $SnCl_2$ 溶液,混匀,室温放置 10 min,使砷元素全部转化为 H_3AsO_3。

②往 A 瓶中加入足量锌粒(含有 ZnS 杂质),立即塞上装有乙酸铅棉花的导气管 B,并使 B 管右侧末端插入比色管 C 中银盐吸收液的液面下,控制反应温度为 25~40 ℃,45 min 后,生成的砷化氢气体被完全吸收,Ag^+ 被还原为红色胶态银。

③取出 C 管,向其中添加氯仿至刻度线,混匀,得到砷标准对照液。

[实验3]判断样品中砷含量是否超标

称取 a g 明矾样品替代[实验2]①中"2.00 mL 砷标准溶液",重复[实验2]后续操作。将实验所得液体与砷标准对照液比对,若所得液体的颜色浅,则说明该样品含砷量未超标,反之则超标。国标规定砷限量为百万分之二(质量分数),若该明矾样品中砷含量恰好未超标,则 a 的值为_____。

任务三 基于绿色化学回收利用砷

在有色金属冶炼提取过程中,砷以氧化物、含砷盐、硫化物的形式不同程度地进入烟气、废水和废渣中。因此,必须妥善处理这些含砷废弃物,使之可以长期安全存放或资源化利用。

依据砷及其化合物的价类二维转化思路,讨论砷的回收利用方案。

【活动一】废水中实现砷的回收利用

废水中砷元素主要以亚砷酸、砷酸的形式存在,由于亚砷酸盐的溶解度一般都比砷酸盐的高得多,不利于沉淀反应的进行,因此在真实情境中都需预先将三价砷氧化为五价,再进行沉淀除砷。经查阅资料,可将废水中的砷元素转化为 $Ca_5(AsO_4)_3OH$ 沉淀而除去。

已知信息:

①$Ca_5(AsO_4)_3OH(s) \rightleftharpoons 5Ca^{2+}(aq)+OH^-(aq)+3AsO_4^{3-}(aq)$ $\Delta H<0$ $K_{sp}=1\times10^{-40}$

②$Ca(OH)_2(s) \rightleftharpoons Ca^{2+}(aq)+2OH^-(aq)$ $\Delta H<0$ $K_{sp}=1\times10^{-7}$

③$Ca_3(AsO_4)_2$ 不稳定,易分解而释放出砷元素

问题讨论:

1.选择合适的试剂,设计中和沉淀法将亚砷酸、砷酸转化为 $Ca_5(AsO_4)_3OH$ 沉淀,从而脱离液相体系。

含 H_3AsO_4、H_3AsO_3 废水 $\xrightarrow{①中和}$ $\xrightarrow{②氧化}$ $\xrightarrow{③沉砷过滤}$ $Ca_5(AsO_4)_3OH$ 沉淀

①中和废水:可选试剂有_____,化学反应方程式为_____。

②氧化砷元素:可选试剂有_____,化学反应方程式为_____。

③沉砷过滤:可选试剂有_____,化学反应方程式为_____。

小组互评:所选试剂的合理性及是否符合绿色化学思想。

2.为实现将 As(Ⅴ)转化为 As(Ⅲ)且回收利用,从价类二维考虑,选择合适的试剂,可设计如下转化方案。

$Ca_5(AsO_4)_3OH$ 沉淀 $\xrightarrow{①酸化溶解}$ $\xrightarrow{②还原砷酸}$ $\xrightarrow{③结晶过滤}$ 粗 As_2O_3

①酸化溶解:可选试剂有_____,化学反应方程式为_____。

②还原砷酸:可选试剂有_____,化学反应方程式为_____。

③结晶过滤:可选试剂有_____,化学反应方程式为_____。

小组互评:所选试剂的合理性及是否符合绿色化学思想。

3.真实情境下转化条件的选择

研究表明"沉砷"的最佳温度是85 ℃。用化学平衡原理解释温度高于85 ℃后,随温度升高沉淀率下降的原因。

下图为 As_2O_3 在不同温度和不同浓度硫酸中的溶解度(S)曲线。选用何种

硫酸有利于 As_2O_3 的析出？

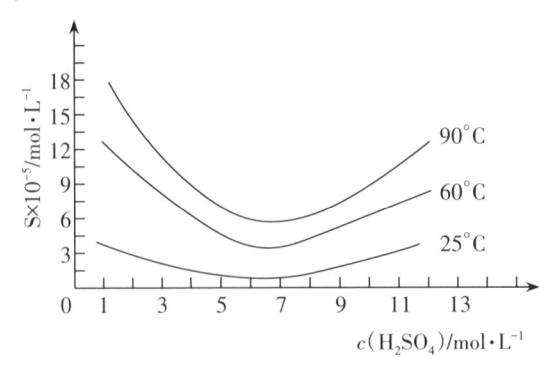

4.先"碱浸""沉砷",后"酸化"的操作的目的是什么？

【活动二】废水中实现砷的回收利用

废渣中砷元素主要以 As_2S_3 的形式存在,如何回收单质硫和粗 As_2O_3 呢？

问题讨论：

为实现将废渣中的 As(Ⅲ)的硫化物转化为 As(Ⅲ)的氧化物且回收利用,设计基于价类二维模型的分离提纯过程。

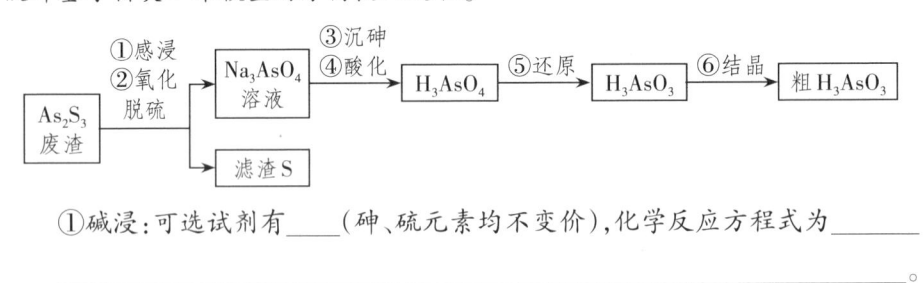

①碱浸：可选试剂有____（砷、硫元素均不变价）,化学反应方程式为_____。

②氧化脱硫：可选试剂有_____,化学反应方程式为_____。

沉砷—酸化—还原—结晶的步骤与废水中回收利用砷是一致的。

【活动三】砷污染的综合治理方法

砷污染的综合处理方法包括化学沉淀法和物理处理法。根据不同的砷污染类型及价值,选择合适的处理方法。物理处理法通常是指离子交换法和吸附法。

生活中如果误食砒霜,急救方法之一是立即服用氢氧化铁胶体(胶粒带正电),氢氧化铁胶团示意图如下图所示,让其吸附砷的阴离子并进行催吐。

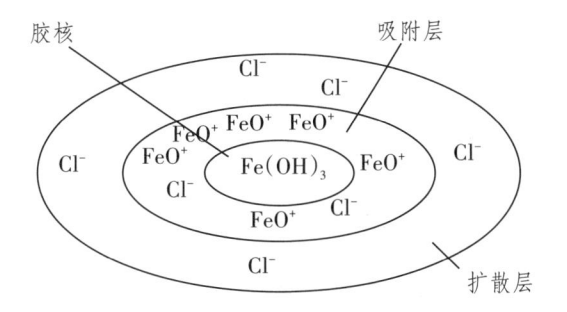

问题讨论：

1. 用 K_2FeO_4 氧化絮凝除砷，As(Ⅲ)絮凝效能随 pH 的关系、As(V)的化学形态与 pH 的关系如下图所示。试分析 K_2FeO_4 氧化絮凝 As(Ⅲ)的效能随溶液 pH 增大而呈下降趋势的原因。

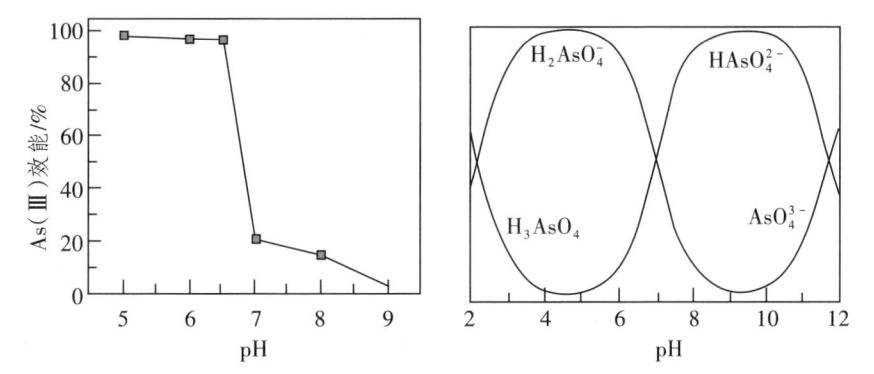

2. 评价砷资源的处理及利用中的化学思想与学科方法。

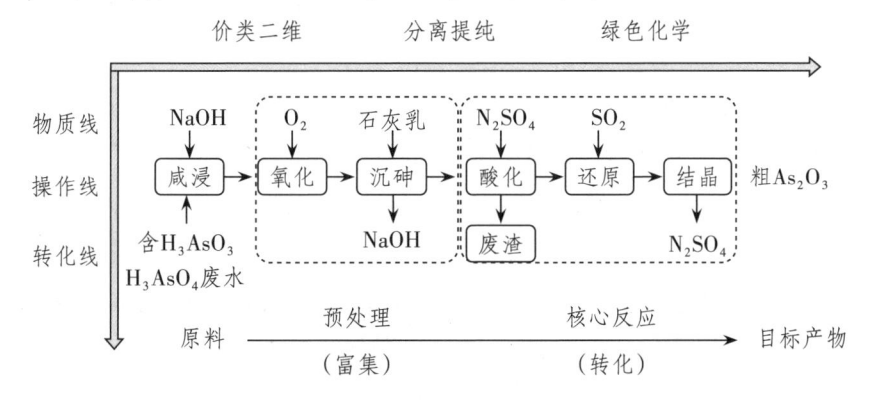

四 反思与梳理

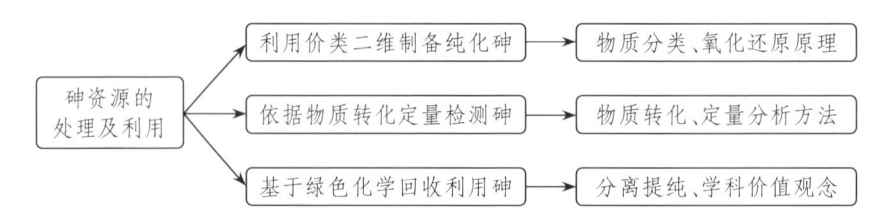

```
                    ┌─ 利用价类二维制备纯化砷 ──→ 物质分类、氧化还原原理
砷资源的          │
处理及利用 ───────┼─ 依据物质转化定量检测砷 ──→ 物质转化、定量分析方法
                    │
                    └─ 基于绿色化学回收利用砷 ──→ 分离提纯、学科价值观念
```

五 学习检测

【学习理解】

1. 用NaOH溶液滴定0.1 mol·L⁻¹ H₃AsO₄溶液，含砷的各粒子的分布分数与pH的关系如图所示。下列说法正确的是_____。

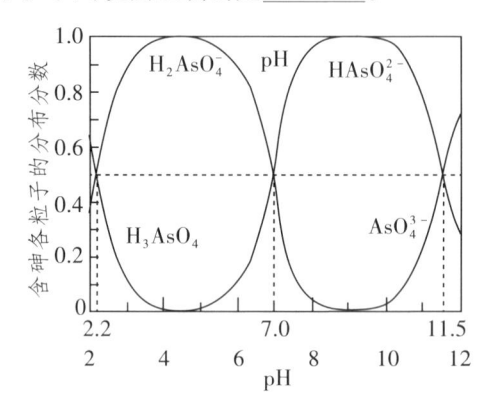

（图：横坐标pH，纵坐标含砷各粒子的分布分数，曲线交点pH分别为2.2、7.0、11.5，对应粒子为H₃AsO₄、H₂AsO₄⁻、HAsO₄²⁻、AsO₄³⁻）

A. 以酚酞为指示剂，颜色突变时的主要反应是：$OH^- + H_2AsO_4^- = HAsO_4^{2-} + H_2O$

B. H_3AsO_4的电离平衡常数$K_{a1} = 1 \times 10^{-7}$ mol·L⁻¹

C. Na_2HAsO_4溶液中：$c(Na^+) > c(HAsO_4^{2-}) > c(H^+) > c(AsO_4^{3-}) > c(OH^-) > c(H_2AsO_4^-)$

D. 滴定到pH=7时，$c(H_3AsO_4) + c(H_2AsO_4^-) + c(HAsO_4^{2-}) + c(AsO_4^{3-}) = 0.1$ mol·L⁻¹

2. 希腊哲学家亚里士多德在其著作中记载了Arsenikon雄黄(As_4S_4)和雌黄(As_2S_3)是提取砷的主要矿物原料，二者在自然界中共生。

（1）在古特蔡特测砷法中，Na_3AsO_4溶液与Zn反应生成AsH_3，该反应中Na_3AsO_4_____（填字母）。

A. 作氧化剂　　　B. 作还原剂　　　C. 既作氧化剂又作还原剂

（2）As_2S_3和$SnCl_2$在盐酸中反应转化为As_4S_4和$SnCl_4$并放出H_2S气体，若As_2S_3和$SnCl_2$恰好完全反应，则还原剂与还原产物的物质的量之比为_____。

(3)As₂S₃与足量浓硝酸发生反应,当生成48 g S时,生成NO₂的体积为112 L,元素As在生成物中的化合价为_____(反应后的溶液中不存在含硫微粒),该反应的化学方程式为_____。

(4)雄黄在空气中加热至300 ℃时会生成两种氧化物,其中一种氧化物为剧毒的砒霜(As₂O₃),另一种氧化物为_____(填化学式),可用双氧水将As₂O₃氧化为H₃AsO₄而除去,写出该反应的化学方程式:_____。

3.测定含As₂O₃和As₂O₅的试样中的各组分含量(所含杂质对测定无影响),过程如下:

①将试样0.200 0 g溶于NaOH溶液,得到含AsO_3^{3-}和AsO_4^{3-}的混合溶液。

②将上述混合液用0.025 00 mol·L⁻¹的I₂溶液滴定,用淀粉试液做指示剂,滴定至终点。重复滴定3次,平均消耗I₂溶液40.00 mL。

(1)滴定过程中主要反应的离子方程式为_____。

(2)滴定终点的现象为_____。

(3)试样中As₂O₅的质量分数是_____(保留4位有效数字)。

【应用实践】

4.砷为ⅤA族元素,金属冶炼过程中产生的含砷有毒废弃物需处理与检测。冶炼废水中砷元素主要以亚砷酸(H₃AsO₃)形式存在,可用化学沉降法处理酸性高浓度含砷废水,其工艺流程如下:

```
        Na₂S   FeSO₄         H₂O₂    CaO
高浓度含                                        低浓度含
砷废水  →[一级沉砷]→[过滤]→[二级沉砷]→[过滤]→  砷废水
              ↓                    ↓
           As₂S₃、FeS          Ca₃(AsO₄)₂、FeAsO₄
                               Fe(OH)₃、沉淀X
```

已知:As₂S₃与过量的S²⁻存在以下反应:As₂S₃(s)+3S²⁻(aq)⇌2AsS(aq);亚砷酸盐的溶解性大于相应砷酸盐。

(1)亚砷酸中砷元素的化合价为_____;砷酸的第一步电离方程式为_____。

(2)"一级沉砷"中FeSO₄的作用是_____;"二级沉砷"中H₂O₂与含砷物质反应的化学方程式为_____。

(3)沉淀X为_____(填化学式)。

冶炼废渣中的砷元素主要以As₂S₃的形式存在,可用古氏试砷法半定量检测

117

(As的最低检出限为3.0×10⁻⁶ g)。

步骤1:取10 g废渣样品,粉碎后与锌粉混合,加入H_2SO_4共热,生成AsH_3气体。

步骤2:将AsH_3气体通入$AgNO_3$溶液中,生成银镜和As_2O_3。

步骤3:取1 g废渣样品,重复上述实验,未见银镜生成。

(4)AsH_3的电子式为_____。

(5)步骤2的离子方程式为_____。

(6)固体废弃物的排放标准中,砷元素不得高于4.0×10⁻⁵ g·kg⁻¹,则该排放的废渣中砷元素的含量_____(填"符合"或"不符合")排放标准。

5.砷(As)是第四周期ⅤA族元素,可以形成As_2S_3、As_2O_5、H_3AsO_3、H_3AsO_4等化合物,有着广泛的用途。回答下列问题。

(1)画出砷的原子结构示意图:_____。

(2)工业上常将含砷废渣(主要成分为As_2S_3)制成浆状,通入O_2氧化,生成H_3AsO_4和单质硫。写出发生反应的化学方程式:_____。该反应需要在加压下进行,原因是_____。

(3)已知:$As(s)+H_2(g)+2O_2(g)\Longleftrightarrow H_3AsO_4(s)$ ΔH_1

$H_2(g)+\frac{1}{2}O_2(g)\Longleftrightarrow H_2O(l)$ ΔH_2

$2As(s)+\frac{5}{2}O_2(g)\Longleftrightarrow As_2O_5(s)$ ΔH_3

则反应$As_2O_5(s)+3H_2O(l)\Longleftrightarrow 2H_3AsO_4(s)$的$\Delta H$=_____。

(4)298 K时,将20 mL 3x mol·L⁻¹Na_3AsO_3、20 mL 3x mol·L⁻¹I_2和20 mL NaOH溶液混合,发生反应:$AsO_3^{3-}(aq)+I_2(aq)+2OH^-(aq)\Longleftrightarrow AsO_4^{3-}(aq)+2I^-(aq)+H_2O(l)$。溶液中$c(AsO_4^{3-})$与反应时间($t$)的关系如图所示。

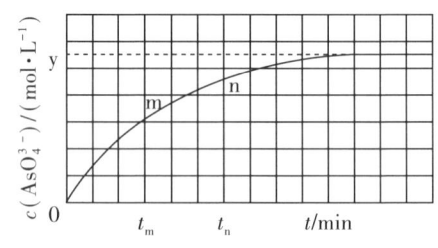

①下列可判断反应达到平衡状态的是_____(填标号)。

A.溶液的pH不再变化 B.$v(I^-)=2v(AsO_3^{3-})$

C.$c(AsO_4^{3-})/c(AsO_3^{3-})$不再变化 D.$c(I^-)=y$ mol·L⁻¹

②t_m时,$v_{正}$_____$v_{逆}$(填"大于""小于"或"等于")。

③t_m时$v_{逆}$_____t_n时$v_{逆}$(填"大于""小于"或"等于"),理由是_____。

④若平衡时溶液的pH=14,则该反应的平衡常数为_____。

【迁移创新】

6.检测明矾样品(含砷酸盐)中的砷含量是否超标,实验装置如图所示(夹持装置已略去)。

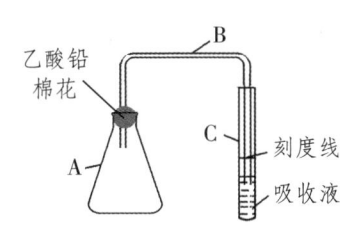

[实验1]配制砷标准溶液

①取0.132 g As_2O_3,用NaOH溶液完全溶解后,配制成1 L Na_3AsO_3溶液(1 mL此溶液中相当于含0.10 mg砷)。

②取一定量上述溶液,配制1 L含砷量为1 mg·L^{-1}的砷标准溶液。

步骤①中,必须使用的玻璃仪器除烧杯、玻璃棒外,还有_____。
步骤②需取用步骤①中Na_3AsO_3溶液_____mL。

[实验2]制备砷标准对照液

参照本书第112页的步骤制备。

乙酸铅棉花的作用是_____。

完成生成砷化氢反应的离子方程式:

Zn+____H_3AsO_3+____H^+══____( )+____Zn^{2+}+____( )

控制A瓶中反应温度的方法是_____;反应中,A瓶有较多氢气产生,氢气除了起搅拌作用外,还具有的作用是_____。

B管右侧末端导管口径不能过大(约为1 mm),目的是_____。

[实验3]判断样品中砷含量是否超标

参照本书第112页[实验3]。

(厦门大学附属科技中学　郑敏提供)

范例三　元素与物质世界

鲁科版教材必修第一册第 2 章"元素与物质世界"通过元素与物质分类、电解质、氧化剂和还原剂等内容,发展元素观、转化观、微粒观。教材布局既是学生在物质性质认识方面的初高中衔接,又要利用这些素材实现价类二维角度物质性质认识模型的建构与运用,凸显核心概念对元素化合物学习的指导功能,使知识向素养转化,为学生发展和运用该模型认识物质性质打下坚实的基础。为此,主题规划选择"海洋"作为情境主题,彰显化学的价值。

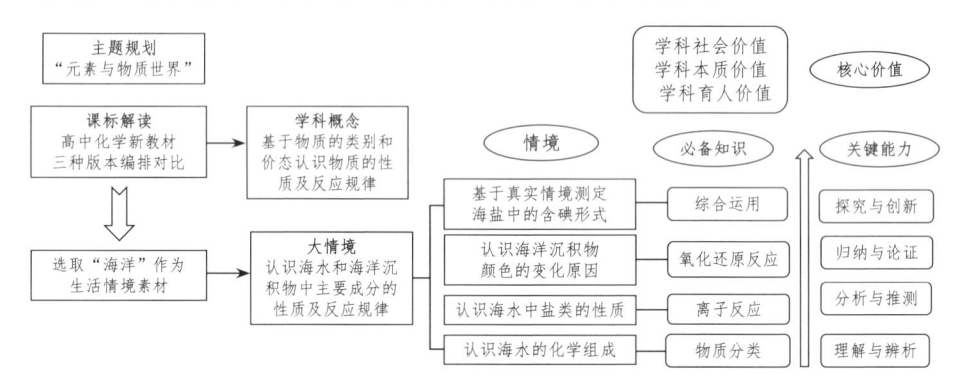

厦门是沿海城市,海洋是教师非常熟悉的教育教学素材,"元素与物质世界"的主题规划如上图所示,选择真实的问题情境——海洋中的元素与物质世界为教学载体,结合人类对海洋的探索和利用,引导学生进一步学习研究物质的方法,建立对物质及其反应进行分类的认识模型,形成"结构决定性质,性质决定用途"的化学学科观念,引导学生关注人类面临的与化学有关的社会问题,培养学生的社会责任感、参与意识和决策能力。

1.完善物质分类模型

主题:围绕海洋中常量元素和化学组成的分类进行讨论

情境:威海南水北调解惑

情境线	问题线	知识线	能力线
海水常量元素资料	为什么需要调水到沿海城市?	根据物质的组成和性质进行分类	有效信息的获取及分析能力
对海水的化学组成进行分类	如何对常量元素和主要物质分类?	常用分类方法	从物质类别角度认识海水的组成

续表

情境线	问题线	知识线	能力线
归纳盐类的通性	海水中的盐类能与哪些物质反应？	盐类等物质的通性	总结归纳和类比迁移能力
含氯物质的用途	能利用含氯物质制造哪些产品？	氯化钠等含氯物质的用途	发散思维和绿色经济意识

2. 完善分散系认知模型

主题：围绕分散系的概念和胶体的性质进行讨论

情境：揭秘海水中的"丁达尔效应"

情境线	问题线	知识线	能力线
海水中的丁达尔效应图片	海水中为什么会出现一束束的光线？	丁达尔效应现象	对宏观现象的认识和分析能力
海洋物质的粒径区分标准资料	什么样的体系可以产生丁达尔效应？	分散系的概念及分类标准	信息获取和证据推理能力
$Fe(OH)_3$胶体的制备和性质探究实验	能否通过实验制造"丁达尔效应"？	$Fe(OH)_3$胶体的制备及分离提纯方法	实验设计、探究和证据获取能力
生活中胶体性质体现和应用场景	胶体在生活中还有哪些应用？	胶体的性质及应用	迁移应用和信息收集能力

3. 建立电解质电离模型

主题：围绕电解质的电离及表达方法进行讨论

情境：探究海底观测网的供电原理

情境线	问题线	知识线	能力线
铜线和海水作为输电回路资料	铜和海水的导电原理是什么？	金属单质和电解质的导电原理	原理分析和类比迁移能力
NaCl的导电性实验	如何模拟并探究海水的导电性？	电解质电离概念和电离方程式	利用微观反应过程解释宏观现象
物质分类新标准	如何从电离角度对物质重新分类？	电解质和非电解质的概念及类别	归纳论证与证据推理能力
强电解质、弱电解质的导电实验	电解质在水中是否完全电离？	强弱电解质的电离和方程式书写区别	符号表征和分析解释能力

4.建立离子反应模型

主题:围绕离子反应和离子方程式的书写进行讨论

情境:溯源海水的形成与成分变迁

情境线	问题线	知识线	能力线
海水形成与成分变迁对比资料	海水形成与变化发生了哪些化学反应?	离子反应的概念	从资料中获取有效信息的能力
CO_2与$Ca(OH)_2$反应的电导率实验	如何设计实验证明微粒间发生了反应?	离子反应的实质	利用宏观现象明确微观变化的能力
讨论离子反应的表达方法	如何用化学语言表示离子反应?	离子方程式的书写	符号表征和分析表达能力
观察离子反应特征,总结规律	如何将化学方程式转化成离子方程式?	离子方程式的意义和书写方法	反应特点分析与辨识能力

5.应用离子反应模型

主题:围绕离子反应的应用,如离子检验、离子共存等进行讨论

情境:探索海水淡化装置结垢的原因

情境线	问题线	知识线	能力线
展示海水淡化时装置结垢的图片	海水淡化过程中装置内有哪些离子?	了解海水淡化原理	资料解读与分析梳理能力
物质的溶解性表格	如何检验溶液中的离子来证实猜想?	Cl^-、CO_3^{2-}、SO_4^{2-}等常见离子的检验方法	离子反应模型认知与迁移应用能力
设计离子检验实验方案	这些离子为什么会导致装置结垢?	离子共存的判断	深化离子反应模型的变式应用
粗盐精制实验流程图	该过程对粗盐精制有什么启示?	粗盐精制及试剂选择和添加顺序	应用离子反应模型解决实际问题

6.完善氧化还原反应的认知模型

主题:围绕氧化还原反应的概念进行讨论

情境:探寻石英沙砾的红化机制

情境线	问题线	知识线	能力线
石英沙砾红化资料	沙砾为什么会被染红?	氧化还原反应的概念	化学视角分析物质变化
拉瓦锡的氧化还原定义	初中的氧化还原定义准确吗?	氧化还原反应的特征	联想质疑和证据推理能力

续表

情境线	问题线	知识线	能力线
播放 Na 和 Cl_2 反应电子转移动画	氧化还原反应的微观过程如何发生？	氧化还原反应的实质	类比迁移和微观探析能力
Zn 和 $CuSO_4$ 反应电流检验图	如何用化学语言表述该微观过程？	单线桥、双线桥	符号表述和信息获取能力

7.建立物质性质比较的方法模型

主题：围绕氧化剂、还原剂和氧化还原反应强弱规律、先后规律进行实验探究

情境：探究渤海沉积物的变色成因

情境线	问题线	知识线	能力线
查阅沉积物颜色变化原因资料	Fe^{3+}/ Fe^{2+}为什么会改变？	氧化剂和还原剂等概念	反应特点分析与辨识能力
实验模拟改变 Fe^{3+}/ Fe^{2+}	如何模拟颜色变化过程？	氧化性还原性强弱规律	科学探究及证据推理能力
讨论实验试剂的选择	如何验证反应强弱规律？	氧化还原反应先后规律	证据推理及评价能力
讨论试剂应用的可行性	如何验证反应先后规律？	比较物质性质的方法模型	分析解释能力

8.深化氧化还原反应研究模型

主题：围绕氧化还原反应的应用进行实验探究

情境：测定"福建原盐"中的含碘形式

情境线	问题线	知识线	能力线
查阅补碘剂含碘形式的资料	碘元素以什么形态存在？	分析核心元素化合价	从文献中获取信息的能力
预测含碘成分的性质	含碘成分可能具有什么性质？	从价态预测物质性质	科学探究及证据推理能力
讨论实验试剂的选择	选择什么试剂进行检验？	设计氧化还原实验方案	实验方案设计与评价能力
设计实验方案，分享结论	得到什么实验结论？	氧化还原反应的应用总结	宏观辨识和总结归纳能力

（厦门大学附属科技中学　陈雪黎提供）

第四章

化形化学设计：以需求为导向

  在高中化学教学中，以需求为导向的教学设计是一种基于学生、社会和学科发展需求，优化教学目标、内容、方法和评价的教学策略。这种教学设计理念符合新课程改革以学生发展为本的理念，强调教学内容和方式的选择要满足学生全面发展的需要，同时要适应社会发展和科技进步的需求，体现学科的特点和发展趋势。化形化学认为，学生发展应当是"知—行—道"三位一体，教师在教学设计中既要关注学科知识，更要关注学生发展需要和社会需要，最大程度发挥化学学科的育人价值。学生需求导向强调教学设计要以学生的认知水平、学习风格、兴趣爱好等为基础，提供个性化、多元化的学习体验；社会需求导向，要求教学设计关注化学科学与技术的社会应用，培养学生的科学素养和社会责任感；学科需求导向注重教学设计体现化学学科的特点和发展趋势，促进学科核心素养的发展。在化学教学设计中，需要从学生、社会和学科三个方面进行综合考量，构建面向学生核心素养发展，指向学生"知—行—道"三位一体的体系。

第一节 教学设计的要素与模型

一、以需求为导向的教学设计要素

以需求为导向的教学设计应当回应学生、社会和学科发展的需求,为满足学生发展的需要、回应社会发展的趋势、基于学科内在的特质而开展教学设计。在教学设计中,一般需要从学习目标、学习资源、学习组织方式、问题情境、文化氛围等方面进行设计。

1.学习目标:双基—三维目标—核心素养

我国中小学课程长期以分科课程为主,学校教育教学工作一直围绕如何贯彻"双基"(即基础知识与基础技能、技巧)和"三中心"(即以教师为中心、以课本为中心、以课堂教学为中心)的教学思想来开展。

21世纪初始,我国启动了新一轮的基础教育课程改革。2001年教育部颁布了《基础教育课程改革纲要(试行)》及义务教育课程设置实验方案和各科课程标准,2003年颁布了《普通高中课程方案(实验)》和语文等十五个学科课程标准(实验),全国各学段推进课程改革实验。秉持"为了每一位学生发展"的理念,这一时期的教育科学研究主要以基础教育课程改革为核心,围绕课改中遇到的理论与实践问题进行深入分析和探讨。教学目标由"双基"调整为三维目标,即知识与技能、过程与方法、情感态度与价值观。

中国特色社会主义进入新时代,建设教育强国成为中华民族伟大复兴的基础工程。新时代教育应全面贯彻党的教育方针,加快教育教学方式转变,落实立德树人根本任务。2003年的《普通高中化学课程标准(实验)》提出培养学生的科学素养,并指出新教学的三维目标:知识与技能、过程与方法、情感态度与价值观。实现了由教学大纲到课程标准的过渡。2017年《普通高中化学课程标准(2017年版)》则提炼出了化学核心素养,并且研制了学业质量标准,使得化学课程标准可以更好地指导教学实践。

2017年版高中化学课标的一个重大创新性变化就是提炼化学学科核心素养。传统教学观念以知识为主导,导致了学生和家长都以应试和高考分数为目标,出现了"有知识无素养"的问题,学生难以将知识进行迁移运用。基于此,新课标提出以培养学生的化学学科素养作为教学目标。核心素养(学科核心素养)是这次课程标准修订的重中之重,统领课程标准修订的各个部分,从而使课程标准的各个组成部分保持统一性。

化学学科核心素养就是学生在接受整个高中阶段的化学教育后逐步形成的适应社会所需要的关键能力和必备品格。化学学科核心素养作为学生发展核心素养的重要组成部分之一,是学生在化学课程的学习过程中逐步建立起来的、在学生处理复杂化学问题所表现出来的关键能力。化学学科核心素养课程目标要重点突出"重要观念、关键能力与必备品格",体现化学课程在帮助学生形成未来发展需要的正确价值观念、必备品格和关键能力中所发挥的重要作用。化学学科核心素养包括"宏观辨识与微观探析""变化观念与平衡思想""证据推理与模型认知""科学探究与创新意识""科学态度与社会责任"五个方面。

2.学习资源:教材—校本化—信息化

所谓学习资源,一般是指在教学系统和学习系统所创建的学习环境中,学习者在学习过程中可以利用的一切显现的或潜隐的条件。基础教育的学习资源主要指向教科书,高中化学现行教材有三个版本,教师在教学设计中"教教材"还是"用教材"成为焦点问题。

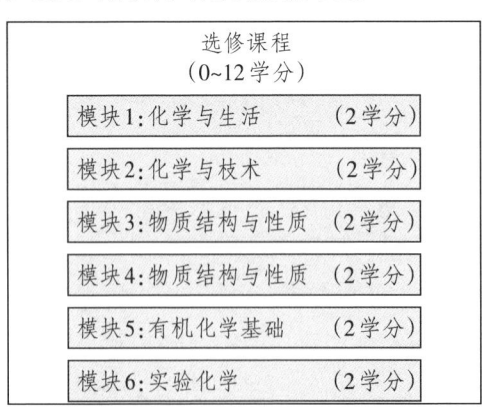

```
选修课程
(0~12学分)
模块1:化学与生活      (2学分)
模块2:化学与技术      (2学分)
模块3:物质结构与性质   (2学分)
模块4:物质结构与性质   (2学分)
模块5:有机化学基础     (2学分)
模块6:实验化学        (2学分)
```

```
必修课程
(4学分)
化学1
化学2
```

2003版课标的课程结构由必修课程和选修课程构成,其中必修2个模块(化学1和化学2),为全体学生共同学习内容如图所示。2003版课标在设定课程结构的时候,考虑到学生各方面的需求,结合化学学科的育人功能,还设置了一定的选择性内容,为学生的学习提供更大的空间,在尊重学生差异性的同时又为那些喜欢化学的学生提供了学习空间。

2017版课标中课程结构单独设置为一章,分为设计依据、结构和学分与选课三大部分,如图所示。为了响应"立德树人"要求,依据高中生的心理发展规律和学科特征提出新的课程结构设计,培养学生化学学科核心素养。

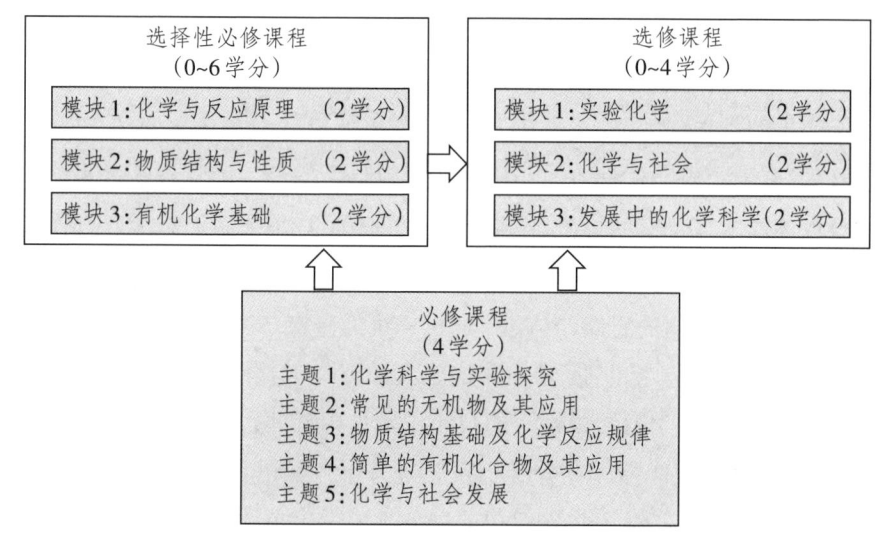

```
选择性必修课程                    选修课程
  (0~6学分)                     (0~4学分)
模块1:化学与反应原理 (2学分)   模块1:实验化学      (2学分)
模块2:物质结构与性质 (2学分)   模块2:化学与社会    (2学分)
模块3:有机化学基础   (2学分)   模块3:发展中的化学科学(2学分)

                    必修课程
                    (4学分)
              主题1:化学科学与实验探究
              主题2:常见的无机物及其应用
              主题3:物质结构基础及化学反应规律
              主题4:简单的有机化合物及其应用
              主题5:化学与社会发展
```

化学教材是化学教育理念以及化学课程内容的载体,各国的课程改革过程中,教材改革都是不可或缺的一个环节,我国化学课程提倡"一标多本"的理念。目前,经过全国中小学教材审定委员会审查通过的普通高级中学化学课程标准实验教材有鲁科版、人教版、苏教版。教材是教师与学生进行教学活动的主要工具,但是由于三个版本教材的编写者在认知过程、思维逻辑以及编写理念上的差异,三个版本的教科书在内容的选取、呈现、组织上都存在或多或少的差异。在实际教学过程中,教师需要根据实际教学情况,对所使用的教材进行一些逻辑上的适当调整与知识内容的合理补充,使得预期的教学目标能够很好地落实。

3.学习组织方式:小组合作—学习共同体

基于课程标准的学习强调课程实施的过程是师生共同的学习过程,强调要从教师的单方面的教转向学生自主的学,学生是学习的"主体",教师的作用是"主导",引导学生开展自主学习。教育的本质是自育,学习的本质是自学。学校应该首先是"学"校,而不是"教"校,"教"室应该是"学"室,"教"材应该是"学"材。虽然是以学生为主体,但是教师的作用不仅没有减弱,反而提高了。因为以学为中心,要求教师不仅要做好教学设计,上好课,更需要教师采取合适的方式,引导和诱发学生自主学习的热情和兴趣,从而让学生从浅层学习走向深度学习。以学为中心的课堂教学,需要在组织方式上强调学生之间的相互交流与合作,通过小组合作学习和学习共同体两种方式,发挥每一个学生的价值,促进每一个学生的进步。

首先,开展小组合作学习。小组合作学习是指创设一种只有通过小组成员共同合作才能实现目标的情景,小组成员之间不是竞争关系而是相互合作的关系,通过合作让每一个学生实现自己的目标。"小组学习的顺利进行需要全体成员共同贡献解决问题的思路与方法,通过思维的碰撞产生教育智慧,这就需要小组成员具备独立思考的能力"[1],相比个人学习,小组合作学习更富趣味性和互动性,有助于调动学习积极性。通过小组成员内部的讨论和不同小组之间的讨论,能够促进思维碰撞,培养团队意识,提升个人的语言提炼、总结和表达能力等。此外,小组合作学习将班组授课制条件下学生个体间的学习竞争关系改变为"组内合作""组际竞争"的关系,将传统教学与师生之间单向或双向交流改变为师生、生生之间的多向交流,不仅提高了学生学习的主动性和对学习的自我控制,提高了教学效率,也促进了学生间良好的人际合作关系,促进了学生心理品质发展和社会技能的进步。

其次,建构学习共同体。学习共同体是一种以学习者为中心、强调合作互助的学习组织形式,其核心理念是通过学习者之间的平等互动、资源共享、经验交流,共同建构知识、提升能力。学习共同体的课堂本质是建立温暖润泽、平等互助的人际关系,学生之间是平等互惠关系,通过自主的、协同的方式进行高品质的学习。课堂上每个人关系平等,老师不对学生进行区分,对所有学生都怀有高期待,学生真正可以思考、探讨,课堂就像"交响乐"一样。学习共同体打破

---

[1] 程伟.小组学习的实践误区及常态回归[J].中国教育学刊,2015(10):59-62.

了以教师为中心、强调单向知识传授的传统教学模式,转向以学生为主体、注重互动体验的学习方式,有利于调动学习者的主动性和积极性。学习共同体营造民主、友爱、积极向上的学习氛围,让学习者感到被尊重、被接纳,更好地投入学习中去。

学习共同体的课堂,有三个要素:一是平等互助的师生关系和共同学习的氛围。教师要放下身段,与学生建立平等、友好、互信的关系,营造民主、开放、包容的课堂氛围,鼓励学生主动参与、畅所欲言;师生之间要对学习目标达成共识,明确学习的方向和任务,这是开展学习共同体的基础。二是学生自主学习。为学生创设开放、包容的讨论环境,鼓励学生畅所欲言、交流思想,尊重每个学生的观点,允许不同意见的存在;建构适切的问题情境,引导学生就关键问题进行自主探索和交流。三是每一位学生都进入真思考、真探讨的深度学习。教师要成为学习共同体的组织者、引导者、协调者,启发学生思考,引导讨论方向,提供必要的学习支持和帮助。同时,还应提供丰富的教学资源支持。要为学习共同体提供丰富、适宜的学习资源,如图书资料、网络课程、实践场所等,满足学生的学习需求。在教学设计中,教师要根据课程标准、教材和学生的学习实际,对学生学习目标进行"主观规定"。教师需要促使教学目标转化成为学生能理解并愿意去实现的学习目标。从学生自主学习的角度,教师可指导学生,在教学过程中有意识地将教学目标加以转化,使之成为学生自己"内发"的学习目标。因为学业成功与否的关键最终还在于学生自身,其实是学生自己在真正决定要不要学,重点学习哪些知识以及投入多少时间与精力等。

4.问题情境:知识传授—学科理解—认知冲突

《普通高中化学课程标准(2017年版2020年修订)》中明确提出了要培养学生的学科核心素养,问题解决的能力就包含在核心素养体系之中。现代教育的核心问题是将知识活化,教给学生如何利用所学知识解决现实中的实际问题,即发展学生面对真实情境时的问题解决能力。目前,我国高中课程教学大多采取以教师为中心的讲授式教学模式,该方式很难照顾到学生个体的学习积极性,学生习惯于记住老师讲授的知识点,却很少对其进行应用。在实际生活中,高中生解决化学情境的问题的能力不是很理想。将情境化问题解决与教学深度融合,提高学生情境化问题解决能力是当前教育教学中需要解决的现实问题。因此,需要突破传统的以讲授为主的教学模式,探索以提高情境化问题解决能力为培养目标的高中化学教学策略。

王磊等[①]认为,化学问题解决的心理过程主要分为3个环节,分别为提取实际问题任务的审题活动、运用结构知识和策略知识进行定向调节的解析活动、实际问题的解决活动。其具体的问题解决的心理机制如下图所示。

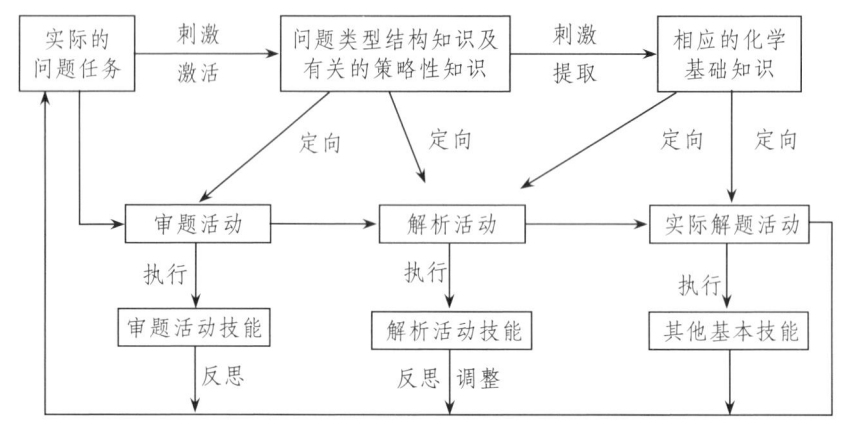

殷月芳基于情境化问题解决的特点,认为基于情境的化学问题解决应该包括问题表征、策略选取、结合情境施行策略以及元认知监控四个步骤。这四个过程不一定呈现线性流程,也有可能是循环交替出现。化学情境化问题解决的心理机制如下图所示。

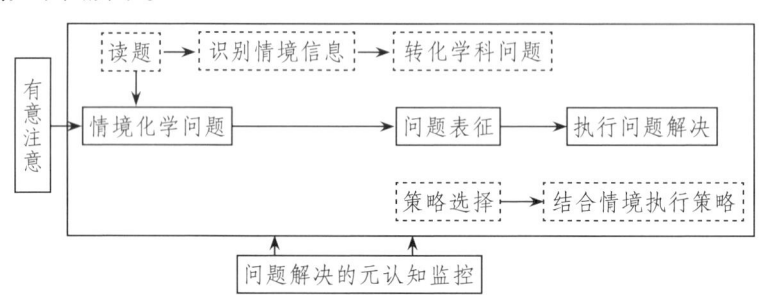

基于此,笔者认为,真实情境问题解决教学是一种以学生为中心、强调知识应用和综合能力培养的教学模式。其教学过程通常包括知识传授、学科理解和认知冲突三个主要环节。

首先,知识传授。教师根据教学目标,有针对性地向学生传授解决问题所需的基础知识和技能。这一环节侧重于帮助学生夯实必要的知识基础,为后续的问题解决做准备。教师可采用讲授、示范、多媒体演示等方式,清晰、生动地

---

① 王磊,胡久华. 中学化学实验问题解决心理机制的初步研究[J]. 化学教育,2000(05):11-13.

呈现知识内容,引导学生理解和掌握。同时,教师要注重启发学生思考,鼓励学生提出问题,培养学生主动建构知识的意识。

其次,学科理解。在掌握基础知识后,教师引导学生将知识应用到真实情境问题的解决中。教师精心设计贴近学生生活实际、富有挑战性的问题情境,引导学生运用所学知识分析问题、提出解决方案。在这一过程中,学生不仅能加深对知识的理解,更能领悟知识的实际应用价值,提升分析问题和解决问题的能力。教师要为学生提供探究的机会和必要的指导,鼓励学生大胆尝试、积极实践。

最后,认知冲突。在运用知识解决问题的过程中,学生难免会遇到挑战和障碍,产生认知冲突。面对与已有认知相矛盾的新信息,学生需要通过进一步思考、讨论、探究来调适自己的认知结构。教师要敏锐地捕捉学生的认知冲突,适时引导学生对问题进行更深入的思考和分析,鼓励学生通过查阅资料、小组合作、师生交流等方式寻求解决问题的新思路、新方法。在克服认知冲突的过程中,学生的思维得到发展,问题解决能力得到提升。

在真实情境问题解决教学中,上述三个环节是相互关联、循环递进的。学生在解决一个个真实问题的过程中,不断加深知识理解,提升综合应用能力,逐步形成举一反三、触类旁通的能力。同时,学生在探究过程中体验到学习的乐趣和成就感,学习兴趣和主动性也会得到提高。通过知识传授、学科理解、认知冲突三个环节的紧密结合,让学生在主动探究、反复实践中构建知识体系,内化问题解决策略,实现知识学习与能力培养的高度统一。

5.文化氛围:平等、信任的共生场

文化是学校育人的重要构成部分,也是教学改革的重要内容,学校文化是学校的灵魂,它影响着办学思想、教育理念、人才培养[1]。2020年9月,教育部等八部门发布《关于进一步激发中小学办学活力的若干意见》,明确指出"强化学校文化引领作用",肯定了学校文化建设的重要地位。学校文化是学校长期发展过程中形成的一种独特的、稳定的、具有鲜明个性的群体文化。它是学校精神、制度、行为和物质等方面的综合体现。学校文化是学校精神的体现,具有很强的凝聚力和向心力。同时,学校文化还可以激发师生的积极性和创造力,促

---

[1] 顾明远.论学校文化建设[J].西南师范大学学报(人文社会科学版),2006(5):67-70.

进学校的持续发展和进步。

以需求为导向的教学设计，离不开平等、信任的文化氛围。在平等的文化氛围中，教师认识到每个学生都是独特的个体，具有不同的学习风格、能力水平和知识背景。教学设计应当尊重这些差异，为不同需求的学生提供适宜的学习资源和支持。此外，平等和信任的氛围有助于建立良好的师生关系，这种关系是有效教学的基础。教师应当通过积极的沟通和反馈，了解学生的需求，同时也让学生感受到他们的意见被重视。教师还可以根据学生的反馈和学习进展灵活调整教学策略。这种适应性是以满足学生需求为核心的教学设计的关键特征。

我国教育正经历一场从"教"转向"学"的深刻变革，从"以教定学"向"为学而教"演变，关注"教"转向聚焦"学"，不仅是教师理念和行为的改变，也是学校组织价值与文化的重建。基于此，需要构建学校发展文化场域的价值传导机制（如下图所示）。即共同的"价值"转化为共同的"目标"，共同的"目标"转化为共同的"规则"，共同的"规则"驱动紧密的"协作"，紧密的"协作"激活并连接个体的"创造"，个体的"创造"成就组织丰富多彩的"形态"并实现群体和个体的持续发展，持续的发展又进一步增强群体对价值和规则的认同。

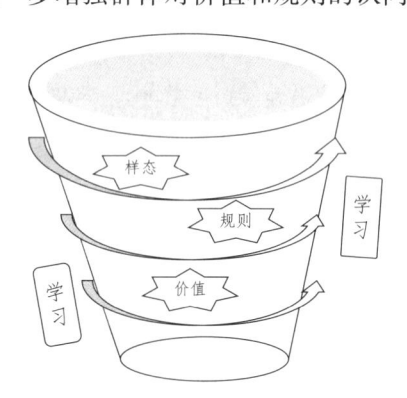

二、以需求为导向的教学设计模型及应用

1.以需求为导向的教学设计模型

以需求为导向的教学设计，基于课程标准确定学习目标时，应将学科核心素养的落实融入其中，每个学习单元都可以由几个核心问题贯穿，给予学生提升理解能力的空间，同时要能够对学习结果作出预估。依据学生的实际情况，

合理进行学习目标分级,设计基于真实情境问题解决的实践路径,通过学习任务展开评估,达到"目标—任务—评估"的一致性。学习目标从教师的心里、从备课本上,走到学生面前。在课堂教学中,学生需要非常清楚这节课或单元的学习目标。当师生都明确学习目标时,教师和学生同时把注意力朝向了靶心,瞄准学习目标,即使教师在实际教学中偶尔出现一点空白,学生自己也非常清楚自己的目标和任务。与此同时,准备多样化学习资源,采取多元化学习组织方式,构建平等信任的学习文化,形成以需求为导向的教学设计模型,如下图所示。

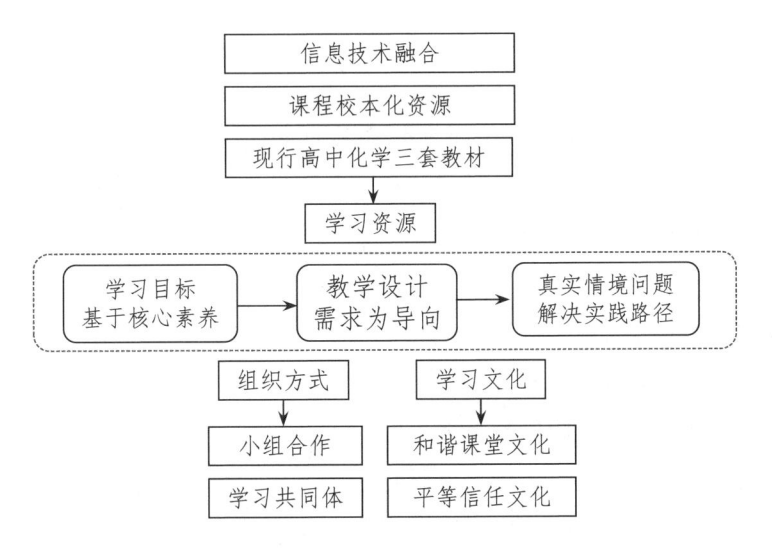

```
              ┌─────────────┐
              │  信息技术融合  │
              └─────────────┘
              ┌─────────────┐
              │ 课程校本化资源 │
              └─────────────┘
              ┌───────────────┐
              │现行高中化学三套教材│
              └───────────────┘
                  ┌─────┐
                  │学习资源│
                  └─────┘
   ┌────────┐   ┌────────┐   ┌──────────┐
   │学习目标  │→ │教学设计  │→ │真实情境问题│
   │基于核心素养│   │需求为导向│   │解决实践路径│
   └────────┘   └────────┘   └──────────┘
     ┌──────┐        ┌──────┐
     │组织方式│        │学习文化│
     └──────┘        └──────┘
     ┌──────┐        ┌────────┐
     │小组合作│        │和谐课堂文化│
     └──────┘        └────────┘
     ┌──────┐        ┌────────┐
     │学习共同体│       │平等信任文化│
     └──────┘        └────────┘
```

2. 以需求为导向的教学设计模型的运用

(1)《普通高中化学课程标准(2017年版2020年修订)》

主题2:常见的无机物及其应用

2.1 元素与物质

认识元素可以组成不同种类的物质,根据物质的组成和性质可以对物质进行分类;同类物质具有相似的性质,一定条件下各类物质可以相互转化;认识元素在物质中可以具有不同价态,可通过氧化还原反应实现含有不同价态同种元素的物质的相互转化。认识胶体是一种常见的分散系。

2.2 氧化还原反应

认识有化合价变化的反应是氧化还原反应,了解氧化还原反应的本质是电子的转移,知道常见的氧化剂和还原剂。

2.3 电离与离子反应

认识酸、碱、盐等电解质在水溶液中或熔融状态下能发生电离。通过实验事实认识离子反应及其发生的条件,了解常见离子的检验方法。

2.4 金属及其化合物

结合真实情境中的应用实例或通过实验探究,了解钠、铁及其重要化合物的主要性质,了解这些物质在生产、生活中的应用。

2.5 非金属及其化合物

结合真实情境中的应用实例或通过实验探究,了解氯、氮、硫及其重要化合物的主要性质,认识这些物质在生产中的应用和对生态环境的影响。

2.6 物质性质及物质转化的价值

结合实例认识金属、非金属及其化合物的多样性,了解通过化学反应可以探索物质性质、实现物质转化,认识物质及其转化在促进社会文明进步、自然资源综合利用和环境保护中的重要价值。

2.7 学生必做实验

● 铁及其化合物的性质。

● 不同价态含硫物质的转化。

● 用化学沉淀法去除粗盐中的杂质离子。

(2)化学必修第一册(2019鲁科版)

鲁科版"元素及化合物"具体编排情况如下图所示,从知识框图可以看出,鲁科版教材采用金属元素和非金属元素穿插编排。钠和氯气的章节名称为"研究物质的基本程序和方法",在知识发展顺序上具有较强的一致性,先通过观察物质的外观预测物质的性质,再通过实验检验物质的性质,最终得到结论,从物理性质走向化学性质,从单质走向化合物。在初中阶段,学生初步接触到金属(例如铁)和非金属单质(例如氧气)的性质,在预测物质性质时起到了很好的辅助作用。铁、硫和氮的章节名称为"物质的性质与转化",教材编排时基于学生"氧化还原反应"的已有知识经验,在"价类二维图"的基础上走的"性质—转化"的路线,从单质走向化合物,从单种物质的性质到相同价态下对应的一类物质的性质,再到不同价态元素对应的物质之间的相互转化,学生学习了氧化还原反应在预测不同价态元素的性质时会对氧化还原反应进行深化。鲁科版教材的编排体现了化学科学与社会生活的密切联系。硫和氮元素的编排均是从自然界中元素的存在方式入手,到学科知识的学习,最后落实到社会环境的保护,

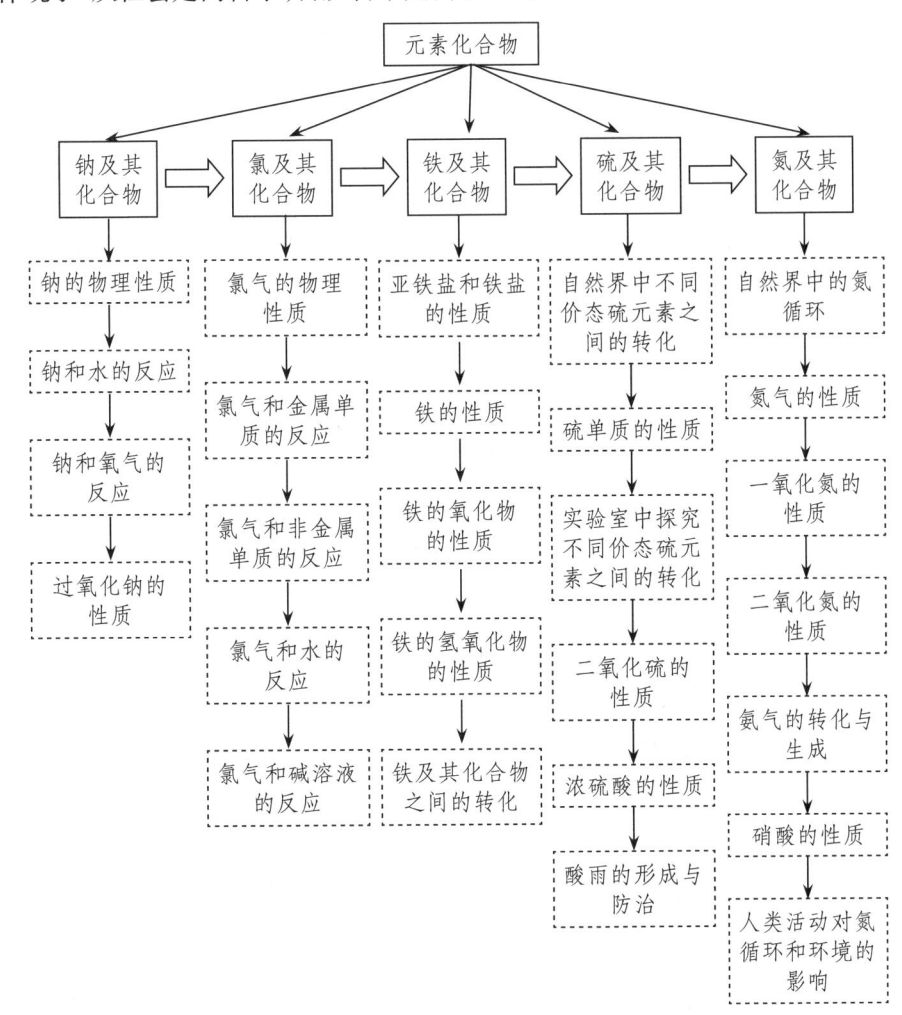

体现了"从社会走向科学,再从科学走向社会"。

```
                          元素化合物
        ┌──────┬─────────┼─────────┬──────┐
        ▼      ▼         ▼         ▼      ▼
      钠及其  氯及其     铁及其    硫及其   氮及其
      化合物→化合物  →  化合物  → 化合物→ 化合物
        │      │         │         │      │
        ▼      ▼         ▼         ▼      ▼
      钠的物理 氯气的物理 亚铁盐和铁盐 自然界中不同 自然界中的氮
      性质    性质      的性质      价态硫元素    循环
                                    之间的转化
        │      │         │           │      │
        ▼      ▼         ▼           ▼      ▼
      钠和水的 氯气和金属  铁的性质    硫单质的   氮气的性质
      反应    单质的反应              性质
        │      │         │           │      │
        ▼      ▼         ▼           ▼      ▼
      钠和氧气 氯气和非金属 铁的氧化物 实验室中探究 一氧化氮的
      的反应  单质的反应  的性质    不同价态硫元 性质
                                   素之间的转化
        │      │         │           │      │
        ▼      ▼         ▼           ▼      ▼
      过氧化钠 氯气和水的  铁的氢氧化物 二氧化硫的 二氧化氮的
      的性质  反应       的性质      性质      性质
               │         │           │      │
               ▼         ▼           ▼      ▼
              氯气和碱溶液 铁及其化合物 浓硫酸的   氨气的转化与
              的反应     之间的转化  性质      生成
                                     │      │
                                     ▼      ▼
                                   酸雨的形成与 硝酸的性质
                                   防治
                                            │
                                            ▼
                                          人类活动对氮
                                          循环和环境的
                                          影响
```

(3)构建元素化合物学习的认知模型

元素化合物是高中化学课程的重要组成部分,主要分布在必修课程,是学习研究物质性质方法的载体,系统学习元素化合物可以帮助定性认识物质的性质、转化和价值。元素化合物内容与化学实验、化学核心观念、化学基本原理、计算、化学与生活等知识相关,是学好高中化学课程的基础。元素化合物的模型认知内容构建如下图所示,图中体现认知路径,即认识、理解、运用和重构。

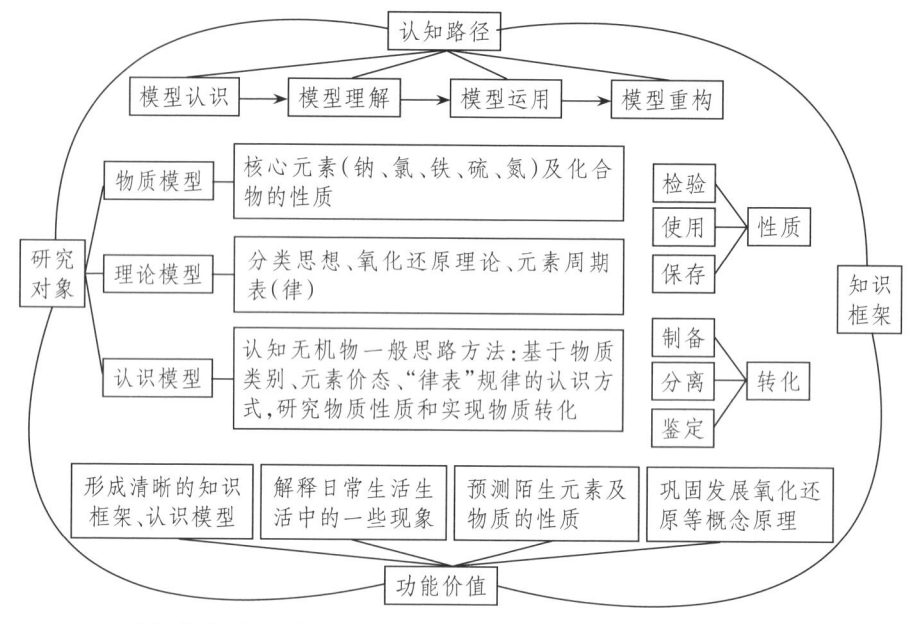

[认知路径图：模型认识 → 模型理解 → 模型运用 → 模型重构]

研究对象：
- 物质模型：核心元素(钠、氯、铁、硫、氮)及化合物的性质
- 理论模型：分类思想、氧化还原理论、元素周期表(律)
- 认识模型：认知无机物一般思路方法：基于物质类别、元素价态、"律表"规律的认识方式，研究物质性质和实现物质转化

知识框架：
- 检验、使用、保存 → 性质
- 制备、分离、鉴定 → 转化

功能价值：
- 形成清晰的知识框架、认识模型
- 解释日常生活生活中的一些现象
- 预测陌生元素及物质的性质
- 巩固发展氧化还原等概念原理

(4)硫及其化合物的学习设计

硫及其化合物种类较多，涉及的性质也比较繁杂，各种价态之间的变化较多，与实际生产生活的联系较广，学生往往会在该部分学习中产生困难，因此本设计改变教材原有课时顺序，进行模型认知视角下的元素化合物单元教学实践，引导学生构建模型、运用模型，帮助学生在更好地掌握元素化合物知识的同时提高模型认知能力。硫及其化合物认知模型如下图所示。

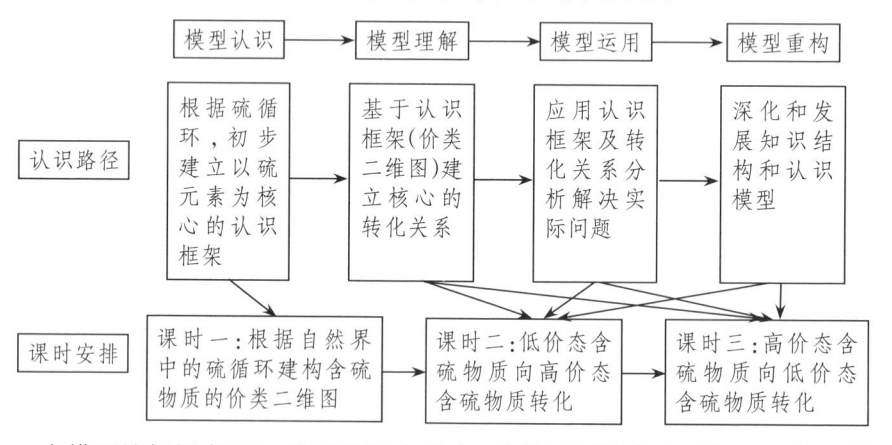

[认知模型图：模型认识 → 模型理解 → 模型运用 → 模型重构]

认识路径：
- 根据硫循环，初步建立以硫元素为核心的认识框架
- 基于认识框架(价类二维图)建立核心的转化关系
- 应用认识框架及转化关系分析解决实际问题
- 深化和发展知识结构和认识模型

课时安排：
- 课时一：根据自然界中的硫循环建构含硫物质的价类二维图
- 课时二：低价态含硫物质向高价态含硫物质转化
- 课时三：高价态含硫物质向低价态含硫物质转化

在模型认知视角下的单元教学实践中，教学目标被分为了知识目标和模型目标两个维度。

硫及其化合物单元目标

内容	知识目标	模型目标
硫和二氧化硫	能从物质类别和元素化合价两个视角研究元素化合物的性质,预测 S 和 SO_2 的性质; 能够说出二氧化硫的用途,感受化学和生活生产的息息相关。	从 S 和 SO_2 性质的预测验证过程中提取元素化合物的认识流程模型。
硫酸	能自主探究 H_2SO_4 的化学性质; 能依据实验证据推测硫酸的性质; 能设计浓硫酸的和碳反应产物验证的实验方案。	通过实验构建硫及其化合物的价类二维模型; 运用硫及其化合物的价类二维模型探究酸雨的形成原理。
硫及其化合物价类二维模型的运用	能设计除去 SO_2 废气和工业制硫酸的方案; 能在价类二维模型解决较复杂问题的过程中感受模型认知素养的重要作用。	能运用价类二维模型设计除去 SO_2 废气和工业制硫酸的方案; 通过工业制硫酸的探究过程构建工业流程模型。

模型认知视角下的硫及其化合物单元教学分为五个部分,每部分根据教学知识选择相应的模型,然后根据教学知识和所选择的模型设计学生活动,具体流程如下图所示。

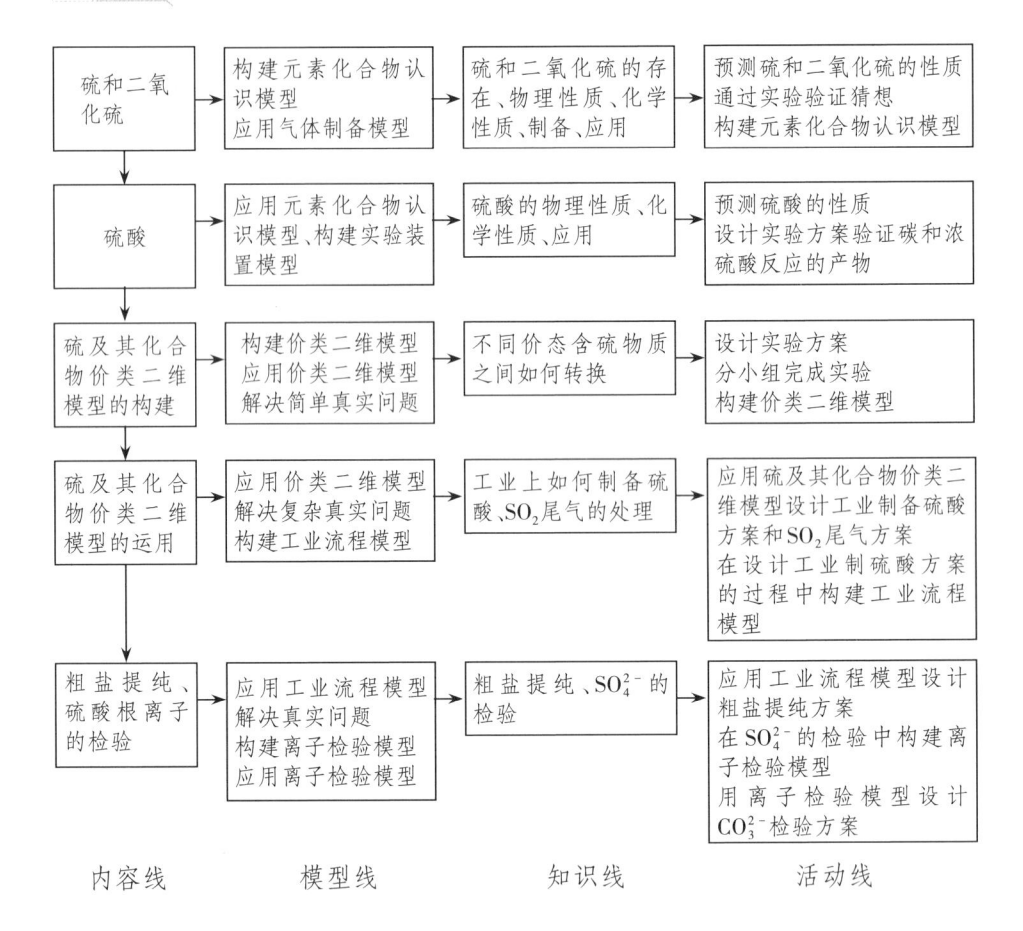

内容线	模型线	知识线	活动线
硫和二氧化硫	构建元素化合物认识模型 应用气体制备模型	硫和二氧化硫的存在、物理性质、化学性质、制备、应用	预测硫和二氧化硫的性质 通过实验验证猜想 构建元素化合物认识模型
硫酸	应用元素化合物认识模型、构建实验装置模型	硫酸的物理性质、化学性质、应用	预测硫酸的性质 设计实验方案验证碳和浓硫酸反应的产物
硫及其化合物价类二维模型的构建	构建价类二维模型 应用价类二维模型解决简单真实问题	不同价态含硫物质之间如何转换	设计实验方案 分小组完成实验 构建价类二维模型
硫及其化合物价类二维模型的运用	应用价类二维模型解决复杂真实问题 构建工业流程模型	工业上如何制备硫酸、SO_2尾气的处理	应用硫及其化合物价类二维模型设计工业制备硫酸方案和SO_2尾气方案 在设计工业制硫酸方案的过程中构建工业流程模型
粗盐提纯、硫酸根离子的检验	应用工业流程模型解决真实问题 构建离子检验模型 应用离子检验模型	粗盐提纯、SO_4^{2-}的检验	应用工业流程模型设计粗盐提纯方案 在SO_4^{2-}的检验中构建离子检验模型 用离子检验模型设计CO_3^{2-}检验方案

第二节 学习任务的设计与迭代

以需求为导向的教学设计需要相应的学习任务,实现传统教学由教师单向的教转向学生自主的学。如何设计符合学生发展需要、学科育人需要的学习任务对于化学教学改革,实现化形化学"知—行—道"三位一体的理想目标具有重要意义。

一、学习任务的设计

1. 问题驱动:将教学内容转化为学生的自主问题解决实践

随着科技的飞速发展,我们已步入一个高度信息化的现代社会。在这样一个知识更新迅猛的时代,教育更重要的功能是培养学生的问题解决能力和自主学习能力。尤其在复杂多变的情境中,学生能否有效运用所学知识解决实际问题,成为衡量教育质量的重要标准。因此,将情境化问题解决与教学深度融合,提高学生的情境化问题解决能力,成为当前教育教学的迫切需求。情境化问题不仅有助于激发学生的学习兴趣,还能培养他们的创新思维和实践能力。

在化学教学中,构建"化学情境"是一种有效的方法。这种情境应包含背景、信息和目标任务三个核心元素。背景能够为学生提供问题的现实依据,信息则是解决问题的关键线索,而目标任务则明确了学生需要达成的目标。通过将这三者有机结合,我们可以将化学知识与日常生活、工业生产等紧密结合,使学生能够在真实情境中学习和应用化学知识。

以沉淀溶解平衡的教学为例,教师可以设计如下情境化问题:随着人类活动的不断增加,海洋中的二氧化碳含量逐渐增多,这对海洋生态环境产生了哪些影响?我们知道珊瑚礁的主要成分是碳酸钙,那么当海洋中的二氧化碳增多时,海水中的珊瑚礁为什么会溶解?在这个问题中,"海洋中的二氧化碳增多"构成了问题的背景,"珊瑚礁溶解"是问题的信息,而"解释为什么会出现这种情况"则是学生需要完成的目标任务。

与传统问题相比,情境化问题具有更丰富的背景和更复杂的信息结构。这要求学生不仅要掌握基本的化学知识,还需要具备信息筛选、问题分析和解决的能力。他们需要花费更多的时间和精力去理解问题的背景信息,捕捉关键线索,并运用所学的化学知识去分析和解决问题。

化学情境化问题的设计应以化学学科内容为主题,紧密结合当前化学科学研究的前沿动态。通过创造与学生专业知识、经验相关的情境,引导学生运用化学知识和技能解决实际问题。这样的教学过程不仅能够提升学生的化学素养,还能培养他们的创新思维和实践能力,让他们更好地面对信息时代的各项挑战。

2.大概念整合:厘清课程目标与课程育人的关系

化学学科核心素养的提出,不仅是对三维目标的拓展与深化,更是对课程目标制定的重大进步。它精准地回答了"培养什么样的人才"的问题,明确了各种素养之间的关系和培养的优先级,从而使学生能够更好地适应未来社会。化学学科核心素养,作为化学学科本质的体现,旨在促进学生形成必备的品格和关键能力。它相较于三维目标更为精准,更能凸显化学学科的本质特征,对学生的要求也更为具体。这一素养的提出,不仅有利于学生在化学学习中形成爱国情怀,从宏观和微观的角度认识物质,树立绿色化学的理念,更能帮助他们具体地体察世界的物质性,这是其他学科所无法提供的。

准确把握学科核心素养的三个层次至关重要。最基础的层次是学科基本知识和技能的掌握,这是学生化学学习的基础。中间层次则是解决复杂化学问题时所需的基本方法,这要求学生在掌握基础知识的同时,能够灵活运用所学知识解决问题。最高层次则是化学学科的思维能力,这需要学生在系统、循序渐进的学习过程中,通过解决化学问题逐渐培养各种素养,形成个体化的思维方式和价值观。这一层次的培养,实质上是让学生能够以学科视角认识世界和改造世界,形成独特的世界观和方法论。这三个层次与三维目标的三个维度相呼应,但对学生的培养方向有所不同。单纯关注知识与技能的发展,只能培养学生的记忆力和解题能力;而注重解决化学问题能力的培养,则能提升学生的分析问题和解决问题的能力。然而,只有在真实的问题情境中,让学生经历知识建构的过程,他们才能收获化学学科思维,形成独特的思维方式和价值观念。这一过程的实现,需要学生在不断参与化学知识的学习中,通过知识的建构、内化、吸收来完成。因此,化学学科核心素养既是对三维目标的继承,也是对其的超越。三维目标主要关注学生对化学知识的掌握程度,而学科核心素养则更注重学生的发展,充分体现了以人为本的教育理念。这一转变,使化学学科真正回归到了育人的本质,实现了从化学知识到素养发展的跨越。

总之,大概念整合下的化学学科核心素养,不仅厘清了课程目标与课程育人的关系,更在深化课程改革、提升教育质量方面发挥了重要作用。它既是化学学科对学生发展核心素养的独特贡献,也是化学学科独特教育价值在学生身上的具体体现,为培养全面发展的人才奠定了坚实基础。

3.逆向设计:从目标概念到任务设计

教学设计一直是一个至关重要的环节。而逆向设计,即从目标概念出发,逐步细化到任务设计,已成为一种高效且富有成效的教学方法。这种方法由美国学者格兰特·威金斯和杰伊·麦克泰提出的"理解为先"的教学设计(UbD)所倡导,强调理解在教学和评估中的核心地位。UbD理论的核心观点在于,教师的教学应致力于帮助学习者理解可迁移的概念和过程,并为其提供更多机会将理解的内容应用于真实情境中。这种教学方式有助于学习者主动建构意义,通过理解和应用所学知识和技能,从而巩固学习成果。在这个过程中,获取知识不再是最终目的,而是达成长期成就的一种手段。化形化学主张倡导学习的主动发生,UbD理论无疑为实现这一目标提供了有力支持。逆向设计作为UbD理论的重要组成部分,强调规划先于教学。在开始教学之前,教师需要明确预期的学习结果,并设计能够证明学习真实发生的教学。这一过程包括三个阶段:确定预期结果、确定合适的评估证据、设计学习体验和教学。

首先,确定预期结果意味着教师需要明确学生在完成课程单元后应达到的理解水平和技能掌握程度。这要求教师对课程目标有深入的理解,并能够将其转化为具体、可衡量的学习成果。

其次,确定合适的评估证据是确保学习效果得以有效衡量的关键。教师需要设计能够反映学生理解水平和技能掌握程度的评估任务,以便在教学过程中及时发现问题并进行调整。

最后,设计学习体验和教学是逆向设计的核心环节。在这一阶段,教师需要根据预期结果和评估证据,设计能够引导学生主动构建意义的学习活动和教学方法。这包括选择适当的教学资源、设计富有挑战性的问题、组织讨论和实践活动等,以激发学生的学习兴趣和积极性。

通过逆向设计,教师能够确保教学活动紧密围绕课程目标展开,使学生的学习过程更加高效且富有成效。同时,这种设计方法也有助于培养学生的自主学习能力和批判性思维,为其未来的学习和发展奠定坚实基础。逆向设计作为一种以目标概念为导向的教学方法,有助于实现教育的最终目标——培养具有深度理解和应用能力的学生。通过明确预期结果、设计合适的评估证据以及精心组织学习体验和教学,教师可以帮助学生更好地掌握知识和技能,实现全面而持久的发展。

UbD理论教学设计流程如下图所示。

```
┌──────────┐    ┌────────────────────────────────────────┐
│ 明确预期的 │    │ • 学生应获得什么样的长期迁移目标?          │
│ 学习结果   │───→│ • 学生在获得重要理解后应明白什么样的意义?  │
│          │    │ • 学生应思考哪些核心问题?                 │
│          │    │ • 学生应掌握哪些知识和技能?               │
│          │    │ • 学生最终应达到什么样的目标或标准?        │
└──────────┘    └────────────────────────────────────────┘
     │
     ↓
┌──────────┐    ┌────────────────────────────────────────┐
│ 确定合适的 │    │ ★ 什么样的学业表现或结果可以证明理解意义和学习迁移? │
│ 评估证据   │───→│ ★ 基于第一阶段的预期学习结果,以什么样的标准来评估学生的表现? │
│          │    │ ★ 还有什么样的证据可以用来检验第一阶段的预期学习结果? │
│          │    │ ★ 应用的评估办法是否对应第一阶段的所有预期结果? │
└──────────┘    └────────────────────────────────────────┘
     │
     ↓
┌──────────┐    ┌────────────────────────────────────────┐
│ 设计学习体 │    │ √ 什么活动、体验和授课有利于达成目标及评估? │
│ 验和教学   │───→│ √ 什么学习计划可帮助学生实现学习迁移和理解意义? │
│          │    │ √ 如何监控学业进步?                      │
│          │    │ √ 如何规划单元,使学习者获得最大学业成就?    │
│          │    │ √ 学习项目是否和学习目标、评估办法保持一致? │
└──────────┘    └────────────────────────────────────────┘
```

二 学习任务的迭代

1. 学习任务的类型:基础性—挑战性—创造性

学习任务,作为教学设计系统不可或缺的一环,其实质是一种精心设计的实施手段,旨在达成既定的教学目标。它的设计并非随意而为,而是深受教学目标的指引与影响。从教学角度来看,目标是理论层面的高远追求,是课堂教学的灯塔,为教学活动指明了方向;而任务则是实现这些目标的有效桥梁,是课堂教学方法层面的具体实践,是落实教学目标的实际行动。

学习任务的类型多种多样,其中基础性任务、挑战性任务和创造性任务构成了其主要的分类。基础性任务主要侧重于学生对基础知识和技能的掌握,它是学生知识体系的基石,是后续学习的基础。挑战性任务则更加注重培养学生的思维能力和解决问题的能力,它要求学生在面对复杂问题时能够运用所学知识进行分析、判断和推理,从而得出正确的结论。创造性任务则鼓励学生发挥想象力和创造力,提出新颖的观点和解决方案,培养学生的创新意识和实践能力。

从狭义的角度来看,任务本身也可以被视为一种目标。这种目标旨在引导学生明确任务的目的,从而帮助他们将任务的目的性转化为所期望的学习结果。通过设计不同类型的学习任务,教师可以根据学生的实际情况和教学目标的需求,灵活选择适合的任务类型,以达成最佳的教学效果。学习任务的设计是教学设计中至关重要的一环。通过精心设计不同类型的学习任务,教师可以有效地引导学生掌握知识、发展能力、培养思维,从而达成教学目标,实现教育的根本目的。

张笑言、郑长龙[①]认为,化学学习任务是在化学教学中为实现一定的化学教学目标,落实一定的化学教学内容,由教师和学生共同完成的学习课题。为切实落实化学学科核心素养,素养取向的教学势在必行。这对教师的学科教学知识是很大的挑战,2017年版课标首次提出学科理解,即教师对化学学科知识及其思维方式和方法的一种本源性、结构化的认识。基于学科理解的学习任务是实现素养教学的基石。在学科理解的指导下,学习任务旨在发展学生化学思维,形成学科核心素养,对传统的知识取向教学进行颠覆性改进。但在当前的化学课堂教学中,教师对学科理解的认识不足,对设计基于学科理解的学习任务感到困惑。

为实现教学目标,教学设计可以按照板块—任务—基元系统的层级落实教学内容。学习任务解决了在具体情境下"做什么"和"怎么做"两个问题,其中包含内容要素、方法要素和情境要素。内容要素的主要来源是"教学内容",化学教学内容是教师依据教学目标,结合学生学习特点,对化学课程内容和化学教科书内容的重新选择和组织。教学内容经过选择与组织,为学习任务内容要素的设计提供了重要的参考。方法要素是"完成任务的途径",学习任务内容的落实需要通过教学活动和学习活动互相配合,共同达成任务。郑长龙基于大量的

---

① 张笑言,郑长龙.基于学科理解的学习任务设计策略[J].化学教育(中英文),2021(09):41-45.

课堂观察与分析,依据教师和学生的互动情况,认为化学课堂常见的活动有以下三种类型:(1)教师进行"展示讲解"和"讲解陈述"活动,学生倾听;(2)教师提问,学生回答;(3)教师和学生深层互动,包括"讨论交流"和"实验操作"两种形式。依据建构主义基本理论,知识只有在它们产生及应用的情境中才能产生意义,学习任务应该处于一定的情境中,便于学生理解知识的意义及价值。

通过以上阐述,可以发现学习任务的三个要素中,"内容要素"是核心,是教学内容的载体。"方法要素"需要依据内容要素的特点及知识的类型而设计,上述的活动类型中,看似活动类型(3)更体现素养取向的教学,但并不是所有的教学内容都适合讨论或探究,如事实性知识、简单的概念等。"情境要素"同样取决于内容要素,将内容要素真实地融于情境中。方法要素和情境要素的设计都应遵循与内容要素的适切原则。

基于学科理解的学习任务设计可以以任务三要素为切入点,针对不同要素展开设计策略,步步落实。以原电池教学为例,下文按照设计流程,提出基于学科理解的学习任务具体设计策略,设计流程图如下图所示。

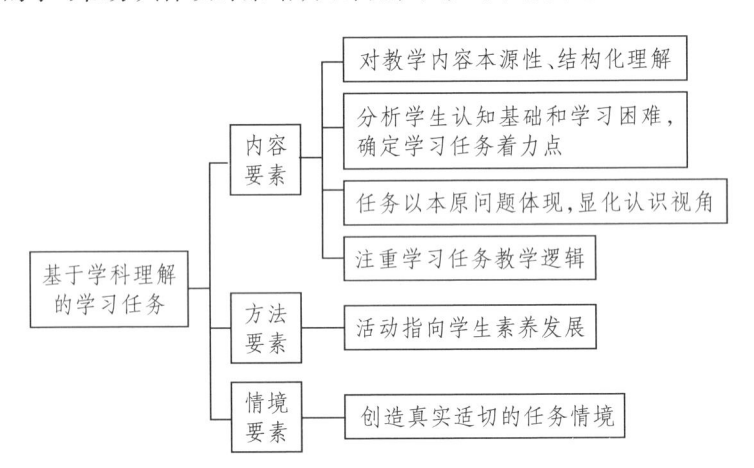

```
                         ┌─ 对教学内容本源性、结构化理解
                         │
                ┌─ 内容 ─┤─ 分析学生认知基础和学习困难,
                │  要素  │   确定学习任务着力点
                │        │
                │        └─ 任务以本原问题体现,显化认识视角
基于学科理解 ───┤
的学习任务      │        ┌─ 注重学习任务教学逻辑
                ├─ 方法 ─┤
                │  要素  └─ 活动指向学生素养发展
                │
                └─ 情境 ── 创造真实适切的任务情境
                   要素
```

从"知识教学"到"素养导向"的课程改革,是一场深刻而必要的教育变革。在这场变革中,教学任务不再仅仅停留在基础知识的传授上,而是经历了从基础性到挑战性,再到创新性的逐步迭代与提升。这种转变,不仅体现了教育理念的更新,也反映了对学生全面发展的更高追求。

在课程改革的过程中,我们以单元教学为支点,将各个知识点和技能点有机串联起来,形成完整的知识体系。这种教学方式有助于学生更好地理解知识的内在联系,形成系统化的思维。同时,我们以学情为起点,充分关注学生的个体差异和学习需求,因材施教,让每个学生都能在适合自己的学习节奏中得到发展。

核心素养的培养是课程改革的终极目标。我们以此为导向,设计了一系列具有挑战性的学习任务。这些任务不仅要求学生掌握基础知识和技能,更要求他们能够在解决问题的过程中运用所学知识发展思维能力和创新精神。通过完成这些任务,学生可以逐步提升自己的核心素养,为未来的学习和生活打下坚实的基础。真实情境是学习任务设计的原点。我们注重将学习任务与现实生活相结合,让学生在解决实际问题的过程中学习知识和技能。这种教学方式有助于激发学生的学习兴趣和积极性,使学习变得更加生动有趣。通过这样的课程设计,我们将课程统整起来,使各个知识点和技能点相互支撑、相互补充。同时,我们也将目标聚焦在核心素养的培养上,让学习真正发生,让学生在主动学习中实现核心素养的提升。

总之,从"知识教学"到"素养导向"的课程改革是一场深刻的教育变革。在这场变革中,我们需要不断更新教学理念,创新教学方式,关注学生的全面发展,真正实现核心素养的提升。

2.学习任务的属性:学科内—跨学科—真实问题

在当今的教育环境中,教师需要积极融合多学科、多领域的资源,摒弃传统教学理念下单一而割裂的教学模式,以达成全科育人的教学目标。跨学科学习任务,正是以本学科课程为基石,通过与其他学科领域的多维跨界融合,以学习任务的形式,促进各类信息的融会贯通,进而实现对学生核心素养的全面培养。

学习情境的设置应当紧密贴合学生的生活实际。跨学科学习任务群的实施特别需要呼唤真实的情境,这种真实不仅指向学生的实际生活,更要以生活为基础,紧密围绕学生原始的认知经验,以激发学生的跨学科学习思维为目标。鉴于学生的生活经验和认知能力有限,教师需要精心设计驱动性学习任务,引导学生自觉地、主动地选择适当的学习方法,自然而然地内化并接纳这些学习方法,从而有效解决问题。

真实问题的引入也是跨学科学习任务的重要属性。通过引入多样化且真实的学习评价,我们可以更深入地审视和反思学习过程,及时调整教学策略,以便能够更加接近预设的学习目标。这种以真实问题为导向的学习方式,有助于培养学生的问题解决能力和创新思维,使他们能够在未来的学习和生活中更好地应对各种挑战。

总之,跨学科学习任务通过融合多学科资源、设置真实学习情境以及引入真实问题,不仅有助于打破传统教学的局限,更能有效提升学生的核心素养,培养他们的跨学科学习思维和创新精神。

鲁科版高中化学新教材将项目化学习引入化学课程,教材每章节末尾均设计一个"微项目",探索性发展学生的化学学科核心素养。微项目即微型化的项目化学习活动,符合项目化学习的一般要求和特征:强调真实性、跨学科性,持续时间较长,跨越空间较大,项目体验丰富,需要多方合作等。鲁科版教材将微项目置于章节末尾,给学生创造运用章节知识解决现实问题的机会,体现以应用本章节知识为主、适当联系其他学科知识的特点。"微项目"的设置兼顾课堂教学的可行性,学习情境不太复杂,因而项目周期较短,一般仅需2~3课时。鲁科版新教材必修第一册、第二册中的"微项目"活动见下表。

鲁科版"微项目"活动汇总表

微项目	主要内容	主要涉及的核心素养
探秘膨松剂	在真实情境下,通过分类、比较、观察、实验等方法,结合研究物质性质的基本程序,对碳酸氢钠用作膨松剂的原理进行实验探究、设计并使用复合膨松剂	科学探究与创新意识
科学使用含氯消毒剂	以氧化还原为预测物质性质的主要角度解决两个真实问题:(1)解读84消毒液的使用说明;(2)分析游泳池变绿的可能原因	科学探究与创新意识 宏观辨识与微观探析 科学态度与社会责任
论证重污染天气"汽车限行"的合理性	利用"汽车限行"这一真实的社会性问题,以氮氧化物知识为核心,综合考虑自然环境、经济等方面的影响,科学论证汽车尾气与重污染天气的关联	科学态度与社会责任
海带提碘与海水提溴	以海洋资源的开发利用为背景,基于元素周期律(表),分析物质性质递变规律;依据分离目的,选择、优化分离提纯试剂,完善物质分离提纯类实验问题的解决思路	宏观辨识与微观探析 变化观念与平衡思想 科学探究与创新意识
研究车用燃料及安全气囊	基于能量变化的本质,实现对化学反应的整合认识,完成车用燃料的筛选、优选任务;综合考虑物质变化、能量变化、限度、快慢等问题,科学设计安全气囊,选择安全气囊的气体发生剂	变化观念与平衡思想 证据推理与模型认知 科学态度与社会责任

续表

微项目	主要内容	主要涉及的核心素养
自制米酒	调研我国古代的酿造工艺,以化学视角感受酿造过程中存在的物质转化及转化所需条件;在亲手酿酒的活动中,系统全面地考虑反应条件(操作、环境等)对物质转化的影响,促进对传统文化与工艺的了解	宏观辨识与微观探析 变化观念与平衡思想 科学态度与社会责任

必修第一册的微项目对应"物质分类和氧化还原反应""电离和离子反应"等核心概念,旨在培养学生形成"价类"元素观和转化观、发展微粒观;必修第二册的微项目则强调"元素周期律""化学键""物质反应与能量转化"等核心概念,对必修第一册建构的大概念进行从单要素孤立、多要素关联向多要素系统化的螺旋式发展。

在培养思维技能方面,教材侧重于训练专家思考方式的特定领域问题研究的思路方法,反复强调三个重要的思维技能:研究物质性质的方法程序;物质富集、分离、提取的基本思路;化学视角解决现实问题(如要求从能量转化、反应条件等化学学科视角来着手分析"安全气囊"和"酿造米酒")。

真实的任务离不开现实生活,成果能真实应用才具实际价值。微项目的任务来源兼顾学生的日常生活与社会重要主题这两个方面。具体来看,六个项目中来源于日常生活的有三个(探秘膨松剂、科学使用含氯消毒剂、自制米酒),来源于工业生产的有两个(海带提碘与海水提溴、研究车用燃料及安全气囊),来源于社会性科学议题的有一个(论证重污染天气"汽车限行"的合理性)。

3.学生的意愿:被动—主动

党的二十大报告明确指出:"全面贯彻党的教育方针,落实立德树人根本任务,培养德智体美劳全面发展的社会主义建设者和接班人。坚持以人民为中心发展教育,加快建设高质量教育体系,发展素质教育,促进教育公平。"在这一背景下,国家已经将焦点逐渐转向促进学生综合素质的发展,而如何增质培能也成为我们面临的重要课题。

建设高质量的教育体系,关键在于提高教学质量,减少高分低能型人才的出现。为了实现这一目标,我们必须立足于学生的实际情况与核心素养,进行知识的重构与整合。而在这个过程中,更应关注如何提高学生的学习效率,激发他们的学习动力。

新课程改革更加强调对学生知识运用和问题解决能力的培养,这对学生提出了更高的要求。学生需要具备自主性,能够主动反思、质疑,并进行发散性思考。因此,教师必须转变传统的教育观念,将培养学生自主学习和自主探究能力作为教学目标之一。通过引导和帮助,使学生能够掌握必要的基础知识和基本方法,并能运用所学知识解决生产生活中的实际问题,培养他们的思维品质和解决问题的能力。教师的教学更要注重培养学生总结、归纳和深度思考的习惯。我们要引导学生深度学习,主动学习,使他们逐步形成科学的思维方式。只有这样,学生才能从被动转为主动,他们才能真正成为学习的主人,实现自我价值的最大化。

4.教师的职责:执行者—设计师—创造家

在新时代的教育背景下,教师的角色正在经历着深刻的转变。教育部办公厅于2023年印发的《基础教育课程教学改革深化行动方案》为我们指明了方向。

传统的教学模式下,教师往往扮演着执行者的角色,他们按照既定的课程方案和教材内容进行授课,缺乏对课程内容的深度思考和创造性发挥。然而,随着新课标的实施和新时代教育的推进,这种教学方式已经无法满足学生全面发展的需要。因此,教师必须转变观念,从执行者向设计师转变。作为课程设计师,教师需要具备深厚的学科素养和教育理论知识,能够根据学生的实际情况和学科特点,对课程内容进行重构和优化。他们应该注重培养学生的综合素质和创新能力,通过设计富有启发性和实践性的教学活动,激发学生的学习兴趣和主动性。

教师还需要进一步发展成为创造家。作为创造家,教师不仅要具备创新思维和创造力,还要能够将这些能力运用到教学实践中。他们应该敢于尝试新的教学方法和手段,勇于探索未知领域,通过不断实践和总结,形成自己独特的教学风格和理念。教师需要不断更新自己的知识结构,重塑教育教学观念与行为,全面提高对新课程的适应性和创造力,成为有教育智慧的教育家。

第三节 理解为先的教学设计模式

以需求为导向的教学设计核心在于从学科需求、学生需求的角度确定教学目标,生成教学成果。就化形化学教学而言,其聚焦化学学科核心素养的学科需求、学生自主学习能力的发展需求,遵循"知—行—道"三位一体的过程和目标,因而其教学设计应转变传统的顺向设计(即更多满足的是教学内容的需要、教师教学需要,而非更多满足学生发展需要的设计),转向一种"以终为始"的逆向设计,即在教学设计初期就对学生需要理解到何种程度,实现"知—行—道"合一的表现性评价是什么等进行设计,以此来确定教学的过程,引导学生自主学习。

一 理解为先的教学设计内涵

理解为先的教学设计(UbD)是一种新型且优质的单元教学设计理论,它颠覆了传统设计中所倡导的"以始为终"的理念,转而推崇一种"以终为始"的逆向设计理念。在这种模式下,教师不仅是知识的传递者,还是学生理解过程的引导者和促进者。UbD理论认为:当教师的教学旨在使学习者理解可迁移的概念和过程,给其提供更多机会将理解的内容应用到有意义(即真实情境)的情境时,才更可能获得长期的成就。学习者通过主动建构意义(即理解的过程)来学习和巩固所学的知识和技能,并将学习结果应用到新的情境中。简言之,当我们把获取知识当作方法而不是最终目的时,长远来看,学生才能学得更多并且更加积极主动地参与学习[①]。

具体来说,理解为先的教学设计强调学生在学习过程中是否真正掌握了知识,并能够将其应用到实际情境中。这种设计要求学生达到的理解目标应该是具体且可衡量的。在实施上,它遵循"逆向设计"原理,从"解释、释义、应用、洞察、移情和自知"六个维度阐释理解,并合理确定"明确预期学习结果""确定恰当评估办法""规划相关教学过程"三阶段教学设计步骤。

---

① [美]格兰特·威金斯,杰伊·麦克泰.理解为先模式:单元教学设计指南(一)[M].盛群力,等译.福州:福建教育出版社,2018:7.

二、理解为先的教学设计步骤

（一）明确预期学习成果

明确预期学习成果是整个教学设计过程的基石。它涉及对教学目标和学生学习结果的清晰界定，确保教师和学生都明确知道学习结束后应该达到什么样的理解水平和能力。具体来说，明确预期学习成果意味着教师需要先确定学生完成某一单元或主题学习后应达到的具体、可衡量的目标。这些目标不仅局限于知识的记忆或技能的掌握，更侧重于学生对知识的深入理解和应用。预期学习成果应该体现出学生对核心概念的理解、对问题的分析能力、对知识的迁移应用能力等。在明确预期学习成果的过程中，教师需要注重学习成果的具体性、可衡量性、层次性、与学生需求的相关性。

首先，具体性。预期学习成果应该具体明确，避免使用模糊或笼统的表述。例如，不只是简单地要求学生"掌握某个知识点"，而是要明确他们应该能够解释、举例、应用或分析该知识点。其次，可衡量性。预期学习成果应该是可衡量的，即可以通过某种方式或工具来评估学生是否达到了预期的理解水平。这可能需要设计相应的评价标准或评估任务。再次，层次性。对于复杂的学习内容，预期学习成果可以分解为不同层次的子目标，帮助学生逐步深入理解和掌握知识。最后，与学生需求的相关性。预期学习成果应该与学生的实际需求和兴趣相关，确保他们能够在学习过程中保持动力和参与度。

阶段一：明确预期学习成果

课程标准	学习迁移	
本单元要达到的内容标准和任务目标是哪些？ 本单元要发展的思维习惯和跨学科的目标是哪些？	学生能自主地将所学运用到…… 学生将获得持久、自主的学习成果。	
^	理解意义	
^	**深入持久理解** 学生将会理解…… 教师期望学生理解什么？ 学生如何将二者联系起来？	**核心问题** 学生将不断思考…… 何种问题能促进学生质疑、理解意义和学习迁移？
^	掌握知能	
^	学生应掌握的知识是…… 学生应当掌握并能再现哪些事实和基本概念？	学生应当形成的技能是…… 学生应当会运用哪些具体的技能和程序？

(二)确定恰当评估办法

确定恰当评估办法是理解为先教学设计模式中的关键步骤之一。通过选择合适的评估方式,教师可以有效地评估学生的学习成果,为后续的教学调整和改进提供有力支持。评估办法的确定应该遵循如下基本原则。

首先,评估办法需要与预期学习成果紧密相连。教师需要确保所选的评估方式能够真实反映学生是否达到了预期的理解层次和能力。这意味着评估不仅是对知识的简单测试,还要考查学生对知识的深度理解、应用能力和问题解决能力。其次,评估办法应该具有多样性和灵活性。教师可以根据学习内容的性质和学生的特点,选择适合的评估方式。这可能包括传统的笔试、口头报告、小组讨论、实际操作、项目作业等。通过多样化的评估方式,教师可以全面地了解学生的学习情况,发现他们的优势和不足。再次,评估办法还需要具有可操作性和有效性。教师需要明确评估的标准和流程,确保评估过程公平、客观、可靠。同时,评估结果应该能够及时反馈给学生和教师,以便学生能够及时调整学习策略,教师能够针对学生的问题进行有针对性的指导。此外,在确定评估办法时,教师还需要考虑评估的时机和频率。评估可以贯穿整个教学过程,包括课前、课中、课后等不同阶段。通过持续的评估,教师可以及时了解学生的学习进展,发现问题并及时解决。

阶段二:确定恰当评估方法

目标	评估的标准	
是否所有的预期学习结果都进行了合理的评估?	采用何种标准来评估预期学习结果的成效? 不考虑具体形式,评估中最重要的本质属性是什么?	真实情境任务: 将用哪些表现说明学生实现了理解? 在复杂的情境任务中,学生将如何展示自身的理解(理解意义和学习迁移)? 其他评估: 通过其他哪些方式说明学生达成了"阶段一"中的目标?

(三)规划相关教学过程

规划相关教学过程是理解为先教学设计模式中至关重要的步骤。通过精心规划和组织教学过程,教师可以帮助学生更好地达到预期的学习目标,提升他们的理解力和应用能力。

规划相关教学过程需要紧密围绕预期学习成果展开。教师需要根据已确定的预期学习成果，思考哪些教学活动、教学方法和资源能够帮助学生实现这一目标。这意味着教学过程的规划需要具有目标导向性，确保每一步骤都与学习成果紧密相连。同时，教师需要综合考虑学生的特点、学习需求和学习风格。通过了解学生的已有知识和经验，教师可以设计更具针对性和实效性的教学活动。此外，教师还应注重激发学生的学习兴趣和积极性，通过多样化的教学方法和手段，使学习过程更加生动、有趣。在规划教学过程时，教师还需要关注评估办法的融入。评估应贯穿于整个教学过程中。教师可以通过课堂观察、提问、小组讨论等方式，及时了解学生的学习进展和问题，并根据评估结果调整教学策略。

阶段三：规划相关教学过程

目标	前测 教师将采用何种前测方法来确定学生已有的知识、技能、水平和潜在的误解？	
	教学活动	教学监控
每项学习活动的目标（类型）是什么？	学生的学习迁移、理解意义和掌握知识技能取决于…… 教学活动是否致力于达成三种类型的目标（知识技能、意义理解和学习迁移）？ 教学活动是否体现了学习的基本原则和最佳的教学实践？ 阶段一和阶段二之间是否始终保持一致？ 教学活动对学生是否有吸引力和有效果？	在课堂活动中，教师如何监控学生知识技能、理解意义和学习迁移的学习进程？ 潜在的薄弱点和误解是什么？ 学生如何获得必要的反馈？

三　理解为先的教学设计的目标设定

理解为先的教学设计中，重点关注"学习迁移""理解意义"和"掌握知能"三个部分。具体如下表所示。

对于三个概念的认识

学习迁移	学会迁移是所有教育的长期目标。将所学的东西独立地应用到新的情境中,意味着真正理解了所学内容并达到新的境界。
理解意义	能否作出重要的概括、发现新的角度、对过去困惑和似懂非懂的经历或学习豁然开朗? 广义上说,理解不是一种事实,源自学习者有用并且可证实推断(萌发和检验想法的过程)。 理解意义是学习迁移的前提。关键性与联系性想法可以帮助我们认清各种主题/模式/理论,进一步弄懂新的令人困惑的情境。 核心问题涉及理解的两大方面。获得理解并灵活运用先前的知识需要学习者自身主动进行理解,这个构建过程要求学习者能够提出并尝试解答关键性问题,得出推论,产生新的理解并积极应对尝试迁移后的结果。学校存在的意义不仅仅是教授学生知识,还要致力于回答学生的问题,满足他们的需求。 不断提出核心问题并引导学生主动质疑,使学生明白真正的学习是不断主动而不是被动地挖掘深入内容。如果认真探究某个主题,我们自然会面对这些问题:为什么,怎么办,这意味着什么,它是什么,意义何在,接下来还会发生什么等。 核心问题的应用还可以促进迁移,推动我们面对新问题时,探寻相似的模式、建立联系、考虑有效的策略。 问题本身只是为了达到预期的学习目标,而不只是为了找到问题的答案。问题不只是为了教学而用。学会自主提出问题并尝试解决问题才是预期的学习目标,也是实现真正的终身学习的目标。
掌握知能	短期目标就是让学生掌握知能。陈述性知识(事实性信息、词汇、基本概念)和程序性知识(基本技能或具体技能),是获得持久理解及学会迁移的必需工具(或手段)。 这些知识和技能应是实现后期理解意义和学习迁移的基础。避免只是列出对促进理解毫无用处的琐碎事实或定义。 计划检测学生是否掌握目标知识和技能时,只考查阶段一已标明需要传授和评估的内容,而不再涉及新提及的东西。 目标知识和技能应切合本单元主题。学生在本单元学习这些知识和技能时,整体上不会觉得不连贯或很突兀。

第四节 以需求为导向的教学设计

范例一 元素周期律探索"砷砷不息"的转化

一 教学内容分析

"原子结构 元素周期律"是鲁科版高中化学必修二教学中的重要内容,通过分析原子结构的递变规律,研究对象可由单一元素及其化合物延伸到不同元素及其化合物,通过元素周期律的相似性和递变性,研究不同元素及其化合物性质之间的关系,最终可以研究陌生元素 As 及其化合物的性质。

二 学生情况分析

学生在初中学习了 C、H、O 元素,在高中化学必修一中学习了 Na、Cl、Fe、S、N 等元素及其化合物的相关知识,对研究陌生物质性质的方法和程序有了一定的认识,初步具备简单的数据处理能力和基本实验技能。但繁多复杂的元素性质内容被拆成片段,学生通过反复机械性记忆来掌握知识,缺少对"位、构、性"相关知识以及知识内部关系的系统化认识,"原子结构 元素周期律"主题的学科能力表现有待提升。

三 教学目标确定

1.通过"位、构、性"关系,利用元素周期律的相似性和递变性,对元素性质提出合理的预测并分析推理,培养证据意识。

2.通过反应事实及应用,结合价类二维思想进行类比迁移,实现物质之间的转化。

四 教学思路导图

1.元素周期律探索"砷砷不息"的转化教学流程图

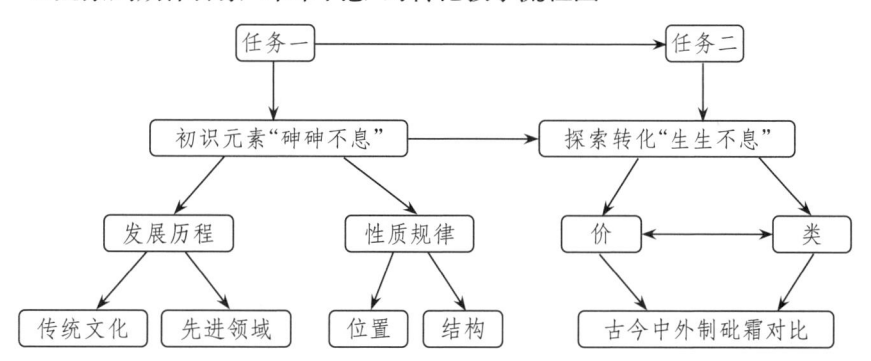

```
                    任务一 ──────────────────→ 任务二
                      ↓                         ↓
              初识元素"砷砷不息" ────────→ 探索转化"生生不息"
                ↓         ↓                ↓           ↓
           发展历程     性质规律            价 ←──────→ 类
            ↓   ↓       ↓   ↓                ↓       ↓
        传统文化 先进领域 位置 结构        古今中外制砒霜对比
```

2.元素周期律探索"砷砷不息"的转化核心元素

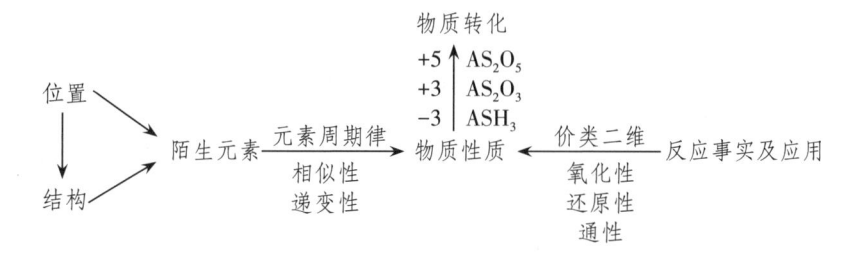

```
   位置                         物质转化
     ↘                    +5 ┃ AS₂O₅
       陌生元素 ─元素周期律→  +3 ┃ AS₂O₃  ─价类二维→  反应事实及应用
     ↗          相似性     -3 ┃ ASH₃     氧化性
   结构          递变性       物质性质    还原性
                                         通性
```

五 教学策略分析

（1）确定教学重点为通过元素在元素周期表中的位置和原子结构分析，预测元素及其化合物的性质及制备方法。教学难点为陌生元素化合物的制备方案设计。

（2）采用演绎推理法、启发探讨法、游戏式评价法、多媒体辅助教学法等教学方法。

六 学习过程

任务一:初识元素"砷砷不息"

教师活动	学生活动	设计意图
【课前准备】 课前准备好《狮子王》主题曲《生生不息》。	学生提前观看视频。	体会生生不息的力量。
【引入】伴着《生生不息》的旋律,开启我们"砷砷不息"的课堂。 本节课我们通过两个任务,达成一个目标:能够画出位置、结构、性质、用途之间的关系,检验本节课的学习成果。	准备学案,找出本节关键词,思考关键词间的联系。	明确任务与目标。
【活动1】砷的发展历程 【简介】从古至今,砷的探索一直在进行。晋代葛洪最早记载了砷的制备。唐代孙思邈在《千金要方》中记载用毒性猛烈砒霜治疗疟疾、牙痛。宋朝《开宝本草》记录了小剂量的砒霜可做药用。到了20世纪,砷被用于半导体,电子迁移率是硅的6倍,在医学中为治疗白血病提供了新的思路。 【思考】那么,砷到底有哪些性质?它为什么有这么多的用途呢? 【引导】我们对砷并不熟悉,但是我们熟悉同主族性质相似的N、P元素。	沿着时间线,从传统文化到现代先进领域,学习科学家们不断探索未知领域的精神。 思考砷的性质,类比同主族元素N、P。	了解砷的发展历程,感受中华优秀的传统文化。 明确"性质决定用途"。

续表

教师活动	学生活动	设计意图
【活动2】同主族元素的类比迁移。 【布置任务】现在我们在学案的表格里分别画出N、P元素的原子结构示意图。 【思考】再请一位同学画出As的原子结构示意图,并请同学解释原因(与第三周期的P原子序数相差18)。 【追问】通过砷原子的结构示意图,我们可以知道砷在元素周期表中所处的位置吗? 【学生交流、回答】第四周期第ⅤA族。 【追问】我们确定了砷元素的位置以后,能解释砷为什么可以作为半导体材料吗? 【小结】结构不仅能反映出来元素的位置,还可以预测性质。 【思考】请同学们回答砷在同主族元素中有哪些性质呢? 【板书】元素周期律、相似性和递变性。 【布置任务】从砷的结构分析,砷的主要化合价有+3,+5和-3价。能举出具体的物质吗? 【板书】AsH_3、As_2O_3、H_3AsO_4。 【思考】那么得电子能力和非金属性呈现这个趋势的根本原因是什么呢?	请一位同学来黑板展示,其余同学完善学案。 | 名称 | 符号 | 原子结构示意图 | | --- | --- | --- | | 氮 | | | | 磷 | | | | 砷 | | | 【学生交流、板书、回答】 从N到P,原子核对核外电子的吸引作用逐渐减弱。	通过熟悉的元素,根据原子结构推测陌生元素在元素周期表中位置。 通过元素位置预测元素性质。 形成"结构决定位置,位置反映性质"的思维模型。从微观结构解释宏观现象。

159

续表

教师活动	学生活动	设计意图
【活动3】小试牛刀 【规则介绍】好,我们已经通过元素周期律预测了性质,那么第一阶段的成果检测来了。请第一小组和第二小组分别派出两名成员来讲台,我们玩一个小游戏。 　　一、二组同学分别站在左、右两边,判断给出题目的正确性,准备好了就可以点击开始。 　　同样请三、四组派两位代表挑战,游戏规则稍微有些变动,点出你认为正确的句子,准备好了就可以点击开始。 　　现在请其他同学也来挑战一下,快速选出正确的选项。 【总结】老师将任务一做个简单的总结,其中砷化氢的稳定性最差,那事实确实是这样,砷化氢在温度高于230 ℃时它会迅速分解。而磷化氢需要在催化剂的条件下,加热到400 ℃才能发生分解。	两队学生代表完成元素周期律游戏PK,并奖励获胜同学。 　　学生总结,完善学案、笔记。	寓教于乐,将枯燥的规律知识的评价形式改进,以小游戏的方式呈现,调动同学们的参予度与积极性。并及时反馈总结,给予肯定,增强学生的自信心。

任务二:探索转化"生生不息"

教师活动	学生活动	设计意图
【过渡】我们顺利完成了任务一,接下来,第二个任务,探索转化生生不息。	阅读学案任务二。	设计过渡语。
【化学史介绍】老师将古今中外砷的制备、用途、检测方法按时间轴的形式呈现给大家。我国从公元前2世纪就已经将雄黄、雌黄用作颜料或用于炼丹。 我们关注到这一组数据对比,我国葛洪炼制砷整整早于国外900多年。那他是如何制备的呢?	了解化学史,知道砷元素及其化合物的制备及研究方向。	科学家们孜孜不倦、生生不息的探究,使我们对含砷化合物的利用越来越广。传递给学生让化学为人类服务的思想。
【思考】葛洪将雄黄、松脂和硝石合炼,可以得到砷和砒霜三氧化二砷的混合物。这两种物质怎么实现分离呢? 【引导】北宋《本草衍义》中早有记载,其中有"砒烟上飞""凝结"两个关键词,老师根据自己的理解画出了上飞的过程,这种分离方式我们称之为什么呢? 【小结、过渡】非常好,砒霜在135 ℃以上,有易升华的性质,使三氧化二砷可以从混合物中分离出来。 葛洪制砷是在炼丹时偶然发现的,我们需要运用价类二维继续探索,来预测更多的转化性质。	【学生交流、思考】 【学生齐声回答】	在古籍中寻找证据,再次感受中华优秀传统文化,并在古人的智慧中提炼出现代科学的术语,体会科学的不断发展。

续表

教师活动	学生活动	设计意图
【活动1】画出磷元素P的价类二维图。 【提问】我们对砷的化合物并不熟悉，又该如何应用价类二维呢？ 【引导】我们对砷陌生，但是我们了解其同族元素，其中最熟悉的是氮，而与砷性质最接近的是磷，画出P的价类二维图。 【布置任务】我们已经在学案中画出磷的价类二维图，现在请同学们拿出红笔，将磷改为砷，改好的同学可以展示给大家看一下吗？ 【板书】价类二维 【提问】老师也以同样的思路画出了砷的价类二维图，那么如何实现它们之间的相互转化呢？ +5　　酸性氧化物　　较强酸　　盐的通性 　　　$As_2O_5 \rightleftharpoons H_3AsO_4 \rightleftharpoons Na_3AsO_4$ +3　　　$As_2O_3 \rightleftharpoons H_3AsO_3 \rightleftharpoons Na_3AsO_3$ 0　　酸性氧化物　　弱酸性　　盐的通性 -3　　　　　　As　　　　　　还原性盐 　　　AsH_3　　　　　　　　　Mg_3As_2 　　氢化物　单质　氧化物　　含氧酸　　　盐 【板书】反应事实及应用、氧化性、还原性。 【小结】在价类二维图中可以发现，三氧化二砷为整体转化的中心物质。	思考与As性质相似的同族元素。 学案中画出P元素的价类二维图。 学生投屏展示。 学生思考含砷化合物之间的转化关系。	通过同主族性质相似的P元素的价类二维图，类比得到As的价类二维图。 体会知识迁移。 引导学生从化合价的角度出发，从氧化性还原性角度分析元素性质。
【活动2】根据价类二维预测性质实现物质转化。 【引导、评价】我们已经通过价类二维预测了转化关系，那么第二阶段的成果检测来了。 这些反应事实不仅体现出转化价值，也体现应用。现在请同学们在学案中完成两个方程式的书写。	利用价类二维转化思想，预测产物，书写相关反应方程式。	引导学生从物质类别的角度分析制备原理。

续表

教师活动	学生活动	设计意图
【活动3】借鉴传统,从含砷矿石中提取出砷。 【思考】我们现在炼砷还延续古代的方法吗?我们已经推翻古代的制法了,为什么? 【引导】制备的含砷物质作为杀虫剂可以被替代,但是在半导体、治疗白血病中的应用却无法替代。因为我们需要高纯砷,古代制法达不到要求。那我们现在如何从含砷矿石中将砷提取出来呢? 【追问】我们利用火法焙烧,将雄黄氧化为砒霜,这个反应和我们学过的哪个反应相似? 【评价】请同学们尝试写出该反应。雌黄和砷黄铁矿也有着类似的反应。 【追问】我们将砒霜分离出来,又如何制取较纯的砷呢? 【小结】看来同学们也可以像科学家一样来设计生产方案了!	学生讨论,交流。 【学生回答1】借鉴传统,利用砒霜易升华的特点,将砷从固体矿石中分离出来。 【学生回答2】工业制硫酸。 学生板书。 其余学生补充完善学案。	类比工业制硫酸的生产流程,攻破难点。 选择适当的试剂,自主设计合理的方案,实现思维的进阶。
【活动4】画出位置、结构、性质之间的联系。 通过这节课的学习,可以给大家展示出你的思维导图吗? 能和我们分享一下其中的关系吗?	学生根据课前给出关键词,结合本节课理解,画出结构化思维导图。	高阶思维的评价,诊断学生思维的结构化程度。

七　基于UbD的教学设计

课程标准：	阶段一：明确预期学习结果	
:::	学习迁移	
:::	学生能自主地将所学运用到以下几个方面。 1. 通过任意元素在元素周期表中的位置，构建原子结构，根据元素周期律简要判断其具有的化学性质。 2. 推理陌生元素对应物质的转化关系和制备原理。	
:::	理解意义	
课程标准： 1. 学生认识原子结构、元素性质及元素在周期表中的位置关系。 2. 学生知道元素周期表的结构，了解同周期和同主族元素性质的递变规律。 3. 学生结合有关数据和实验事实认识原子结构、元素性质呈现周期性变化规律，构建元素周期律。	【深入持久理解】 学生将会理解： 1. 预测陌生元素的性质，需要清楚元素周期表蕴含的基本规律（相似性与递变性）。 2. 反应事实及应用可以预测物质性质，实现物质转化。	【核心问题】 学生将不断地思考： 1. 为什么元素周期表中同族元素具有相似性和递变性？ 2. 从价、类维度如何预测物质之间的转化关系？
:::	掌握知能	
:::	学生应掌握的知识是： 1. 熟悉元素周期律中体现相似性和递变性的要素（如非金属性、原子半径、得电子能力等）及变化规律。 2. 能够从价、类维度分析陌生元素对应的物质转化。	学生应形成的技能是： 1. 能够判断元素周期表中陌生元素的化学性质。 2. 能够设计陌生元素相关的核心物质转化路径。 3. 能够画出表现"位—构—性"相互联系的知识网络图。

续表

阶段二:确定恰当评估办法			
目标	评估的标准		
学习迁移的目标(T) 理解意义的目标(M) 掌握知能的目标(A)	□预测合理 □解释清晰 □逻辑可靠 □游戏表现 □模型建构 □思维导图 □设计方案		真实情境任务: 将用以下表现说明学生实现了理解。 　　1. 在互动PK游戏中,快速、准确地判断比较常见或陌生元素及物质性质(双人PK游戏,两名学生同时选出正确答案,需迅速反映出元素周期表中的一般规律如氢化物的稳定性大小比较、最高价氧化物对应的水化物的酸碱性强弱比较等,并实时反馈PK结果)。 　　2. 自主画出陌生元素的价类二维转化坐标系(以砷元素为例,从物质类别与元素价态两个维度预测可能形成的物质并利用已有认知推断物质转化)。
			其他评估: 　　1. 自主设计一张与众不同的元素周期表。 　　2. 随机选取陌生元素,尝试分析其原子结构及有关性质。 　　3. 将元素位置—原子结构—物质性质之间的逻辑关系以思维导图的方式呈现出来,可手工制作成三维立体卡片。
阶段三:规划相关教学过程			
目标	前测 填写学案,根据印象画出简易的元素周期表,书写常见元素的原子结构,对学生的知识、技能、理解、态度进行评估。		

续表

	教学活动	教学监控
学习迁移的目标(T) 理解意义的目标(M) 掌握知能的目标(A)	学生先熟悉元素周期表中周期与族的分布,通过对比原子结构示意图寻找规律。教师指出任意一种元素形成的物质,可以自主设计出转化路径。以如下逻辑性活动方案作为参照标准逐步实施以下教学活动。 1.教师介绍元素砷从古至今的发展历程,感受中华优秀传统文化,了解现代先进技术领域。帮助学生建立学习动机,主动预测陌生元素砷的性质。 2.学生通过类比迁移同主族常见元素 N、P 的原子结构,预测 As 元素的常见化合价、原子半径、得电子能力及非金属性等性质。 3.通过古法制砷,引导学生思考现代制砷技术。帮助学生建立学习动机,主动建立砷元素的价类二维模型(类比性质相近的 P 元素),依据模型实现砷的转化,尝试以化学用语表示出反应原理。 4.类比工业制硫酸工艺,选取合适试剂,提供相关信息引导学生根据物质性质设计分离提纯方案。 5.通过关键词:元素位置、原子结构、元素性质、物质性质、物质结构等呈现出二维或三维思维导图。	学生尝试运用所学解决实际问题时,教师进行形成性评估,并及时提供反馈。 教师指出常犯错误和设计不完善之处。 1.通过元素性质判断物质性质时,物质描述不准确,如最简单氢化物的稳定性、最高价氧化物对应水化物的酸碱性等。 2.对周期表中的元素没有整体把握,碎片化知识难以将元素之间的关系加以整合,导致难以推断、分析相邻元素等信息。 3.在探索物质转化中,对工业流程具有畏难心理,无法联想认知内的工业制备策略,欠缺将大问题拆解成小问题的思维方式。 4.对于开放性问题,不善于琢磨、创新。

(厦门大学附属科技中学　王诗涵提供)

范例二　电池的设计——构建原电池的认知模型

一　教学内容解析

"原电池"是化学反应原理内容的重要部分,是学生学习和理解化学反应与能量转化的基础案例,对于学生学习电化学的相关内容以及树立和强化学生的化学价值观念有着重要的意义。

本课时基于能量转化的视角,以学生熟悉的自发氧化还原反应(锌与硫酸铜溶液的反应)为研究对象,以Zn-Cu单液原电池为教学起点,利用实验探究单液原电池的优缺点,并基于原电池原理和能量转化效率的角度设计Zn-Cu双液原电池、膜电池等,优化装置,深化学生对原电池工作原理的认识,构建原电池的认知模型。

二　学生情况分析

在必修阶段,学生已基于装置维度认识单液原电池,并初步建立将氧化还原反应设计成原电池的思路。学习者为高二年级学生,具有较强的分析能力,但学生尚未系统建立从原理维度认识原电池模型的思路,并对单液原电池等装置的优缺点缺乏深入的探究。

学生在解决原电池问题时缺少认识角度和系统思维,对分析单液原电池的优缺点,设计单液原电池的优化改进方案可能遇到困难,需要教师借助实验探究的过程加以引导,发展学生对原电池模型的认识。

三　课时设计思想

本课时教学以"原电池"的工作原理为核心内容,帮助学生从能量变化的角度认识原电池,并从微观角度认识原电池工作原理,通过对原电池装置的改进,体会能量转化的重要价值和意义,发展能量观、变化观和守恒观。

四 学习目标

1.课时教学目标

(1)通过对玩具小车驱动原理的分析,理解原电池的工作原理,形成原电池认知模型。

(2)通过观察电池工作过程中电流和溶液温度的变化情况的宏观现象,分析原因,经历"Zn-Cu单液原电池→Zn-Cu双液原电池→膜电池装置"的改进过程,感受电池的发展及科学研究的意义。

(3)通过原电池模型设计简单原电池,将化学能转化为电能,体会能量转化意义及转化过程中能量守恒,发展能量观、变化观和守恒观。

2.课时评价目标

(1)通过对Zn-Cu原电池的分析,诊断并发展学生对原电池的认识水平。

(2)通过分析宏观现象和微观本质,诊断学生对能量转化的认识水平(宏观水平、微观水平)。

(3)通过"提出猜想→设计方案→装置改进→实验探究→做出解释或提出新猜想→改进或完善方案→总结提升"的过程,诊断并发展学生科学探究的水平。

五 教学策略

(1)教学重点为Zn-Cu双液原电池和膜电池的原理。教学难点为探究Zn-Cu单液原电池、Zn-Cu双液原电池和Zn-Cu膜电池的优、缺点。

(2)采取实验探究法、启发式教学法等教学方法。

(3)所需资源与工具为:Zn-Cu单液原电池、Zn-Cu双液原电池、Zn-Cu膜电池、手持技术、多媒体资源。

(4)学习流程表现为:①创设真实情境,融合电池的发展史;②在实验探究中建构认知模型;③认知冲突引发深度思考。

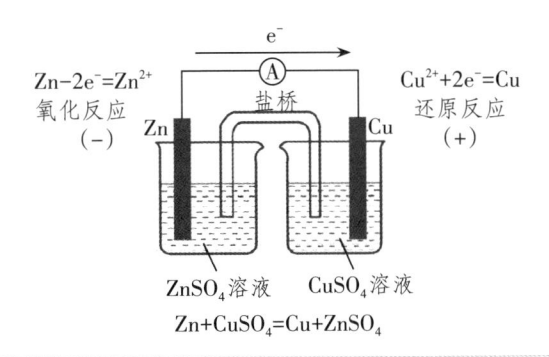

$$Zn-2e^-=Zn^{2+}$$ 氧化反应 （-）　盐桥　$$Cu^{2+}+2e^-=Cu$$ 还原反应 （+）

ZnSO$_4$溶液　　CuSO$_4$溶液

$$Zn+CuSO_4=Cu+ZnSO_4$$

六　教与学过程

1.小车驱动原理再探究

【学习任务1】探究Zn-Cu单液原电池工作过程中电流和溶液温度的变化,思考原因,设计改进方案。

【评价任务1】诊断学生对不同形式的能量相互转化的认识水平。

教学流程如下。

流程	内容	设计意图
展示图片	展示服务北京冬奥会的氢能大巴车队图片,指出服务冬奥的氢能大巴的"心脏"就是氢燃料电池。	真实情境素材
提问	1.小车驱动的工作原理是什么？ 2.运用手持技术探究Zn-Cu单液原电池工作中电流和溶液的温度如何变化？其原因是什么？如何改进？	探究电池原理
认识	Zn-Cu单液原电池的不足:部分化学能直接转化成热能。	探析能量转化

2.原电池装置的改进

【学习任务2】探究如何最大限度将化学能转化成电能,设计双液原电池装置和膜电池装置加以改进,认识原电池装置的发展与优化。

【评价任务2】诊断并发展学生对化学反应的认识水平。

教学流程如下。

流程	内容	设计意图
设计装置	将锌片与硫酸铜溶液隔离,设计 Zn-Cu 双液原电池装置。	设计双液装置提高能量转化
提问	1.该装置中盐桥的作用是什么? 2.运用手持技术探究 Zn-Cu 双液原电池工作中电流和溶液的温度如何变化?其原因是什么?如何改进? 3.设计装置,解决盐桥电阻大的问题。	设计膜电池解决电阻问题
了解电池的发展	尽可能提高化学能转化为电能的效率(单液原电池→双液原电池→膜电池)。	体会电池发展

3.原电池的设计

【学习任务3】根据原电池的原理,将自发的氧化还原反应 $2Fe^{3+}+2I^- \rightleftharpoons 2Fe^{2+}+I_2$ 设计成双液原电池。

【评价任务3】诊断并发展学生对原电池的认识水平(装置水平、原理水平)。教学流程如下。

流程	内容	设计意图
设计原电池	将氧化还原反应: $2Fe^{3+}+2I^- \rightleftharpoons 2Fe^{2+}+I_2$,设计成带盐桥的原电池。	设计原电池
建立思维模型		建立思维模型

七 基于UbD的教学设计

课程标准	阶段一：明确预期学习结果	
课程标准：认识化学能与电能相互转化的实际意义及其重要应用。了解原电池及常见化学电源的工作原理。	学习迁移	
^	学生能自主地将所学进行运用。 1.学习者能分析玩具小车驱动的原理,理解原电池的工作原理,形成原电池认知模型。并能利用原电池模型设计简单原电池,将化学能转化为电能,体会能量转化意义及转化过程中的能量守恒。 2.学习者能观察电池工作过程中电流和溶液温度的变化情况的宏观现象,分析原因,经历"Zn-Cu单液原电池→Zn-Cu双液原电池→膜电池装置"的改进过程,感受电池的发展及科学研究的意义。	
^	理解意义	
^	深入持久理解	核心问题
^	学生将会理解： 1.原电池的工作原理。 2.了解"Zn-Cu单液原电池→Zn-Cu双液原电池→膜电池装置"的改进过程,形成原电池的认知模型。 3.利用原电池模型设计简单原电池,将化学能转化为电能,体会能量转化意义及转化过程中能量守恒。	1.原电池的工作原理。 2.如何改进装置,提高原电池工作过程中能量转化的效率。 3.利用原电池原理设计简单原电池。
^	掌握知能	
^	学生应该掌握的知识： 1.原电池的工作原理。 2.设计简单的原电池。	学生应形成的技能： 结合原电池原理,设计简单的原电池装置。

阶段二：明确恰当评估方法		
目标	评估的标准	
所有学习迁移的目标 所有理解意义的目标 所有技能和迁移的目标	◆了解 ◆运用 ◆设计 ◆建立思维模型	真实情境任务： 将通过哪些表现说明学生实现了理解…… 在各种条件下，能够将零散的知识应用到真实情境任务中。例如： 1. 任务：小车驱动原理再探究。 2. 任务：原电池装置的改进。 3. 任务：原电池的设计。
		其他评估： 通过其他哪些方式说明学生达成了"阶段一"中的目标？ 1. 从"Zn-Cu单液原电池→Zn-Cu双液原电池→膜电池装置"的改进，对学习者在上面3个任务中的表现进行评估。讨论还可改进的地方。 2. 通过对Zn-Cu原电池工作原理的分析，证明学习者已掌握原电池的原理。 3. 通过运用原电池的原理设计装置，证明学习者已建立对原电池的分析思路和思维模型，认识原电池的实用价值。

阶段三:规划相关教学过程		
目标	前测 教学开始前,先通过调查对学习者对原电池的了解情况进行评估。	
学习迁移(T) 理解意义(M) 掌握知能(A)	教学活动	教学监控
	学生的学习迁移、理解意义和掌握知识技能取决于…… 　　学生先在教师的引导下分析,再自主分析。以如下自主性逐渐增强的3个环节作为参照标准实施教学活动和开展形成性评估。 　　1.学生在教师的引导下探究小车驱动的原理。 　　2.学生小组合作,自主讨论,完成"Zn-Cu单液原电池→Zn-Cu双液原电池→膜电池装置"的改进,提高原电池工作效率。 　　3.学生运用原电池原理,设计简单原电池装置。 　　了解原电池的工作原理,要求学生通过对原电池装置改进核心问题进行反思与综合,并建立原电池的思维模型。通过原电池改进和设计的案例,以供学生参考学习,教师和学生一起总结原电池设计的注意点,全面思考。 　　学习原电池的原理和设计等核心知识,发展从"Zn-Cu单液原电池→Zn-Cu双液原电池→膜电池"的思维模型。通过设计原电池,体会化学能与电能转化在生产生活中的应用及其价值。 　　培养原电池装置设计的技能: 　　通过对原电池工作原理和构成要素的分析,掌握原电池装置设计的技能。	学生尝试运用原电池原理改进原电池装置,提高原电池能量转化效率,教师进行形成性评估并提供非正式的反馈。 　　指出学生的分析不够全面之处: 　　1.在原电池的装置设计过程中对电极材料和电解质的选择不当。 　　2.忽略单液原电池和双液原电池装置的不足。 　　3.忽略原电池的价值。

(厦门大学附属科技中学　林艺玲提供)

范例三　氢能的利用

一　教学内容分析

"氢能的利用"内容适用于高中二年级复习阶段（已完成选择性必修1"化学反应原理"模块学习）或高中三年级的学生。本项目通过三个进阶式活动任务的设计，引导学生综合运用化学反应原理，解决"储氢"和"释氢"等有关问题，调控化学反应。并通过设计制、储、用一体化的氢氧燃料电池，关注氢能源利用中的物质转化和能量转化，发展学生的工程思维。

二　学习目标

（1）通过"储氢""释氢"反应的设计以及适宜条件的选择，了解不同因素对反应限度、速率等的影响和反应机理，形成从化学热力学和动力学综合角度分析，解决氢能源应用实际问题的思维模型。

（2）通过设计与评价制、储、用一体化氢燃料电池简易示意图，实现从物质、能量、原理及装置建模综合利用，体会开发高能清洁燃料的重要意义，渗透工程思维及绿色化学思想，发展科学态度与社会责任等学科核心素养。

三　学习重难点及流程

（1）学习重点：从同一体系多反应的竞争中分析确定"储氢"和"释氢"的适宜条件；分析催化剂对反应的影响。

（2）学习难点：同一体系多反应的竞争、同一反应多因素的分析。

(3)学习流程

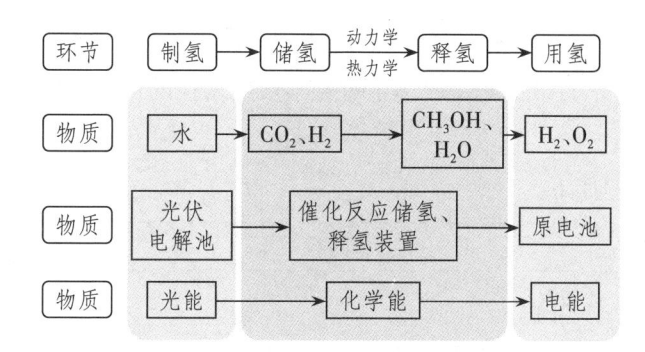

环节	制氢 → 储氢 →(动力学 热力学)→ 释氢 → 用氢
物质	水 → CO_2、H_2 → CH_3OH、H_2O → H_2、O_2
物质	光伏电解池 → 催化反应储氢、释氢装置 → 原电池
物质	光能 → 化学能 → 电能

四 教学内容及过程

1.设计车用氢氧燃料电池装置,了解制氢和用氢(复习巩固,课前完成)

【学习任务1】预习完成制氢方法,设计车用氢氧燃料装置,选择合适车用燃料电池。

【评价任务1】诊断并发展学生对化学反应(价类二维)的认知水平。

教学流程如下。

流程	内容	设计意图
创设情境	"氢风袭来":以视频导入氢能的利用需要解决氢能源的获取、储运与转化等问题(展示我国氢能产量、氢能优势)。	创设真实情境问题
制氢(课前完成)	你能想出哪些方法制取氢气?用化学方程式表示。 (化合价-物质类别二维图:NaH、H_2、H_2O、CH_4;水煤气制氢、甲烷水蒸气重整制氢、电解水制氢(光伏电解))	利用价类二维了解制氢方案
用氢(课前完成)	设计车用氢氧燃料电池装置(展示各种电池参数)。	设计电池装置选择车用电池

2.设计储氢方案,确定适宜条件

【学习任务2】利用价类二维设计储氢方案,从化学热力学和动力学综合视角分析反应,融合工程思维确定适宜的储氢条件。

【评价任务2】诊断并发展学生对化学反应调控的认识水平(孤立水平、系统水平)。

教学流程如下。

流程	内容	设计意图
设计储氢方案	提问: 1.储氢罐储氢原理? 2.利用化学方法可以将氢气转化成哪些物质进行储氢? 3.分析二氧化碳加氢合成甲醇的反应历程。 (价类二维图:化合价 +1, 0, -1；单质 H_2→CH_3OH,CH_2；有机物 物质类别；H_2—氢源→储氢；CH_2—碳源→液体储运较方便/有机物 CH_3OH/减少碳排放)	设计储氢方案 认识反应历程
理论分析	根据反应特点分析储氢反应条件。 主反应: $CO_2(g) + 3H_2(g) = CH_3OH(g) + H_2O(g)$ $\Delta H = -49.12 \text{ kJ·mol}^{-1}$, $\Delta S = -177.16 \text{ J·mol}^{-1}\cdot\text{K}^{-1}$ 副反应: $CO_2(g) + H_2(g) = CO(g) + H_2O(g)$ $\Delta H = +41.17 \text{ kJ·mol}^{-1}$, $\Delta S = +42.08 \text{ J·mol}^{-1}\cdot\text{K}^{-1}$ (注:反应温度为 298 K,各气体分压为 100 kPa;假设反应焓变和熵变不随温度的改变而变化) 从热力学、动力学角度分析。	运用理论分析
反应条件	主副结合,调控反应: 结合图表,分析不同因素对主副反应的影响,确定适宜条件(包括反应物压强、温度、催化剂)。 归纳:温度极值点的分析方法、催化剂对化学反应的影响。	综合主副反应 确定适宜条件 调控化学反应

3.评价释氢方案,发展绿色化学思想

【学习任务3】基于工程思维,评价释氢方案,了解热催化甲醇释氢和光催化甲醇释氢的适宜条件。

【评价任务3】发展学生对化学反应调控的认知水平(孤立水平、系统水平)。

教学流程如下。

流程	内容	设计意图
选择释氢方案	你会选择哪个方案进行释氢? （储氢、释源←H_2←氢源、CO_2←碳源→有机物 CH_3OH、减少碳排放） 甲醇水蒸气重整制氢气: $CH_3OH(g)+H_2O(g)=CO_2(g)+3H_2(g)$ $\Delta H = +49.12 \text{ kJ·mol}^{-1}$, $\Delta S = +177.16 \text{ J·mol}^{-1}\text{·K}^{-1}$ 甲醇裂解制氢气: $CH_3OH(g)=CO(g)+2H_2(g)$ $\Delta H = +90.5 \text{ kJ·mol}^{-1}$	评价释氢方案 控制反应条件 改变反应方向
交流讨论	分析图像信息,思考变化原因和提高甲醇转化率并降低CO生成率的措施。 在某催化剂作用下,相同时间内 （图：CH_3OH转化率/%、CO生成率/%随T/℃变化曲线，实际反应与平衡状态）	分析图像趋势 调控化学反应

177

续表

流程	内容	设计意图
图像分析	利用光能催化重整释氢,从氧化还原反应角度分析图像。 CH$_3$OH+H$_2$O→HCHO/HCOOH/CO$_x$+H$_2$	结合氧化还原反应原理分析利用光能释氢

4. 设计制、储、用一体化氢燃料电池示意图,构建思维模型

【学习任务4】以甲醇为储氢介质,围绕物质转化和能量转化为线索,设计基于绿色化学的制、储、用一体化氢燃料电池的简易示意图,建立解决化学问题的思维模型,发展科学思维和基于绿色化学的工程思维。

【评价任务4】诊断并发展学生对物质的化学价值的认知水平,建立解决化学问题的思维模型。

教学流程如下。

流程	内容	设计意图
设计燃料电池	设计制、储、用一体化氢燃料电池示意图: 以甲醇为储氢介质,围绕物质和能量转化为线索,设计基于绿色化学的制、储、用一体化氢燃料电池的简易示意图。	设计制、储、用一体化示意图

178

续表

流程	内容	设计意图
构建思维模型	科学思维 → 能量转化 → 光能、电能、化学能、热能等 氢能源应用的化学问题 → 物质转化 — 理论依据 → 价类二维 / 化学热力学、动力学 工程思维 → 可持续、可发展的绿色化学 → 物料循环、节能环保等	模型构建
迁移创新，交流展示	氢能的应用，以下为学生的交流展示内容。 科作业纸 高中 三 年 六 班 座号： 姓名：赵智健 想要制氢，最好的办法是利用海水，这是地球上最大的氢能源库。首先，要在海面上打出一片区域，就用无分子透析薄膜，把制取出的氢气保留下来，就在太平洋上，以太阳能、台风能、海水能作为能量。因为我们是用膜，分子膜，打出区域以后，要在海面上找纳米催化剂，这种催化剂可以与电子接触后在水分子表面层作用。想要将水分解的高效级催化剂，必须成膜，而且是纳米的 膜 → 无分子透析薄膜 Cl⁻ Na⁺ 海水	培养社会责任渗透创新意识

179

六 基于UbD的教学设计

	阶段一:明确预期学习结果	
	\multicolumn{2}{c	}{学习迁移}
	\multicolumn{2}{l	}{学生能自主地将所学运用到: 1.学习者可以了解不同因素对反应限度、速率等的影响和反应机理,形成从化学热力学和动力学综合角度分析问题的思维模型。 2.学习者可以设计制、储、用一体化氢燃料电池简易示意图,实现物质和能量的综合利用,体会开发高能清洁燃料的重要意义,发展工程思维。}
课程标准: 认识化学反应速率和化学平衡的综合调控在生产、生活和科学研究中的重要作用。知道催化剂可以改变反应历程,对调控化学反应速率具有重要意义。	\multicolumn{2}{c	}{理解意义}
	深入持久理解	核心问题
	学生将会理解: 1.不同因素对反应限度、速率等的影响和反应机理。 2.化学反应速率和化学平衡的综合调控在生产、生活和科学研究中的重要作用。 3.催化剂可以改变反应历程,对调控化学反应速率具有重要意义。	1.分析二氧化碳加氢合成甲醇的反应历程。 2.结合图表,分析不同因素对主副反应的影响,确定适宜条件。 3.分析图像信息,思考变化原因和提高甲醇转化率并降低CO生成率的措施。 4.以甲醇为储氢介质,围绕物质和能量转化为线索,设计基于绿色化学的制、储、用一体化氢燃料电池的简易示意图。
	\multicolumn{2}{c	}{掌握知能}
	学生应掌握的知识如下: 1.了解各因素对化学平衡状态和化学反应速率的影响。 2.认识化学反应速率和化学平衡的综合调控在生产、生活和科学研究中的重要作用。	学生应形成的技能如下: 1.能够结合图表,获取信息,确定适宜的反应条件。 2.能够综合调控反应条件。

180

续表

阶段二：明确恰当评估方法		
目标	评估的标准	
学习迁移的目标 理解意义的目标 技能和迁移的目标	◆ 了解 ◆ 运用 ◆ 评价 ◆ 绘制 ◆ 调控反应条件	真实情境任务： 将通过哪些表现说明学生实现了理解…… 在各种条件下，能够将零散的知识应用到真实情境任务中。例如： 1.任务：设计车用氢氧燃料电池装置。 2.任务：化学视角下的储氢与释氢。 3.任务：设计制、储、用一体化氢燃料电池装置。
^	^	其他评估： 通过其他哪些方式说明学生达成了"阶段一"中的目标？ 1.从化学反应的综合调控角度，对自己在上面3个任务中的表现进行评估。讨论还可改进的地方。 2.通过储氢和释氢条件的分析和选择，证明自己已掌握了工业条件下化学问题解决的思维模型。 3.在以甲醇为储氢介质，以物质转化、能量转化为线索，设计基于绿色化学的制、储、用一体化氢燃料电池的简易装置的过程中，通过绘制简易示意图证明学习者已能够从物质和能量转化的综合视角分析化学反应。

续表

	阶段三:规划相关教学过程	
目标	前测 教学开始前,先调查学习者对电化学、化学平衡状态和化学反应速率的内容的掌握情况。	
	教学活动	教学监控
学习迁移(T) 理解意义(M) 掌握知能(A)	学生先在教师的引导下分析,再自主分析。以下面自主性逐渐增强的3个环节作为参照标准实施教学活动、开展形成性评估。 1.学生在教师的提醒下完成储氢条件选择的分析。 2.学生小组合作,自主讨论,完成释氢方案的选择与分析。 3.学生以甲醇为储氢介质,以物质和能量转化为线索,自主绘制设计基于绿色化学的制、储、用一体化氢燃料电池的简易装置图。 了解不同因素对反应限度、速率等的影响和反应机理,要求学生通过讨论储氢和释氢核心问题进行反思与综合,并建立确定工业生产条件和解决氢能利用问题的思维模型。展示制、储、用一体化氢燃料电池的简易示意图供学生参考学习,教师和学生一起总结化学反应的综合利用的注意点,全面思考。	学生尝试运用化学平衡和化学反应速率角度分析反应条件时,教师进行形成性评估并提供非正式的反馈。 指出学生的分析不够全面之处: 1.仅考虑化学平衡。 2.仅考虑化学反应速率。 3.考虑化学平衡和化学反应速率,但忽略了实际工业生产条件。 4.忽略副反应对主反应的影响。 5.忽略各因素之间的相互影响。

续表

	教学活动	教学监控
学习迁移(T) 理解意义(M) 掌握知能(A)	学习不同因素对反应限度、速率等的影响和反应机理等核心知识,形成从化学热力学和动力学综合角度分析问题的思维模型。通过设计与评价制、储、用一体化氢燃料电池简易示意图,实现物质和能量的综合利用,体会开发高能清洁燃料的重要意义,发展工程思维。 培养电极反应式书写和图表分析的技能: 通过对用氢过程中氢氧燃料电池工作原理的分析,掌握电极反应式的书写技能。 通过对储氢和释氢过程化学反应条件选择的图表分析,掌握图表分析的技能。	

(厦门大学附属科技中学　林艺玲提供)

第五章

化形化学教研：
以研究为习惯

  化形化学"从理论走向实践"不仅需要转变教学设计和教学方式，更重要的是教师自身的理念转变，切实将化形化学的理念作为自身专业成长的一部分，将"知—行—道"三位一体的理念贯彻到学校教育的时时处处，进而开展以化形化学理念为指导的校本教研。通过化形化学教研可以实现理论与实践的双重推进和突破，转变传统化学教学和教研方式。

第一节 校本教研历史回顾

在对化形化学教研进行阐释之前,有必要对校本教研的历史进行梳理,从而把握校本教研发展的趋势,通过阐释过去的校本教研以定位未来校本教研的理想样态。

一 校本教研的发展历程

(一)校本教研的兴起

校本教研,是指以学校教育者(主要是教师)为研究主体,以学校教学活动中的实际问题为研究对象,以促进学校发展为目的,将研究成果运用于学校教学实践中的教学研究活动。[1]20世纪60年代,随着"教师即研究者"运动的兴起,校本教研开始崭露头角。英国课程专家斯滕豪斯曾提出,教师专业自主发展的有效途径便是"教师成为研究者"。斯滕豪斯致力于扩大教师的专业自主性,他主持的教育应用研究中心致力于"消除研究的神秘化,使研究民主化,鼓励大量学校教师参与教育研究"[2]。他认为,教师是课堂的掌舵者,从实验主义的角度观察,课堂无疑是检验教育理论的最佳试验场;对于那些偏好自然观察的研究者而言,教师则是课堂和学校的隐性且重要的观察者。因此,无论从哪个视角审视"研究"这一概念,我们都不难发现教师其实拥有丰富的研究机会。必须承认,每一节课堂都是一个独特的实验室,每一位教师都是教育科学研究的不可或缺的一员。自20世纪80年代起,众多学者开始深刻认识到校本教研对学校发展及师生成长的深远意义,并涌现出了一批校本教研的典型学校,为教育领域的改革与发展注入了新的活力。

1999年颁布的《关于深化教育改革全面推进素质教育的决定》,标志着我国从国家层面正式开始推行素质教育。素质教育成为21世纪初中国基础教育的

---

[1] 姜丽华.校本教研:内涵、特征及其价值[J].教育科学,2004(06):35-36.
[2] 孟霞光.校本教研:教师专业发展的有效途径[D].济南:山东师范大学,2005.

关键词,围绕素质教育实施开展以校为本的课程教学改革,拉开了新世纪中小学校本教研的序幕。校本教研的正式提出始见于2002年12月教育部颁发的《教育部关于积极推进中小学评价与考试制度改革的通知》。在这一文件中,校本教研被教育行政部门正式提出。2003年,全国基础教研制度教育工作会议提出将开创以校为本的自下而上的教研制度作为当年教育工作的要点之一。同年,教育部基础教育课程改革重点项目"创建以校为本教研制度建设基地"确立了84个区县教育局作为首批创建基地,标志着以校为本教研制度建设正式进入实践探索阶段。

这一阶段,有关校本教研制度建设的讨论逐渐增多,并在树立"校本教研制度"的基本理念、教研室职能转变与教研员角色转换等方面达成了一致认识。大家普遍认为,校本教研应以学校为基地、以教师为主体、以新课程实施过程中学校所面临的各种教学具体问题为对象、以行动反思为基本形式,开展教学研究工作。

(二)校本教研的实践与发展

21世纪初,基础教育课程改革应运而生,旨在积极回应社会变革的迫切需求,其在课程理念、目标、方法、评价等关键领域进行了改革。此次改革以素质教育为引领,矢志"为了中华民族的复兴,为了每位学生的发展",推动基础教育课程教学实现全面而深刻的变革。在国家、地方、学校三级课程管理架构中,学校作为最基础的课程改革前沿阵地和主体单元,积极展开以校为本的教育教学改革。在这一背景下,中小学校本教研紧密围绕素质教育的实施,聚焦课程开发、课堂教学三维目标落实等重要维度。基础教育课程改革成为教育科学研究的核心,围绕新课改中涌现的理论与实践问题,进行了深入而系统的研究与实践。在这一过程中,教育科学研究在综合开展校本研究(特别是校本课程开发)、聚焦课堂教学和教师专业发展方面发挥了举足轻重的作用,呈现出鲜明的"实践导向"。

在实践层面,新课程改革背景下的校本教研主要聚焦于教材教法研究。通过集体备课、课例研讨、同课异构等多种形式,不断提升课堂教学的质量与效率。同课异构作为一种广泛开展的教研方式,通过多位教师围绕同一课题进行教学展示,展现了个性化的教学智慧和多元的教学理念,实现了教学示范与相互切磋的双重目的。在这一过程中,骨干教师的示范与专家学者的点评,为教师的教学实践提供了宝贵的专业引领,极大地拓宽了教师的教学视野。这一时期的校本教研还围绕课程建设展开了深入的研究与实践。校本课程开发作为课程改革的重要内容,以国家课程为基础,充分利用学校和社区课程资源,丰富了课程的多样性,为学生提供了更多的课程选择。中小学教师课题研究的意识普遍增强,课题研究、课堂教学、课程实施"三课联动"成为校本教研的基本形态。同时,中小学教师运用多媒体辅助教学的意识和能力不断提升,围绕多媒体使用、优化展开的研究与实践也成为校本教研的重要组成部分。

总体来看,这一阶段中小学校本教研的形态发生了深刻的变化,随着校本教研制度的逐步确立,这一阶段更多地关注如何加强教师业务能力和素质的培训,提高对教材的理解运用能力,提升对考试改革的认识和把握,领会新课程教学理念,转变教学观念和教学方式,提高新课程教学能力。学校开始积极开发和实施校本课程、研究性学习课程,建立课程资源库和校本课程教材体系。同时,加强了对教师教学常规和学生学习常规的检查督促,确保教学质量和学生学习效果的提升。

在这一阶段,校本课程开发成绩显著,一批学校在教学转型上进行了深入的探索,形成了各具特色的教学模式。这些教学模式不仅是对一般教学经验的总结和提升,更是教学理论体系的具体化和教学经验的系统概括。它们比教学论更具体、简明、易于操作,同时又比教学经验更概括、完整和系统。在这一阶段,影响力较大的教学模式如山东杜郎口中学的"三三六"自主学习教学模式、江苏泰兴市洋思中学的"先学后教、当堂训练"教学模式等,都充分展现了新课程改革背景下中小学校本教研在课堂教学优化研究方面取得的新成果。同时,校本教研的实践形式也在不断变化与创新,形成了以"教"为着眼点的教学型教研、以"研"为着眼点的研究型教研和以"学"为着眼点的学习型教研等多种形态。课例研究、行动研究、教学叙事、课程故事等新概念伴随着教师研究行为的变化而出现,并被广泛践行。这些探索不仅丰富了校本教研的形式与内涵,也为新课程改革背景下中小学教育教学质量的提升注入了新的活力。

(三)校本教研的深化与创新

进入21世纪第二个十年,随着《国家中长期教育改革和发展规划纲要(2010—2020年)》的颁布,基础教育改革实践迈出了坚实的步伐。纲要明确提出要提升科学研究水平,推动教育事业的科学发展,实现从教育大国向教育强国、人力资源大国向人力资源强国的历史性跨越。在这一过程中,育人为本被确立为教育工作的根本要求,提高质量则成为教育改革发展的核心任务。

随着一系列标志性的教育改革文件和研究成果的密集发布,基础教育改革不断深化,凸显了社会主义核心价值观培育和立德树人的价值导向。核心素养、社会主义核心价值观以及中华优秀传统文化教育等议题成为研究领域的热点。尽管中小学教师在校本教研的理论研究方面相对滞后,但在国家政策导向和专家研究成果的引领下,一线教师在课堂教学和课程开发中的育人意识逐渐增强。特别是随着《普通高中课程方案和语文等学科课程标准(2017年版)》的发布,教师们在校本教研中更加聚焦于课程标准的落实,优化教学设计,改进课堂教学,使得教学育人的导向更加鲜明。

在中国特色社会主义进入新时代的背景下,建设教育强国成为中华民族伟大复兴的基础工程。新时代的教育全面贯彻党的教育方针,加快教育教学方式的转变,坚定落实立德树人的根本任务。随着新一轮高中课程改革的全面启动,诸如校本课程、学科课程等研究主题开始受到广泛关注并逐步系统化,不同地域结合实际情况探索出了独具特色的实践路径与理论体系,课程实施研究领域不断拓展。中小学校本教研紧密围绕时代主题,立足学校发展实际,创造性地深化课程教学改革,为基础教育品质的提升作出了重要贡献。

随着新课程标准的实施和新教材的使用,加快育人方式转变,落实学科核心素养培育,探索课程育人和学科育人成为校本教研的重要方向和核心内容。同时,高校科研院所的专家学者也围绕立德树人、中华优秀传统文化教育、劳动教育等议题进行了深入研究,提出了一系列具有实践属性的理论成果,并逐渐向实践领域渗透。然而,理论与实践之间的隔阂仍然存在,呼唤着中小学校本教研机制的创新。广大中小学围绕新时代的教育主题进行了生动实践,如江苏省以课程基地建设为载体,推动了中小学在课程建设、教学方式转型、学生学习方式转变以及学生核心素养培育等方面的教育改革实践。这些实践充分展示了教学科研一体化的发展理念,是新时代中小学校本教研形式与机制创新的典范。中小学教师聚焦新课程标准实施和新高考改革,对学科育人渗透、尊重学生主体地位、培养学生学习能力等问题进行了深入研究与实践。国家课程校本化和校本课程开发逐渐体现出价值引领、学科融合和综合推进的特点,丰富了学生的校园文化生活。如今,依托校本教研促进教师发展已经成为中小学的普遍共识。校本教研不仅有助于学生的全面发展,同时也为教师的专业成长提供了广阔的平台。教师发展与校本教研之间逐渐形成了良性互动的机制,共同推动着学校教育的不断进步。

二 校本教研的现实困境

回顾校本教研20年的发展历程,中国校本教研在探索中逐步完善,形成了许多有益的探索和经验。然而,受制于应试教育和功利主义的价值取向,校本教研仍然存在一些问题。

(一)校本教研现实环境失序

1.自上而下的管理机制

校本教研作为学校内部的一种重要活动,教师首先是教研的主体,应该具有对校本教研的内容、过程和方式进行规划的权利。然而,当前校本教研的管理机制却呈现出一种垂直型的、自上而下的特点,即"校级领导—教研或教导主任—学科组长"的层级结构。这种管理机制的内驱力主要来源于上级领导者的驱动,因此,校本教研的开展往往带有较大的固化性和外源性特点。具体来说,校本教研的地点和时间通常被固定下来,而管理者们的权力也在层层驱使之下得以体现。这种情况下,校本教研容易演变成为一个围绕着"利益法则"而进行的关系场,而非一个真正以教育研究和教师成长为核心的平台。在这样的环境中,教师参与校本教研往往更多的是出于完成行政安排或迫于上级业绩评价的压力,而非出于自身的成长需求和对教育事业的热爱。

这种指向集中的"领导主导型"生态使得校本教研难以为教师自我反思和同伴互助提供一个自由宽松的环境。教师们在教研活动中往往感到被束缚,难以真正发挥自身的创造性和主动性。同时,这种管理机制也容易导致校本教研与实际教学需求的脱节,使得教研活动难以真正发挥其对教学改进的促进作用。

2.共同体学习机制的缺失与影响

当前的校本教研运行管理机制,实质上是一种典型的自上而下、单向垂直型的教研模式。尽管这种模式在当前的教育环境中仍存在一定的必要性和价值,但其弊端和局限性也愈发凸显。在这种模式下,众多的教研主体往往围绕着不同的管理者形成了一种相互依赖、相互影响的利益生态链。在校本教研的实际运作中,教师的教研行为与生活行为往往难以明确区分,甚至混为一体。有时,出于对个人利益的考量,教师可能会主动规避或庇护某些主体行为,导致教研过程中难以凸显出真实、独立的"教学研究者"的个人行为。这样一来,校本教研往往沦为一个维系"情面法则"的活动场,而非一个真正以教学研究和教师成长为核心的平台。当前许多学校并没有建立起一套系统完备、操作力强的校本教研共同体学习机制。这种机制的缺失,导致校本教研的效果日渐式微,教师的专业成长和教学能力的提升也受到了严重制约。共同体学习机制的缺失,不仅使得校本教研难以发挥其应有的作用,更使得教师在教研活动中难以有效合作与互助。没有一套科学的、系统的学习机制来引导和支持教师的教研活动,教师的教研行为往往显得零散而无序,难以形成有效的教研成果。

因此,建立一套系统完备、操作力强的校本教研共同体学习机制,已经成为当前校本教研改革的重要任务之一。通过构建这样的学习机制,可以引导教师在教研活动中有效合作与互助,促进教师的专业成长和教学能力的提升,从而推动学校教育的不断进步和发展。

3.激励、评价机制的不足与影响

当前,众多学校在校本教研管理层面普遍面临着激励与评价机制不完善的问题。这种机制的欠缺不仅制约了教师的专业发展,也影响了校本教研的整体效果。

首先,从激励的角度来看,大部分学校对于教师的专业发展主要依赖于集体受训模式和精神性奖励。这种单一的激励方式往往难以满足教师多样化的成长需求,也难以激发教师主动参与校本教研的内在动力。同时,缺乏长远的目标和规划,使得教师在专业发展过程中缺乏明确的方向和目标,难以形成持续的发展动力。

其次,从评价的角度来看,目前许多学校在校本教研评价方面也存在明显的不足。一方面,评价标准不够明确和具体,难以准确反映教师的教研水平和成果;另一方面,评价方式过于单一和僵化,缺乏灵活性和多样性,难以适应不同教师的特点和需求。这种不完善的评价机制往往导致教师的教研成果难以得到公正、客观的评价和认可,从而影响了教师的积极性和参与度。

由于激励与评价机制的欠缺,校本教研环境往往无法最大限度地激发教师自觉参与。教师难以在教研活动中找到自我成长和价值实现的空间,也难以将个人的智慧和力量充分投入教育教学的实践中。这种状况不仅影响了教师专业发展的速度和质量,也制约了学校教育教学质量的提升。另外,这种不完善的激励与评价机制还可能导致校本教研偏离立德树人的根本任务和教育高质量发展的理想目标导向。教师们可能更多地关注完成任务和应对评价,而忽视了对学生全面发展的关注和培养。这种偏离不仅削弱了教育的育人功能,也影响了教育事业的健康发展。

(二)校本教研主体精神失序

1.教师间互动缺失

从当前教育实践来看,校本教研的开展形式虽然多样,如课例示范、同课异构、同课再构等,这些活动在一定程度上推动了课堂教学的改进和创新。然而,在这些看似热闹的教研活动中,我们不难发现教师之间有效互动的缺失。

首先,由于各学校的定位不同,生源构成多样且存在差异,许多教研成果往往局限于特定的学校或教学环境,缺乏普适性和通用性。这导致许多教师对于校本教研活动的参与感不强,难以产生真正的共鸣和动力。同时,教师主体学习模式的陈旧也限制了他们主动参与教研活动的意愿和能力。这些因素共同导致教师在校本教研中缺乏积极性和主动性,难以形成真正的互动和合作。

其次,当前校本教研活动中仍存在一种功利主义的倾向。有些教研活动往往是为了少数人的特定目的而进行的,这些活动往往缺乏真正的研讨和交流,而变成了一系列程式化的操作。在这种氛围下,教师之间的教学研讨和教研反馈变得形式化、表面化,缺乏深度。场外教师往往缺乏主动交流的动力和意愿,导致教师群体的专业发展受到严重制约。

2.教师主体生长乏力

尽管当前教师接受了诸多新的教学理论的培训,但教师并未真正将这些理论内化为自身的教学行为。实践与理论之间的鸿沟依然显著,校本教研大多仍停留在浅层次的备课、听课、评课以及写教学叙事等层面,对教学问题缺乏基于教学理论的系统性、深入性的分析。这反映出教师在校本教研中缺乏主动成长的内生力,更多是依赖于外在的压力而非内在的自觉。

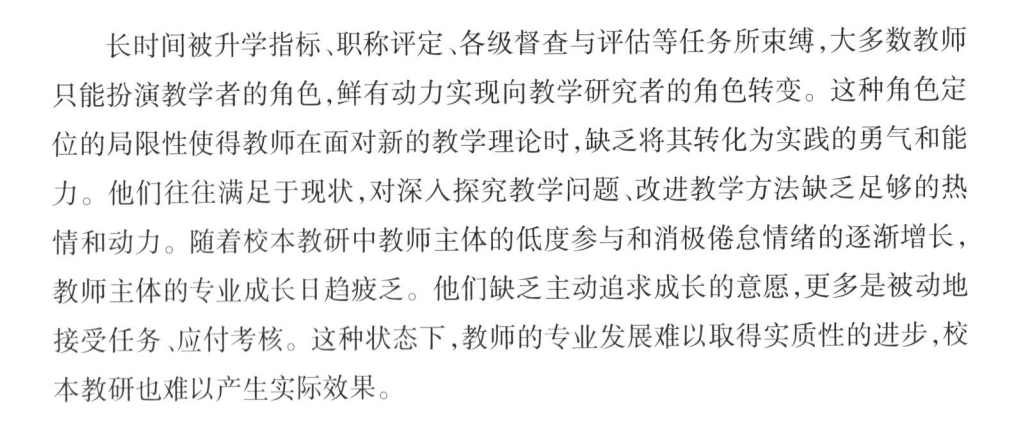

长时间被升学指标、职称评定、各级督查与评估等任务所束缚,大多数教师只能扮演教学者的角色,鲜有动力实现向教学研究者的角色转变。这种角色定位的局限性使得教师在面对新的教学理论时,缺乏将其转化为实践的勇气和能力。他们往往满足于现状,对深入探究教学问题、改进教学方法缺乏足够的热情和动力。随着校本教研中教师主体的低度参与和消极倦怠情绪的逐渐增长,教师主体的专业成长日趋疲乏。他们缺乏主动追求成长的意愿,更多是被动地接受任务、应付考核。这种状态下,教师的专业发展难以取得实质性的进步,校本教研也难以产生实际效果。

3.教师合作文化缺失

长期以来,学校教师群体中存在着一些不利于合作与共享的文化现象,导致教师合作文化的严重缺失。这种缺失不仅影响了教师之间的团结与合作,也制约了校本教研的有效开展。在一些学校中,个别教师往往依赖不同的资源和人际关系形成带有一定负面影响的小团体。这些小团体可能存在排他性、封闭性,阻碍了教师之间的交流与合作。同时,一些教师的组织观念和纪律观念薄弱,常常缺席集体教研活动,缺乏参与校本教研的积极性和主动性。

此外,一些教师还存在着"文人相轻""同行是冤家"等狭隘观念。这些观念导致教师之间缺乏信任和理解,难以形成有效的合作机制。在这种氛围下,校本教研往往难以取得实质性的成果,甚至可能沦为形式主义的走过场。这些现象充分反映了学校建设教师合作文化的必要性和紧迫性。只有通过建设积极的合作文化,打破教师之间的隔阂,才能推动校本教研的深入开展,提升教师的专业素养和教学水平。

(三)校本教研研究内容失序

1.对学生学习行为的研究较少

学生的学习行为不仅关系到他们知识的掌握程度,更影响着他们的思维方式和学习习惯。一个优秀的研究者应该具备独立思考、主动探究、有效沟通等能力,而这些能力的培养和提升,离不开对学生学习行为的深入研究和指导。学生在课堂中的倾听、观看、思考以及相应的学习行为,都是构成有效学习的重要组成部分。"学"应是校本教研中的重要领域,对学的研究有助于把握学情,推进因材施教,提升学生核心素养。然而,长期以来,校本教研往往是以"怎么教"

为核心,甚至是第一位的,对"教"的研究远远超过了对"学"的探究。校本教研的焦点多集中在教师的讲授、示范、引导、设问与提问、指导练习等教学行为上。这些行为显然是传统教学中教师控制课堂的重要手段。这种现象不仅限制了教研的深度和广度,更在一定程度上影响了教育的质量和效果。

2.对学生横向能力关注不够

从能力上看,校本教研对学生的纵向能力关注较多,对学生的横向能力(如学会学习、沟通、合作、创新、创业、理性决策)关注较少,较多倾向于相对外显的、相对短期能达成的目标,侧重技巧和策略。而对于需要经过长期的训练、浸润逐渐形成的目标重视程度较低[1]。这些横向能力对于学生的全面发展至关重要。当前的校本教研更多地倾向于追求短期能达成的目标,如考试成绩的提高、特定技能的掌握等。这种短视的教研导向使得我们过于注重技巧和策略的传授,而忽视了对学生长期能力发展的培养。这种局限性使得校本教研无法真正彰显教学所强调的生本理念、主动参与和自主发展。生本理念强调以学生为中心,关注学生的全面发展;主动参与要求学生能够积极参与到学习过程中,发挥自己的主观能动性;自主发展则是指学生能够在教师的引导下,自主规划和管理自己的学习与发展。然而,由于对学生横向能力关注不足,这些理念在校本教研中往往难以得到有效落实。

3.学习资源浅表化倾向明显

校本教研中更多地倾向于使用陈述性学习资源,如文字资料、教材等,而对图片、音视频等多媒体资源的使用则相对较少。这种单一且表面的资源使用方式,使得教学往往停留在浅层次的信息传递和知识灌输上,缺乏对学生深度学习的引导和促进。在教学中,我们常常看到为完成某个任务或主题而大量堆砌学习资源的场景。这些资源虽然丰富多样,但往往缺乏内在的逻辑联系和深度整合。教师对于学习资源的内核和本质挖掘不够深入,只是简单地将其作为教学的辅助工具,而未能充分发挥其应有的价值。浅表化的资源运用本质上忽视了学生深度学习需要。深度学习要求学生能够主动探究、深入思考、积极实践,

---

[1] 范何勇.教育高质量发展视角下的校本教研实践研究[J].教学与管理,2022(22):35-38.

而浅表化的学习资源无法满足这些需求,也不符合学生"五育"全面发展的需要,即德、智、体、美、劳五个方面的协调发展。在这种教学方式下,学生只能被动地接受知识,导致自主思考和创新能力得不到有效培养。

此外,学习资源浅表化也影响了达成"学生中心"发展理念的功效。学生中心理念强调以学生为中心,关注他们的需求和发展。然而,当学习资源只停留在表面时,教师很难真正了解学生的学习情况和需求,更无法为他们提供有针对性的指导和帮助。教师应该深入挖掘各类学习资源的内核和本质,注重资源的整合和优化,以满足学生深度学习的需求。同时,也要加强对学生的引导和启发,帮助他们主动探究、积极思考、勇于实践,实现全面发展。

三 校本教研的价值目标

校本教研旨在全面落实立德树人根本任务,坚持系统化思维,注重规律性把握,推进教研、教师、学生融合发展,全面提高教育教学质量。

(一)校本教研的价值

1.机制引领,立足教育目标任务

在校本教研的实践中,学校不仅要发挥规划、引领、指导和管理的作用,更要以广阔的视野去审视"立德树人"与"校本教研"之间的紧密关系。这两者不是孤立的,而是相辅相成、相互促进的。校本教研作为教育科研的一种重要形式,应当紧密围绕立德树人的根本任务,深化内涵,拓展外延,为培养德智体美劳全面发展的社会主义建设者和接班人提供有力的支撑。

学校应当建立起全面、适合的教育科研管理机制,引导校本教研从单纯的方向引领转向更为具体的机制落实。这种机制的构建,不仅要有明确的目标导向,更要有切实可行的操作路径。具体而言,就是要以立德树人为核心,构建完善的校本教研制度。

首先要明确校本教研的定位和目标。校本教研应当是学校教育教学工作的重要组成部分,其目标是提升教师的专业素养,优化教学过程,提高教育质量,最终服务于立德树人的根本任务。其次,要建立健全校本教研的组织架构和运行机制。学校应当成立专门的校本教研机构,负责统筹规划、组织实施和

监督管理。同时,还要建立起一套科学的教研评价体系,激励教师积极参与校本教研活动,发挥他们的主动性和创造性。最后,构建完善的校本教研制度还需要注重资源的整合和共享。学校应当充分利用自身的资源优势,整合校内外各种教育资源,为校本教研提供有力的支持。同时,还要加强与其他学校的交流与合作,共同分享教研成果和经验,推动校本教研的深入发展。

总之,构建基于立德树人根本任务的校本教研机制,是提升学校教育教学质量、培养优秀人才的重要途径。学校应当从机制引领入手,深化内涵,拓展外延,不断完善校本教研制度,开展教育和教学的理论与实践探索,从而更好地回应新时代对教育的需要和人才培养的需要。

2.研教融通,发挥教育科研功能

校本教研作为素质教育实施的重要产物,其诞生与发展彰显了教育工作向服务立德树人这一教育根本任务的转变。这一转变不仅顺应了教育发展的时代要求,更体现了鲜明的价值导向和明确的方向指引。通过深入研究学科教学的内在规律,探索有效的教学方法和策略,校本教研可以为教学提供科学的指导,推动教学质量的提升。

首先,研教融合有助于教师更好地理解学科知识的应用和教学过程中的难点。教研的本质是对教学理论、方法和策略的深入研究,而教学则是将这些知识应用于实际课堂的过程。通过教研,教师可以更加深入地了解学科知识的内在逻辑和教学方法的有效性,从而设计出更具启发性和互动性的教学活动。同时,教学过程中的实际问题也可以成为教研的课题,推动教师对教学方法和策略持续地改进和创新。

其次,研教融合可以提高教师的教学能力和专业素养。在教研活动中,教师可以与其他教师分享教学经验、交流教学心得,共同探讨解决教学问题的有效方法。这种交流与合作有助于教师拓宽教学视野,提升教学水平,形成自己的教学风格和特色。同时,教研活动还可以为教师提供学习新理论、新方法的平台,使教师能够不断更新教育观念,跟上教育改革的步伐。

最后,教研与教学的融合还有助于推动学校的教育创新和变革。通过教研活动,教师可以发现并解决教学中的问题,提出改进教学的建议和措施。这些建议和措施可以为学校的教育决策提供重要参考,推动学校在教育理念、教学方法、管理制度等方面的创新和变革。同时,教研与教学的融合还可以激发学生的学习兴趣和积极性,提升学生的学习效果,从而推动整个学校的教育质量的提升。

全息校本教研的理念,正是致力于打破长期以来研、教分离状态,使教研不再是独立于教学之外的一项工作,而是成为教学的一种习惯和态度。通过教研,教师不仅能够深入探索教育理论和教育经验的内在联系,更能够将其应用于实际教学中,引领教学的变革与观念的转型。全息校本教研是一种基于全息理论的教学研究活动,旨在通过全方位、多角度的研究,深入探索教育教学中的各种问题。通过全息校本教研,教师可以更深入地了解教育教学的本质和规律,掌握更有效的教学方法和策略,从而提高教育教学质量和效果。

3. 专业支撑,提升教育教学质量

专业支撑,是提升教育教学质量不可或缺的关键力量。学校教育的终点和归宿,正是教育教学质量的不断提升,为学生的全面发展奠定坚实基础。全息校本教研模型的构建,正是为了引领教师教育教学工作走向专业化、精细化,让教师能够依托学校自身的资源优势,获得更为全面、深入的专业支持,从而更好地凸显育人功能。教研工作不再是简单的经验交流或问题探讨,而是成为一项系统化、科学化的研究活动。我们鼓励教师从实际教学中发现问题、提炼课题,通过深入研究、实践探索,形成具有创新性和实用性的教研成果。这些成果不仅能够解决教学中的实际问题,还能够为教育教学改革提供有力支持。

全息教研不仅要求教师精通学科知识,更要求他们具备先进的教育教学理念、丰富的教学经验以及持续学习和创新的能力。定期开展专业培训、组织教学研讨、分享优秀教学案例等方式,可以帮助教师不断更新教育观念,提升教学水平,使他们能够成为教育教学领域的专家。通过全息校本教研的推动,将实现教学质量的全面提升。专业化的教师队伍和教研体系,将为教学提供强大的动力和支持。教师将能够更加自信、从容地面对教学中的各种挑战,以更加科学、有效的方法引导学生学习,促进学生的全面发展。而学生也将在这种专业化的教学环境中,获得更好的学习体验和成长机会,为未来的发展奠定坚实基础。

(二)校本教研的目标

1.教师以研究态度实施精准教学

教师以研究的理念和思维方式实施精准教学,是提升教育质量的重要途径。教研作为直接服务于课堂教学的重要环节,旨在帮助一线教师深入理解课程标准,优化教学设计,改进课堂教学过程。在这个过程中,因材施教不仅是教师的职责,更是提升教学效果的关键。在校本教研中,教师除了深入研究课标、教材、试题等教学要素外,更应关注学生的需求和学习体验。学生作为学习的主体,他们的真实体验和反馈是激发教师反省自身教学行为与教育理念的重要动力。只有深入了解学生的学习需求和困惑,教师才能有针对性地调整教学策略,满足学生的个性化发展需要。

全息教研作为一种新型教研模式,围绕时代主题,立足学校实际,致力于转变育人方式,提升教学质量。它倡导教师以研究的习惯和态度实施精准教学,将研究的理念、思维方式运用到具体的教学当中。通过全息教研,教师可以更加全面、深入地了解学生的学习状况和需求,进而制定出更加符合学生实际的教学计划和教学策略。

在实施精准教学的过程中,教师需要关注学生的学习特点和学习过程,注重培养学生的思维能力和创新精神。同时,教师还应积极与学生沟通互动,了解他们的学习进展和困难,及时给予指导和帮助。通过这样的教学方式,不仅可以提升学生的学习效果和学习兴趣,还可以培养学生的自主学习能力和终身学习的习惯。

2.课程融创校本化,实现育人变革

课程融创校本化,不仅是当前教育改革的重要方向,更是推动学校内涵式发展的关键所在。随着教育部对普通高中各学科课程标准的发布,以及新教材在各省的陆续使用,新一轮高中课程改革已经全面启动,为课程融创校本化提供了广阔的空间和无限的可能。价值引领、学科融合和综合推进成为显著的特点,学校不再满足于传统的知识传授和应试教育,而是更加注重培养学生的综合素质和创新能力,为学生的未来发展奠定坚实基础。

校本教研作为推动课程融创校本化的重要力量,其作用日益凸显。它要求教师以研究的态度和思维方式,深入剖析课程内容、教学方法和学生需求,从而实现课程的融创与整合。在这一过程中,教师需要打破学科壁垒,将不同学科

的知识和技能进行有机融合,形成具有学校特色的课程体系。

以高一化学"元素与物质世界"主题为例,我们可以清晰地看到课程融创校本化的实践成果。在这一主题下,教师不仅关注化学学科本身的知识体系,更将其与海洋科学、环境科学等相关学科进行有机结合。通过引入"海洋"这一真实情境,教师引导学生关注海洋生态系统、海洋资源利用以及海洋污染等现实问题,让学生在解决问题的过程中掌握化学知识,提升科学素养。

课程融创校本化还注重跨学科的综合学习。在"元素与物质世界"主题中,教师鼓励学生通过合作学习、项目式学习等方式,开展跨学科的综合实践活动。这些活动不仅有助于培养学生的团队协作能力和创新精神,还能让学生在实践中深化对化学知识的理解和应用。

课程融创校本化还积极探索课程育人、学科育人的新样态。它要求教师在传授知识的同时,注重培养学生的道德品质、人文素养和审美情趣。在"元素与物质世界"主题中,教师通过引导学生关注海洋污染等社会问题,培养他们的环保意识和责任感;通过让学生在实践中体验科学的魅力,激发他们的科学精神和创新精神。

3.学生与教师共探究成长的历程

学生与教师共探究成长的历程,是一段充满挑战与收获的旅程。正如《普通高中化学课程标准(2017年版2020年修订)》所强调的那样,发展学习化学的兴趣,乐于探究物质变化的奥秘,体验科学探究的艰辛和喜悦,感受化学世界的奇妙与和谐,这是每一位学生在化学学习中应当追求的目标。

在这个过程中,教师扮演着至关重要的角色。作为引路人,教师不仅需要具备深厚的学科知识,更需要有深度的学习和研究能力,以引导学生进入探索旅程。教师的专业素养和教学水平,直接影响着学生的学习兴趣和探究深度。因此,教师需要不断更新自己的教育理念和教学方法,积极参与校本教研,提升自身的专业素养和创新能力。学生则是这个探究过程中的主体。他们带着好奇心和求知欲,跟随教师的引导,一步步揭开化学世界的神秘面纱。在感知美和创造美的探究过程中,学生不仅学会了化学知识,更学会了如何思考、如何探索、如何创新。他们在实验中发现问题、解决问题,在合作中交流思想、分享成果,在挑战中超越自我、实现成长。在这个探究成长的历程中,教师和学生相互促进、共同成长。教师通过引导学生探究,不仅提升了自身的教学水平,也收获了与学生共同成长的喜悦;而学生则在教师的引导下,不仅掌握了化学知识,更培养了探究精神和创新能力,为未来的学习和生活奠定了坚实的基础。

教师和学生不再是单纯的教与学的关系,而是成为平等、合作、互动的探究伙伴。教师不再是知识的单向传授者,而是成为学生学习的引导者、促进者和合作伙伴。他们深入了解学生的学习需求和困惑,关注学生的学习兴趣和个性差异,通过设计富有挑战性的学习任务和创设富有启发性的学习情境,引导学生积极参与探究过程,发挥他们的主观能动性和创造力。学生也不再是被动的接受者,而是成为主动的学习者和探究者。他们带着问题进入课堂,带着思考参与讨论,带着实践去验证理论。他们在教师的引导下,学会观察、实验、分析和推理,学会从多个角度看待问题,学会用科学的方法解决问题。他们在探究过程中发现问题、提出问题、解决问题,不断提高自己的思维能力和创新能力。通过共同探究的过程,教师和学生相互学习、相互促进,共同成长。他们一起探索化学世界的奥秘,一起感受科学探究的乐趣,一起创造属于他们的美好未来。

第二节 全息校本教研模型

针对核心素养导向教学对教师能力提出的新要求,化形化学提出了全息校本教研的理念。以全息教研促进教师教育理论与实践结合,助推教学由知识为本转向素养为本是根本目标。全息校本教研也是实现"知—行—道"三位一体,实现三者之间的相互转化的重要方式。通过全息校本教研,教师充分发挥自己的智慧,不断提升对教育和教学的认知水平,并将之转化为教学实践,在持续的教育理论与实践互动中,实现知行合一、悦动有道,最终实现"经师"与"人师"的合一。

一、全息校本教研的概念界定

从技术角度而言,"全息"特指一种技术,全息技术的基础是干涉和衍射原理,它利用干涉条纹的形式记录下物体发出的光波,并在相干光照射的条件下实现再现,再现的空间像与原始物体完全相似。进一步概括,全息乃指"小局部之中包含有大整体的信息,且可重演再现其原形"[①]。全息的本质是重新理解了部分与整体关系,强调各个细小部分之于整体发展的价值,从潜显信息总和上看,任一部分都包含着整体的全部信息。由此,全息视野下的教研应具有全方位、多维度和可视化的特点。

首先,全方位是全息教研的基石。教研不再局限于单一的教学环节或知识点,而是将教育教学的各个方面纳入其中,形成一张紧密而完整的研究网络。这包括了对教学内容、教学方法、学生发展、教学评价等多个维度的全面审视和深入研究。一方面,通过全方位的教研,教师可以更加系统地把握教育教学的内在规律,从而制定出更加科学、合理的教学计划。另一方面,全息教研强调学校教研生态的建构,即良好的教研需要与之相应的整个教育制度和机制的变

---

① 魏元珪.从当代系统论、信息论、协同学看易学原理[J].周易研究,2000(03):74-85.

革,从而全方位营造教研的良好生态。对于化形化学而言,就是将"知—行—道"三位一体的理念贯彻到与化学教研相关的任何领域,从而使得这一理念真正转化为教师认可的信念。

其次,多维度是全息视野下教研的显著特点。教研不再满足于对表面现象的简单描述,而是深入探究教育教学的本质和内涵。这要求教师在教研过程中,不仅要关注教学的外在形式,更要关注教学的内在逻辑和价值追求。同时,教研还需要关注不同学科、不同年级、不同学生之间的差异性和共性,从而制定出更具针对性和实效性的教学策略。这种多维度的教研方式,有助于教师更加深入地理解教育教学,提升自身的教学水平。

最后,可视化是全息视野下教研的重要手段。随着信息技术的不断发展,教研的可视化程度也越来越高。通过数据可视化、图像可视化等手段,教师可以更加直观地展示教研成果,让其他教师能够更加清晰地了解教研的内容和效果。同时,可视化还可以帮助教师更好地分析和解决问题,从而提升教研的质量和效率。

全息视野下的教研,不仅有助于提升教师的教学水平和专业素养,更有助于推动教育教学的发展和创新。在这种教研模式下,教师可以更加全面地了解学生的学习需求和困惑,更加深入地探究教育教学的内在规律和价值追求,从而制定出更加科学、合理、有针对性的教学计划。同时,全息视野下的教研还可以促进教师之间的交流和合作,形成共同研究和共同成长的良好氛围。全息校本教研要求从多个角度、多个层面去审视和研究教育教学问题,不仅要关注教学的表面现象,更要深入挖掘其背后的深层原因和内在逻辑。同时,全息校本教研还强调整体性思维,将教育教学看作一个有机整体,注重各个部分之间的相互关联和相互影响,从而提出更加全面、系统的解决方案。

总之,在化形化学中,全息教研是指以"知—行—道"三位一体为价值追求,以"知行合一、悦动有道"为理想境界,以全方位、多维度和可视化为特征,系统整体地建构化学教研体系,实现教师终身发展,促进学科核心素养落地的新型教研理念。

二 全息校本教研的基本理念

基于对全息校本教研的认识,笔者结合化学教学理论和实践,充分贯彻新课标要求和学科核心素养的教学导向,形成了以人为本、向美发展的全息校本教研的基本理念。

以人为本是全息校本教研的核心价值观。这意味着教研活动的出发点和落脚点都是人,即教师和学生。教研不仅要关注教师的教学能力提升,更要关注学生的学习需求和成长发展。全息校本教研强调尊重每个教师和学生的个性和差异,充分激发他们的潜力和创造力,让他们在教研过程中实现自我价值,享受成长的快乐。向美发展是全息校本教研的目标追求。美,既是一种外在的表现形式,更是一种内在的品质追求。全息校本教研致力于通过深入研究和探讨,发现教育教学的内在规律和美学价值,引导教师和学生追求真善美的教育境界。这包括追求教学方法的美、教育内容的美、教育环境的美等,让学生在美的熏陶中健康成长,形成健全的人格和审美观。以人为本、向美发展的全息校本教研的基本理念,体现了对教师和学生的尊重与关怀,对教育教学内在规律和美学价值的追求,以及对教研活动的全方位、多维度和整体性的要求。这种教研理念有助于推动学校教育教学质量的提升,促进教师和学生的共同发展。

基于以人为本、向美发展的基本理念,我们构建了"三维两翼"全息校本教研理念,如下图所示。

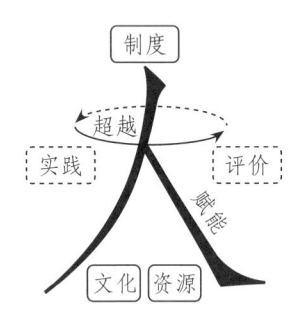

"三维"分别指代制度、文化和资源,这三者共同构成了教研体系的稳固基础。制度建设作为一撇的起笔,体现了教研活动的规范性和系统性。通过建立健全的教研制度,可以确保教研活动的有序开展,避免盲目性和随意性。同时,制度还能为教研人员提供明确的指导和约束,使他们在教研过程中能够遵循一定的规范和标准。文化构建则是一撇的落地,它代表了教研活动的精神内核和价值追求。通过培育积极向上的教研文化,可以激发教研人员的创新精神和团队意识,促进教研成果的涌现和传播。资源共享作为一捺,强调了在教研过程中资源的有效利用和共享。通过共享资源,可以实现教研信息的快速传递和知识的有效积累,为校本研修提供强有力的支撑。

在"三维"的基础上,"两翼"即实践和评价,在模型中扮演着至关重要的角色。实践是教研活动的核心,也是检验教研成果的重要途径。通过实践,教师可以将理论知识转化为实际操作能力,发现教育教学中的问题和不足,进而提出改进和优化的策略。评价则是促进实践不断发展的重要手段。通过对教研活动的评价,可以及时发现其中的优点和不足,为后续的教研工作提供有益的参考和借鉴。同时,评价还能激发教研人员的积极性和创造力,推动他们不断追求卓越,实现自我超越。

在"两翼"的相辅相成中,评价促实践螺旋式上升的特点尤为突出。评价不仅是对实践成果的检验和总结,更是对实践过程的指导和引导。通过评价,教研人员可以更加清晰地认识到自己在实践中的优点和不足,进而调整和优化自己的教研策略和方法。这种评价促实践的模式,使得教研活动不断向更高层次、更深层次发展,形成了一个螺旋式上升的循环过程。

总之,全息教研是以人为本、向美发展的教研。在整个教研体系中,人是最核心、最重要的因素。无论是制度建设、文化构建还是资源共享,都需要以人的需求和发展为出发点和落脚点。同时,实践和评价也需要紧密围绕人的成长和发展进行,以确保教研活动能够真正服务于人的全面发展。

三 全息校本教研的具体内容

"三维两翼"全息校本教研围绕教研和教学有机融合这一宗旨,以提升教育教学质量为目标,实现教与学的行为变革、教与研的贯通衔接、教与育的和谐共进。在"三维两翼"的基础上,我们建构了全息校本教研的具体内容,如下图所示,从"为什么""是什么""怎么做""怎么样"四个方面进行全方位建构。

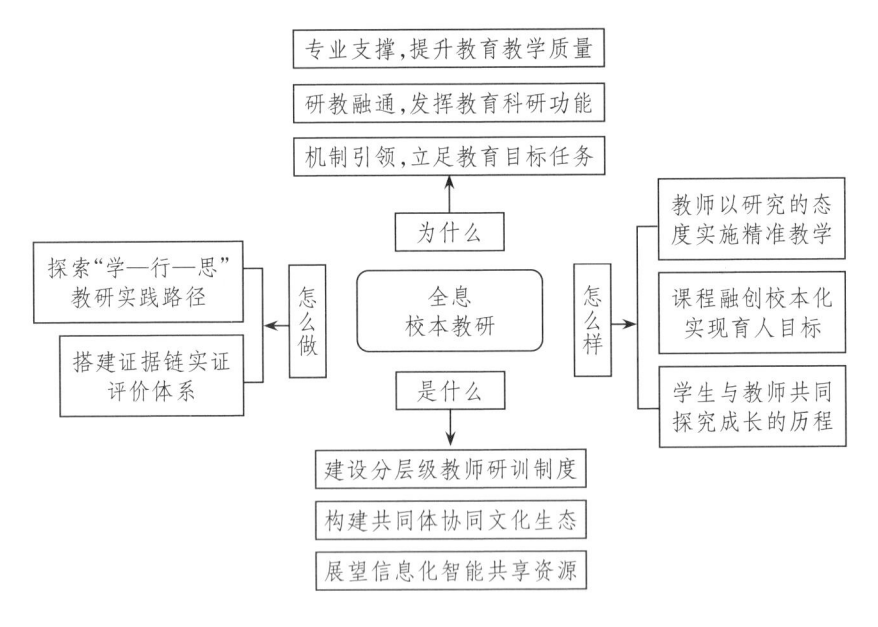

```
                    ┌─────────────────────────────┐
                    │ 专业支撑,提升教育教学质量 │
                    └─────────────────────────────┘
                    ┌─────────────────────────────┐
                    │ 研教融通,发挥教育科研功能 │
                    └─────────────────────────────┘
                    ┌─────────────────────────────┐
                    │ 机制引领,立足教育目标任务 │
                    └─────────────────────────────┘
                              为什么                  ┌─────────────────┐
                                                      │教师以研究的态 │
                                                      │度实施精准教学 │
┌──────────────┐   怎么  ┌──────┐  怎么              ├─────────────────┤
│探索"学—行—思"│   做    │ 全息 │  样                │课程融创校本化 │
│教研实践路径  │─────────│校本教研│──────────────────│实现育人目标   │
├──────────────┤         └──────┘                    ├─────────────────┤
│搭建证据链实证│          是什么                      │学生与教师共同 │
│评价体系      │                                      │探究成长的历程 │
└──────────────┘                                      └─────────────────┘
                    ┌─────────────────────────────┐
                    │ 建设分层级教师研训制度     │
                    └─────────────────────────────┘
                    ┌─────────────────────────────┐
                    │ 构建共同体协同文化生态     │
                    └─────────────────────────────┘
                    ┌─────────────────────────────┐
                    │ 展望信息化智能共享资源     │
                    └─────────────────────────────┘
```

一是"为什么",以教研促教学,专业支撑,提升教育教学质量;以融合促发展,研教融通,发挥教育科研功能;以终为始,机制引领,立足教育目标任务。

二是"是什么",建设分层级教师研训制度,纵向是教师专业发展各阶段,横向是教师专业各技能;构建共同体协同文化生态,从学科角度包括同学科、跨学科,从区域角度包括本区域、跨区域,从角色角度包括教师、学生、家庭、社会等;展望信息化智能共享资源,信息赋能校本教研。

三是"怎么做",探索"学—行—思"教研实践路径,即学习、行动、思考,螺旋式上升发展;搭建证据链实证评价体系,以定性和定量相结合构成完整证据链,完善科学评价体系和改进校本教研体系。

四是"怎么样",达成教师以研究的态度实施精准教学;课程融创校本化实现育人目标;学生与教师共同探究成长的历程。

从操作层面而言,"全息教研"是一种实践活动。"全息"体现在五个方面:

一是思维方式上体现"全息"观念,即将科研课题、教研和课堂教学相融合,用研究的态度和习惯服务教学。

二是运行策略上体现"全息"视野,即在课堂教学中做课题研究,实现"课题""课堂""课后"有序对接。

三是时空情境上体现"全息"场域,即在物理空间上呈现教学现场(如研讨课、观摩课、示范课等),在关系空间上体现研究现场(如执教者也是反思者、观课者也是评课者等),使教师具备"教学即研究"的意识,学生参与研究,以此形成"三场合一"的教研场域。

四是运行载体上实现"全息"任务,即借助科研项目,推动教师研训赛、学生素养达成、学校教育教学质量提升。

五是支持保障上实现"全息"系统,即通过构建教育科研与教师专业发展、学生素养提升的机制来推动学校教育教学质量提升,真正实现校本教研服务教育教学,实现教学管理与科研体制的优势互补。

四 全息校本教研模型的建构

基于全息校本教研的理念和具体内容的建构,我们形成了全息校本教研的模型,以此将全息校本教研的理念转化为可操作、可执行的教研实践。基于制度起点、文化和资源支撑、实践和评价落地的基本原则,形成了制度可循、文化可心、资源可享、实践可视、评价可量的全息校本教研模型,形成了具有分层级、共同体、信息化特征的全息校本教研体系,进而实现赋能和超越"三维两翼"全息校本教研模型要素,如下图所示。

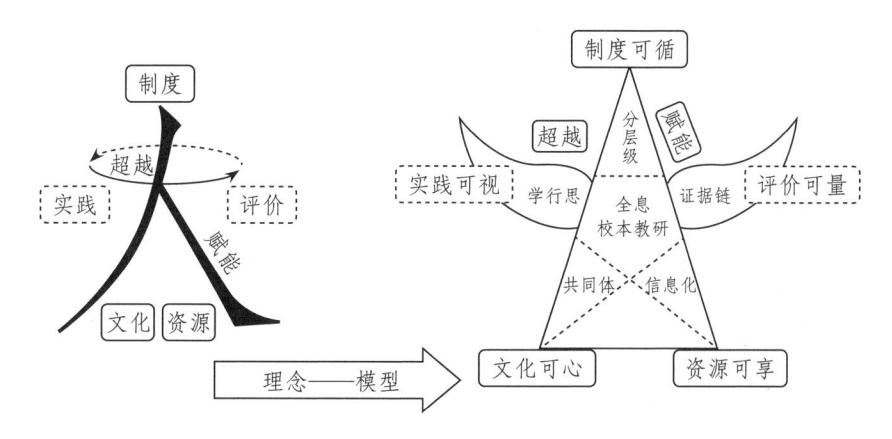

制度可循:注重制度的完善与创新,确保教研活动有章可循、有据可依。通过建立健全教研制度,为教研活动提供明确的指导方向和行为规范,保障教研活动的有序开展。注重制度的灵活性和适应性,根据教研活动的实际情况进行适时的调整和优化,以确保制度能够真正服务于教研活动的需要。由此,建构分层级的权责分明的管理制度,充分发挥每一位主体的优势。

文化可心：我们积极培育积极向上的教研文化，强调团队合作、开放创新、追求卓越的精神，为教研活动提供了良好的文化氛围。积极建构以教师为主体的文化，使其内心深处认同和接纳。只有当教师们真正感受到教研文化的魅力，将其内化于心、外化于行，才能够真正发挥作用。由此，构建教师教研共同体，实现教师的持续发展。

资源可享：注重资源的整合与共享，以信息化为载体，充分利用各种资源为教研活动提供有力支持。无论是校内外的专家资源、还是先进的教学设备和技术手段，都力求最大化地利用和共享，以推动教研活动的深入发展。

实践可视：将教学实践过程及其成果以可视化方式呈现出来。这不仅有助于教师更直观地了解自己的教学行为，发现教学中的优点和不足，进而进行有针对性地改进，同时也能为其他教师提供学习借鉴的范例，促进教学经验的共享和传播。这个过程是"学—行—思"结合的过程，要求教师将教研成果与教育实践相结合，进而实现对传统教育和教学的超越。

评价可量：通过证据链来对教研效果和教学效果进行评价，旨在通过客观、科学的评价，不断改进和提升教研质量和教学质量，推动教育教学工作的持续发展和创新。在评价中，设定明确的评价指标和标准，对教研活动和教学效果进行量化评估。通过收集教学过程中的各种证据，如课堂观察记录、学生作业样本、教学反思等，可以形成完整的证据链，为评价提供有力支持。

全息校本教研从理念走向实践，建构起了"三维两翼"的实践模型，具体包括建设分层级教师研训制度、构建共同体协同文化生态、打造信息化智能共享资源、探索"学—行—思"教研实践路径、搭建实证链教研评价体系等五个方面，构建全息校本化教研体系。全息校本化教研模型如下图所示。

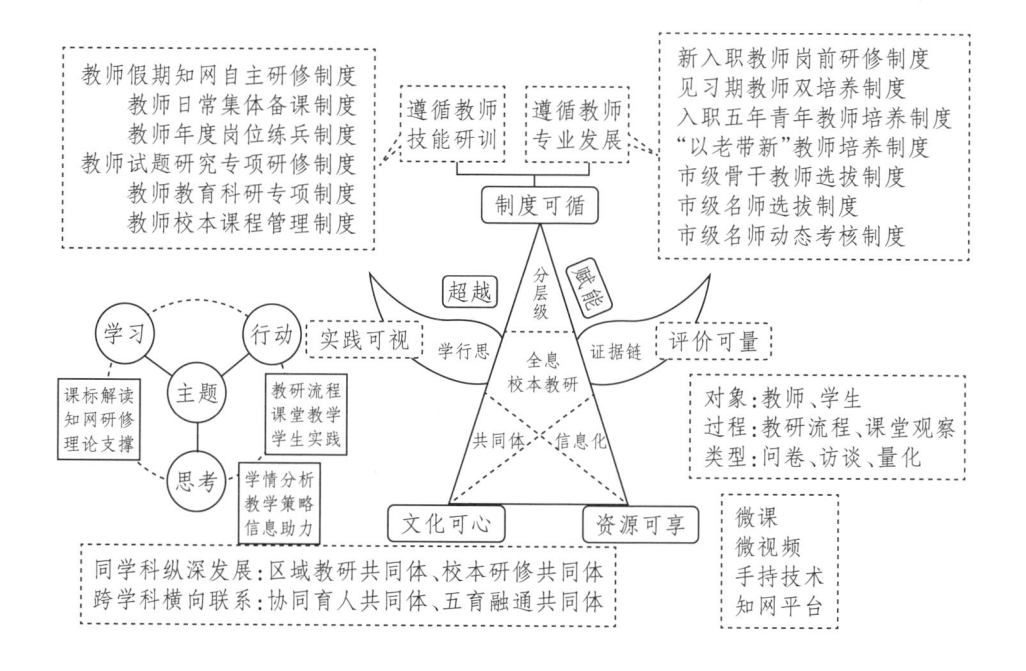

[图示：全息校本教研模型，包含以下要素]

- 教师假期知网自主研修制度
- 教师日常集体备课制度
- 教师年度岗位练兵制度
- 教师试题研究专项研修制度
- 教师教育科研专项制度
- 教师校本课程管理制度

- 遵循教师技能研训
- 遵循教师专业发展
- 制度可循

- 新入职教师岗前研修制度
- 见习期教师双培养制度
- 入职五年青年教师培养制度
- "以老带新"教师培养制度
- 市级骨干教师选拔制度
- 市级名师选拔制度
- 市级名师动态考核制度

- 学习、行动、主题、思考
- 课标解读、知网研修、理论支撑
- 教研流程、课堂教学、学生实践
- 学情分析、教学策略、信息助力

- 超越、分层级、扁平
- 实践可视、学行思、证据链、评价可量
- 全息校本教研
- 共同体、信息化
- 文化可心、资源可享

- 对象：教师、学生
- 过程：教研流程、课堂观察
- 类型：问卷、访谈、量化

- 同学科纵深发展：区域教研共同体、校本研修共同体
- 跨学科横向联系：协同育人共同体、五育融通共同体

- 微课、微视频、手持技术、知网平台

（一）建设分层级教师研训制度

由"校长+教研室+教研组（教师）"等要素组成的垂直的校本教研结构，层级之间有严格的区分，下层执行上层的工作指令，往往导致教师的积极性与创造力受限，校本教研的活力难以得到激发。在当前的教育背景下，传统的"科层制组织"校本教研模式已无法适应教师发展的需求。因此，构建分层级的教师研训制度成为校本教研运行的重要保障。分层级制度的建设不仅有助于提升校本教研的效能，而且有利于促进教师专业发展。在全息教研模型中，建立与校情紧密契合、能够有效促进教师专业发展的分层级制度显得尤为重要。这样的制度应包含两个主要方面：一是基于教师技能研训的系列制度，二是基于教师专业发展的系列制度。

在教师技能研训方面，形成了教师假期知网自主研修制度、教师日常集体备课制度、教师年度岗位练兵制度、教师试题研究专项研修制度、教师教育科研专项制度、教师校本课程管理制度等。在教师专业发展方面形成了新入职教师岗前研修制度、见习期教师双培养制度、入职五年青年教师培养制度、"以老带新"教师培养制度、市级骨干教师选拔制度、市级名师选拔制度、市级名师动态考核制度。

通过将这两方面的制度有机融合，我们可以确保校本教研能够最大程度地覆盖教师群体，充分展现其包容性。这样的分层级制度不仅能够为教师提供专业发展的平台，还能够激发他们参与校本教研的积极性和创造力，从而推动学校教育教学质量的整体提升。

(二)构建共同体协同文化生态

传统的校本教研体系主要由科层制组织和教师自发组织构成。虽然科层制组织能够邀请专家进行指导，但由于理论与实践的脱节，专家的指导往往难以直接应用于教师的实际工作；而教师自发组织虽然灵活，但缺乏专业引领，研讨水平有限。这种局面使得校本教研的效果不尽如人意，无法充分发挥其应有的作用。基于此，需要构建一种共同体协同文化生态。这种生态体系强调教师之间、教师与专家之间的深入互动和合作，打破个体局限，实现资源共享和智慧碰撞。在全息校本教研模式下，建立同学科和跨学科的共同体，这些共同体不仅关注学科内部的纵深发展，也注重不同学科之间的横向联系。

皮亚杰认为，同伴交互作用非常重要，同伴交互中的逻辑运算能够打破个体以自我为中心的概念，且能够为个体建立逻辑结构提供反馈。校本教研中的教师存在个人局限，与他人的互动能够使之突破个人局限。共同体在价值追求上坚守鲜明的育人价值立场，旨在通过协同合作提升教育教学质量。在运行机制上，共同体展现出高度的灵活性和协同性，能够根据不同的需求和情境进行灵活调整。成员组成上，共同体汇聚了专家学者、校长和一线教师等多方力量，形成了一支多元化的团队。工作目标则聚焦于学校课程教学的关键问题，通过共同研究和探讨，寻找解决方案。共同体的建立和发展依赖于学校整体运行水平的不断提升。在运行方式上，共同体强调平等、协商、民主、合作等原则，鼓励成员之间开放交流、共享资源、协同工作。这种运行方式不仅有助于增强共同体内部的凝聚力，还能够提升其对外的开放性和影响力。

(三)打造信息化智能共享资源

在当下这个信息化、网络化的社会，教育环境正经历着前所未有的变革。传统的教育模式已经难以满足新时代学生的学习需求，他们渴望更加开放、多元的学习环境，以及更为便捷、高效的知识获取途径。随着信息技术的迅猛发展，人工智能等技术正给教育领域带来革命性的变化，为教育公平、教育质量的提升以及个性化教育的实现提供强大的技术支持。在这个背景下，构建信息化智能共享资源显得尤为重要。通过利用大数据技术和人工智能技术,打造涵盖短视频、微课等多种形式的信息技术资源库,不仅可以提供丰富多样的教学素材,还可以根据学生的学习需求和特点进行智能推荐和个性化定制,从而真正实现教育教学与信息技术的深度融合。

信息化智能共享资源的建设,不仅可以为校本教研体系注入新的活力,而且该共享资源可以成为教学信息化的重要载体。通过资源库,教师可以轻松获取各种优质的教学资源,提高备课效率和教学质量;学生则可以随时随地获取所需的学习资料,实现自主学习和个性化学习。同时,数字教育资源建设的理念得到进一步的创新和发展,有利于推动教育领域的数字化转型,构建开放、多元、智能的教育环境。

(四)探索"学—行—思"教研实践路径

全息教研旨在通过教师的亲身参与和实际操作,实现教育理论与实践的深度融合,从而解决真实情境中的教育教学问题。在这一过程中,教师不仅是教研的参与者,更是行为主体,他们通过亲历体验、亲手操作、亲自研究,将理论与实践相结合,推动教育教学质量的提升。校本教研共同体作为全息教研的重要载体,发挥着至关重要的作用。在实践中,教研活动以研究主题为核心,经历"学习""行动""反思"三个阶段,它们相互关联、相互促进,形成一个螺旋式上升的过程。

在学习阶段,教师围绕研究主题进行深入学习,掌握相关的教育理论和教学方法。他们通过参加培训、阅读文献、交流研讨等方式,不断拓宽视野,提升专业素养。这一阶段的学习为后续的行动和反思提供了坚实的理论支撑。在行动阶段,教师将所学的理论知识应用于实践中,开展课堂教学和课题研究。他们通过亲身参与和实际操作,检验理论的可行性,探索有效的教学策略和方法。这一阶段的行动不仅是对学习成果的检验,更是对教育教学问题的直接回应。在反思阶段,教师对行动过程中的经验和问题进行深入反思,总结经验教训,提炼教育智慧。他们通过撰写教学反思、参与研讨交流等方式,与同伴分享经验,共同进步。这一阶段的反思不仅有助于教师个人的专业成长,也可以为校本教研共同体的发展提供宝贵的资源。通过这一可视化行动历程的螺旋式上升,校本教研共同体不断推动教师的专业发展,提升教育教学质量。教师在这一过程中不断学习、实践、反思,实现教育理论与实践的有机结合,为培养更多优秀人才奠定坚实基础。

(五)搭建证据链实证评价体系

首先,从评价的对象来看,全息校本教研关注教师的行为、学生的行为以及教研活动的过程和课堂教学的过程。教师行为方面,全息校本教研评价教师的教育教学理念、教学设计能力、课堂管理能力以及教学反思能力等;学生行为方面,全息校本教研关注学生的参与度、学习兴趣、学习效果以及综合素养等。教研活动过程和课堂教学过程方面,我们关注活动的组织实施、教师的合作与交流、学生的反馈与互动等。

其次,从评价的类型来看,全息校本教研采用问卷调查、个人访谈、知行合一以及量化评价等多种方式。问卷调查能够广泛收集教师和学生的意见和建议,了解他们对教研活动的看法和感受;个人访谈则能够深入了解个别教师或学生的具体情况,挖掘更深层次的问题和需求;知行合一的评价方式注重教师将理论知识应用于实践的能力,通过观察教师的课堂教学表现来评价其教研成果;量化评价则通过数据和指标来客观衡量教研活动的成效。

通过搭建证据链实证评价体系,能够真实地把握教研活动的实际情况,发现存在的问题和不足,并针对性地进行改进和优化。这将有助于推动教育教学工作的持续发展和创新,提升教师的专业素养和学生的综合素养。

第三节 全息校本教研实践

在模型建构的基础上,化形化学校本教研在长期探索中形成了一套具体的实践方式,实现理与事的融合、理论与实践的统一。全息校本教研实践主要包括"主体行为"(即要做什么)、"人际关系"(即与谁一起做)、"时空情境"(即何时何地做)、"活动载体"(即用什么做)等要素。

一、基于"三维两翼"的"六三路径"

"三维两翼"全息校本教研围绕研究主题,学习—行动—思考循环推进,实施"三学""三稿""三研""三课""三评""三融",全息校本教研的"六三路径"如下图所示。

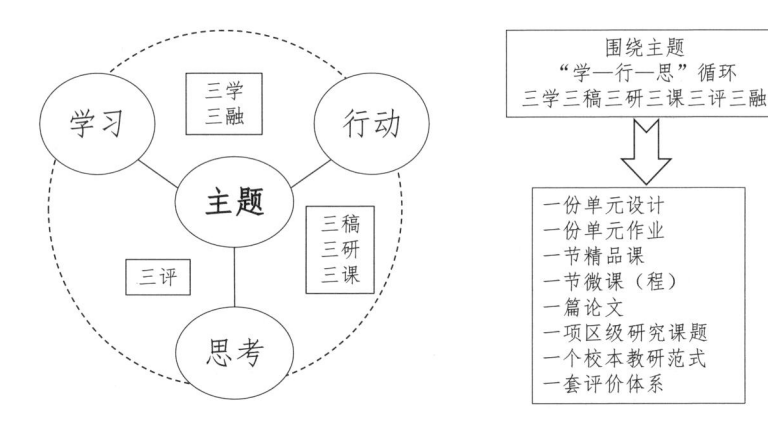

1.学习,是基础

主要包括"三学",即个体自学(对知网文献和教育理论的研读)、共同体研学(对课程标准、教材、资源等交流研讨)、专家领学(对关键问题和前沿问题请专家指导)。

2.行动,是依据

主要包括"三稿""三研""三课"行动。"三稿"即个体自学和共同体研学后形成单元设计草稿、专家领学改进的单元设计初稿、经课堂展示和跨学科交流后的单元设计定稿。"三研"即同学科共同体研讨、跨学科共同体研讨、教研展示三个方面。"三课"即课堂教学尝试、实施课堂教学、典型课例课堂展示。

3.思考,是内核

主要体现为"三评"。三评:他评,基于学科角度,学习共同体评价;自评,基于自我感知和学生问卷评价;证据评,基于课堂观察,进行定性定量相结合的证据评价,优化单元设计。

"三融"贯穿在"学—行—思"全过程,即素养融心、信息融通、美育融创,最终达成至美教育。全息校本教研的"六三路径"操作模型如下图所示。

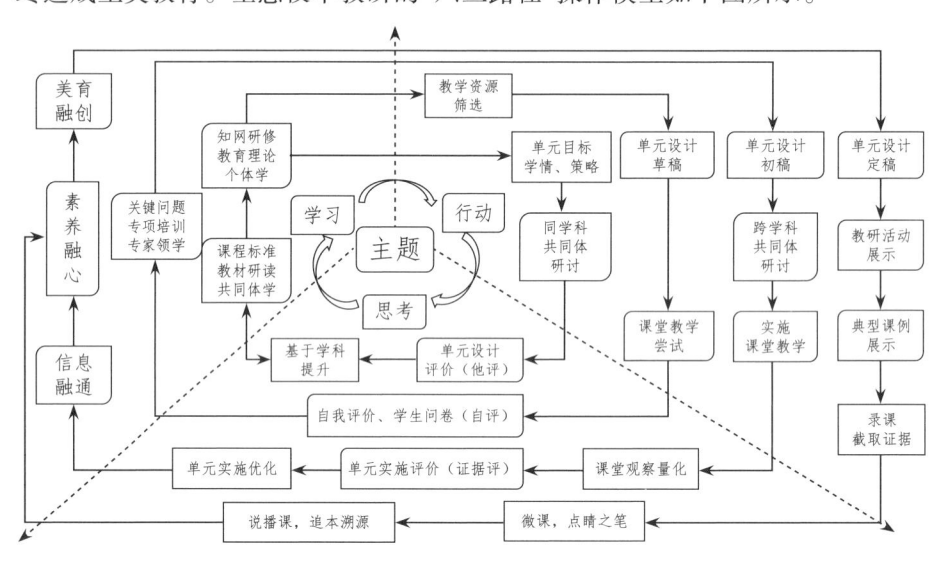

二 "共进共美"的主题规划

主题目标:离子反应、氧化还原反应、电化学、物质在水溶液中的行为
素养1:宏观辨识与微观探析
电化学系列:
原电池——水果电池、土壤电池、海水电池

电解池——自制84消毒液

电化学应用——金属腐蚀与防护

素养2：变化观念与平衡思想

认识水系列：

认识水的组成——水的电离

水溶液中的反应——中和滴定曲线

珊瑚礁的消失——沉淀转化平衡

素养3：证据推理与模型认知

水溶液系列：

水的结构——共价键、配位键、氢键

水溶液中的行为——电解质及其电离、弱电解质的电离、离子反应实质

素养4：科学探究与创新意识

探究实验系列：

电解质在水溶液中的行为——碳酸钠与酸的分步反应

有机酸——探究羟基氢的活泼性

海水净化——简易净水装置净化海水

海水及海产品——粗盐的提纯实验、海带提碘

现代实验技术——海水淡化的过去、现在和未来（蒸馏、电渗析、反渗透），氢能源

素养5：科学态度与社会责任

真实情境系列：

真实情境的化学——STSE

化学史——原子结构的发展历程

近代中国化工骄傲——侯氏制碱法

现代中国化学功勋——屠呦呦与青蒿素

身边的化学——厦门周边水质报告、离子检验

三 "一校一案"的实施策略

1. 建设全息校本教研人力资源

全息校本教研通过建立完善的教师培养机制，促进师生发展，实现"经验型"教师向"研究型"教师的转变。进行核心素养发展的教学研究，需要同学科纵深发展的区域教研共同体和校本研修共同体，也需要跨学科横向联系的协同育人共同体和五育融通共同体，横向纵向的共同体达成人力资源的培养和储备，形成有机融合的课程生态、学段协同的研训生态、全面贯通的管理生态、凸显体验的文化生态的学校教育高质量发展的全息教研样态。

2. 探寻全息校本教研创新路径

全息教研模型通过建立跨学校、跨片区、跨学科的多元化协同创新机制，完善教师教研体系建设，探索形成全息教研体制创新路径，协调并平衡各级各类科研管理、教师技能比武、教师名师工程培养，实现教与研的贯通衔接。

3. 构建全息校本教研活动模式

全息教研以课程、教材、教学、评价等为关联要素，关注教师在教研活动情境下的学习与交流，构建校本实践共同体，教师个体从边缘参与到充分参与、主动学习、自觉教研，获得自身发展的同时主动分享自己的思考，促进教师团队的发展。我校(厦门大学附属科技中学)教师可以享用厦门大学图书馆等场馆资源，教师、学生与高校专家面对面交流，参与高校的教育科研项目，这些都为全息教研模型下的教研活动模式创设了更好条件，打开了格局，进而形成各种新型教育教学模式，研究并解决教育教学中的实际问题，实现教与学的行为变革。

4. 形成全息校本教研特色文化

全息校本教研项目设计建立在文献分析、访谈、观察等基础上，学校经历多年"实践—复盘—反思—改进—提升"，强调以校为根、以人为本，制度为基、文化渗透，展现新时代基础教育校本教研的崭新风貌。项目开展依托厦门市教科院、厦门大学，使真研究、实证研究、应用研究、教师研究成为常态，培育创新、民主、共享的校本文化品质，逐步形成自信而自觉的教育科研特色文化。

总之,全息校本教研是一种开放的、动态发展的模式,追求向美人生,秉持"以师生学习为中心"的教研理念,顺应国家课程改革、学生和教师成长需求,不断升级教研职能、丰富教研内容、变革教研方式、创新教研机制,以探索育人中国方案,以高品质教研支撑学校乃至推动区域教育高质量发展。

第六章

化形化学教师：以成长为目标

以化形化学理念为基础，化形化学教师应当是具备专业发展的自觉，不断实现自身成长的教师。通过"知—行—道"三位一体，知行合一、悦动有道，教师不仅拥有专业的化学知识、良好的教学能力，而且具备教育人文关怀，是有着教育家精神的仁爱之师。具体而言，化形化学教师自主专业成长是根本，是知行合一、悦动有道的专业成长的具体体现。要实现专业成长这一目标，需要建构终身学习、知行合一、师德为先的专业发展理念，形成面向知（专业知识）、行（专业能力）、道（专业精神）三位一体的专业发展模型，架构指向教师自主发展的实践体系，形成教师专业发展的良好愿景。

第一节 教师专业发展理念

树立正确的教师专业发展理念是教师发展的前提。作为贯彻执行立德树人根本任务的重要责任人,教师身份具有独特性。教师不仅需要秉持现实主义的态度培养学生的基本知识和技能,使其适应社会发展,更要有理想主义的精神,给予学生心灵的启迪和智慧的唤醒,以仁爱之心呵护学生,使其健康发展。人的育成是教育的最终目的,教育工作者要把对人的生命关怀放在首位,把增强人的生命主体意识看作是时代赋予教育的重要使命,承担起培养新人的任务[1]。教师面对的是一个个具体鲜活的生命,承担着祖国一代代新人成长成才的任务。为此,教师必须持续提升自身的专业能力,关注自我和学生身心成长,让自身成为一名终身成长型教师,从而既能够满足当前学生发展需要,还能够适应未来社会变革。

一 核心:终身成长的理念

党的二十大报告明确提出,要"建设全民终身学习的学习型社会、学习型大国",终身学习时代的已经来临,不仅改变了人类生活的方式,而且对教师的素养提出了新的挑战[2]。面对当前信息技术的持续变革与社会转型,教育必须做出回应,通过教育和教学方式的变革培育时代新人。教师是肩负教书育人重任的成人学习者,有各自不同的专业知识与教学经验,更有不断更新理念、增强教育教学能力的需求。2018年出台的《关于全面深化新时代教师队伍建设改革的意见》指出,"开展中小学教师全员培训,促进教师终身学习和专业发展",从政策层面强调教师专业发展应当纳入终身学习的宏观视野。在事实层面,教师作

---

[1] 叶澜,王枬.教师发展:在成己成人中创造教育新世界——专访华东师范大学叶澜教授[J].教师教育学报,2021(03):1-11.
[2] 原左晔,尚瑞茜.终身学习时代的教师角色转变:逻辑向度与实现进路[J].终身教育研究,2024(01):25-32.

为终身学习的典范,其终身学习历程贯穿于职前培养、入职培训和在职发展中。职前培养与入职培训具有短暂性,只是教师持续学习的基础,持续的在职专业发展贯通于教师漫长的职业生涯,是教师通往终身学习的主要途径。

终身成长,是一种持续不断的学习和发展过程,它贯穿于一个人的整个生命周期。它意味着无论年龄、阶段或背景如何,个人都应始终保持学习的热情和进取心,通过不断地汲取新知识、新技能和新经验,以适应不断变化的环境和需求,实现个人的不断进步和促进社会的持续发展。终身成长的核心理念是指学习不仅局限于学校教育阶段,而是一个终身的过程。在这个过程中,个体通过不断反思、探索和实践,积极应对挑战和机遇,从而不断提升自己的认知、情感和行为能力。这种成长不仅关乎职业发展和技能提升,更关乎个人品质、道德观念和精神世界的丰富与升华。

终身成长要求终身学习。教师终身学习对于教师的专业成长至关重要。随着社会的快速发展和知识的不断更新,教师需要不断充实自己的专业知识库,跟上学科的发展步伐。终身学习使教师能够不断更新教育理念,掌握新的教学方法和手段,提高教学效果,从而在教育实践中更加得心应手。教师终身学习对于教育事业的整体发展具有推动作用。教师是教育事业的核心力量,他们的素质和能力直接关系到教育质量的高低。通过终身学习,教师可以不断提升自己的教育教学水平,推动整个教育行业的创新和发展,推动教育事业的持续进步。

此外,教师是学生成长道路上的引路人,他们的言传身教对学生产生着深远的影响。一个具备终身学习理念的教师,能够以更加开放的心态和更加丰富的知识来引导学生,激发学生的学习兴趣和求知欲,帮助学生更好地成长和发展。

教师需要深刻理解终身学习的内涵和意义,应时刻保持对知识的渴望和好奇心,认识到学习是一个永无止境的过程,是职业发展和个人成长的基石。在职业生涯中,应该关注教育政策的变化和前沿动态的发展,积极拥抱变化,不断更新教育观念,以开放的心态面对新的知识和技术。同时,教师的终身成长离不开学校制度的建构,为教师提供学习资源和平台,支持教师的终身学习,建立科学的教师评价体系,激励教师不断进步。

二 过程:知行合一的理念

教师作为实践工作者,其专业发展的过程是知行合一的过程,是通过"知"与"行"的持续互动和反思形成专业认知与实践的过程。"未有知而不行者,知而不行,只是未知",真正的"知"总是包含着运用于"行"的向度[①]。知识如果不能内化为行动,就不是真正掌握了。只有在实践中运用,才能加深认识,形成个性化的认知,将之内化为生命中的一部分。教师既要拥有丰富的教育理论知识,更需要将理论运用到教育实践中进行检验和完善,做到学以致用,用以促学,从而不断提升自身专业水平。知行合一突出行动在认识过程中的重要作用。行动不只是知识的结果,更是获取知识、检验知识的途径。这体现了人的主动性和创造性。

知行合一对于教师专业发展具有重要意义。首先,它有助于提升教师的教育教学水平。通过将理论知识与教学实践相结合,教师可以更好地理解和应用教育理念和教学方法,从而提高教学质量。其次,有助于培养学生的实践能力和创新精神。教师在实践中不断探索和创新,能够激发学生的学习兴趣和积极性,引导他们积极参与实践活动,提升综合素质。最后,有助于推动教育事业的持续发展。教师通过不断学习和实践,能够不断提升自己的专业素养和能力水平,从而推动教育教学的持续变革。

知行合一体现为在"知"和"行"的持续互动中,不断探索和实践新的教学方法和手段,以适应学生的多元化需求和社会的发展变化。一方面,由"行"到"知"。教师在教学实践中要勤于反思,将教学中遇到的问题与理论结合思考,寻求理论指导,不断改进完善教学;善于总结经验教训,升华提炼,形成自己的教育教学理念和方法策略;有意识地对自己的隐性知识进行挖掘、提炼,上升为理性认识,并运用于指导实践。另一方面,由"知"到"行"。教师要持续开展教育理论的学习,立足于教学实践,思考理论对指导实践的意义,并将理论进行创造性转化,开展教学实践变革。最终,实现知行合一,在学习理论的同时开展教育教学实践研究,在研究过程中印证理论、发展理论,促进理论与实践的融合统一。

[①] 杨国荣.杨国荣讲王阳明[M].北京:北京大学出版社,2005:105.

三 内容：师德为先的理念

党的十八大以来，以习近平同志为核心的党中央高度重视教师队伍建设，把师德师风建设作为提升新时代教师素质、办好人民满意的教育的首要任务。2014年9月9日，在第三十个教师节到来之际，习近平总书记在北京师范大学与师生代表座谈时，向全体教师提出四条要求，即"四有好老师"：有理想信念，有道德情操，有扎实学识，有仁爱之心。2023年9月9日，在第三十九个教师节到来之际，习近平总书记致信全国优秀教师代表，表达了对中国教育家精神的理解："心有大我、至诚报国的理想信念，言为士则、行为世范的道德情操，启智润心、因材施教的育人智慧，勤学笃行、求是创新的躬耕态度，乐教爱生、甘于奉献的仁爱之心，胸怀天下、以文化人的弘道追求"。

师德师风对于教育事业的发展和学生的成长具有极其重要的意义。它不仅是教师个人品质和专业素养的体现，更是塑造学生品格、培养学生全面发展的关键因素。师德师风是教师职业的灵魂。作为教育工作者，教师的言行举止、道德品质对学生有着潜移默化的影响。一位具备高尚师德和优良师风的教师，能够以身作则，用自己的言行示范给学生传递正确的价值观和道德观，引导学生形成健全的人格和良好的行为习惯。教育专业发展不仅是知识和技能的发展，更是师德师风的涵养，一个缺乏师德的教师，即使拥有再多的知识、再高超的教学技能都无法真正实现立德树人的根本任务，既难以使得教师自身形成身份认同，也无以真正影响学生身心发展。

师德师风是提升教育质量的重要保障。教师的教育教学水平和能力直接影响到学生的学习效果和成长速度。一位具备高度责任心和敬业精神的教师，会不断探索新的教学方法和手段，关注学生的学习需求和成长变化，努力提升教育教学质量，为学生创造更好的学习环境。裴斯泰洛齐认为：没有任何一种规则、方法和技巧，不是在我满怀信心、热爱我的孩子的前提下所产生出来的结果。如果不能爱孩子，我不懂得还能谈到有什么规则、方法和技巧。唯有当教师有着发自内心的对教育的热爱、对学生的热爱的时候，教师专业发展才具有意义，其所具有的专业知识、专业能力才可能转化为学生成长的资源，助力立德树人根本任务，促进学生的全面发展。

四 方式:和谐共生的理念

教师专业成长是一个持续的、终身的过程,它不仅涉及教师个人的知识积累和技能提升,更涉及教师在社会文化背景和教育实践中的综合能力发展。在这一过程中,和谐共生的理念显得尤为重要,和谐共生理念强调的是在教师专业成长过程中,教师之间、教师与学生之间、教师与教育环境之间应建立一种相互依存、相互促进的关系。在传统的教育环境中,教师可能会因为评价体系、职称晋升和资源分配等方面的原因而形成竞争关系。这种竞争往往会导致教师之间信息不互通、资源独占,不利于教师的共同进步和学生的健康成长。和谐共生的理念要求教师共同体中的每个成员都认识到,通过协作和共享,可以实现更大的教育价值和个人成就。这种关系不仅仅是一种物理上的共存,更是一种精神上的共鸣和价值观上的共识。它要求教师在追求个人专业发展的同时,也关注和促进整个教师共同体的和谐发展。

和谐共生的理念要求建构教师共同体。教师共同体是指一群具有共同教育目标、价值观和兴趣的教师,他们通过自愿的方式组织在一起,共享资源、交流经验、协作研究和反思实践,以促进个人和集体的专业发展。教师共同体是"一种集教育、道德和文化特性于一体的专业团体,教师出于共同目的或兴趣而自发组织,形成共同的教育信仰,并在互信、支持的基础上,通过参与协商、精神交往与开放自由的环境熏染促进教师成长,关怀学生成长成人"[1],因而,教师共同体具有自愿性、合作性、共享性、反思性、专业性、支持性和持续性等特点。一方面,教师共同体为教师提供了一个知识共享和经验交流的平台,通过这个平台,教师可以相互学习,共享教学资源和策略,从而提升教学质量和教育效果。另一方面,在教师共同体中,教师可以得到来自同行的专业支持和心理支持,这种支持有助于教师应对教育实践中的挑战,增强教师的职业满意度和教学效能感。在共同体中,通过集体智慧和协作研究,教师可以不断尝试新的教学方法和策略,推动教育创新,实现自我更新和持续成长。

以和谐共生的理念为指引,学校应积极建构教师共同体,既包括教师学习共同体,也包括教师实践共同体。教师共同体应当鼓励多样性,尊重和包容不同的观点和方法。这有助于促进创新思维和教学策略的多样性,从而更好地满

---

[1] 曾小丽,田友谊,李芳."立德树人"何以可能——基于教师共同体的视角[J].教育理论与实践,2015(29):6-8.

足学生的不同需求。首先,应明确共同体的目标和愿景。基于立德树人根本任务细化目标,就教育的目标和共同体建设目标达成共识,为共同体的活动和发展提供方向。其次,构建知识共享和文化协同机制,鼓励成员之间的知识共享和协作。通过共享教学资源、经验,教师可以相互学习,提升教学实践和理论水平。最后,以解决真实教学问题为目标,通过组织主题研修项目和实践活动,促进教师的专业发展。

总之,和谐共生的教师共同体为教师提供了一个持续发展的平台。在这个平台上,教师不仅能够获得专业知识和技能的更新,还能够在教育哲学、课程理论、评估方法等方面进行深入的探讨和研究。共同体成员通过定期的研讨会、工作坊等形式,保持对教育最新趋势的敏感性和适应性。

第二节 教师专业发展模型

教师专业发展是教师职业专业化的核心。教师专业发展是教师专业持续发展的过程,是教师不断接受新知识、提高自身专业素质及改善自身专业地位的过程,是外部客观环境的支持与教师自身内部的努力相互作用共同促进的结果。教师专业发展表现为两种形式:教师个体专业发展与教师群体专业发展。教师专业发展以教师个体专业发展为基础,最终实现教师群体专业发展的目标。具体地说,教师专业发展包含以下几个层次。

第一,教师专业发展强调教师作为教育教学的专业人员要经历一个由不成熟到相对成熟的发展历程。师范生毕业即获得任教资格,但这并不意味着他在教学上足以胜任,更不能说明他是一个成熟的教育教学人员。教师专业发展有一定的周期,也遵循一定的规律。

第二,教师专业发展强调教师作为发展中的专业人员,其发展的内涵是多层次多领域的,既包括了知识的积累、技术的娴熟、能力的提高,也涵盖了态度的转变、情感的发展。教师职业的专业化过程是教师专业素养形成与发展的过程,也是教师质量提高的过程。

第三,教师专业发展是内外力共同作用的结果。教师专业发展首先离不开教师教育制度及教研制度的配合。更为重要的一点,教师专业发展离不开教师自身的努力。教师专业发展归根结底是教师主体的专业发展,是教师作为主体的主动发展过程。教师在自身专业发展中的作用和地位不可忽视。

第四,教师专业发展既包含教师个体专业发展,又包含教师群体专业发展。教师个体专业发展是教师群体专业发展的基础,教师群体专业发展是教师专业发展的终极目标。教师群体包含着无数个体,只有先实现教师个体专业发展,教师群体专业发展的目标才有可能最终实现。

以化形化学理念为基础,结合教师专业发展的一般特征,我们建构了教师专业发展的模型。该模型以"知—行—道"三位一体为价值追求,强调教师自我专业发展内容应包括专业知识发展、专业实践发展、专业精神发展三大维度。此外,教师专业发展不仅依靠教师个人的参与,还需要外在良好制度和环境的建构,因而教师专业发展还包括与之相关的制度建构,主要包括学校文化建构、教师专业发展共同体建构两大维度,由此形成了"一体两翼"的教师专业发展模型,如下图所示。

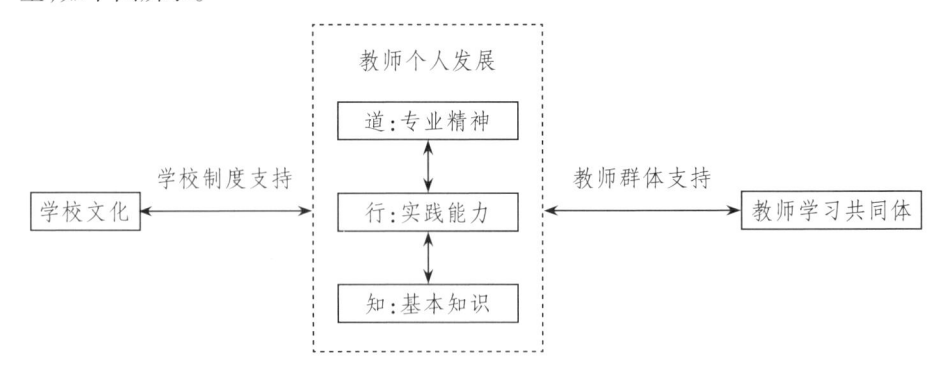

一 "知—行—道"三位一体的个人专业能力发展

"知—行—道"既是教师专业发展的内容,也是教师专业发展的目标。教师个人的专业发展以基本知识的习得和更新为基础,以理实结合提升实践能力为核心,以培育专业精神为最终目的,以此成为一名立德树人的优秀教师。

(一)知:基本知识

教师专业知识彰显的是教师之所以为教师而非其他专业人士的职业特征[1],是教师发展的基础,只有拥有扎实的专业知识,其教学实践才可能合乎学科规律与学生身心发展规律,实现教书育人的理想目标。关于教师专业知识的结构目前有着不同的观点,舒尔曼的观点是国外众多教师专业知识结构研究中最具代表性的观点。舒尔曼认为教师专业知识应包括学科教学知识、一般教学知识、关于课程的知识、教学内容知识、关于学习者的知识、背景知识、教育目标知识;格罗斯曼认为教师专业知识包括内容知识、学习和学习者的知识、一般性教学法知识、课程知识、背景知识和自身的知识。陈向明认为,教师知识可以划分为理论性知识和实践性知识[2];辛涛、申继亮、林崇德从认知心理学的角度出

---

[1] 蒋茵.教师专业知识:职前教师实践教学的基石[J].教育理论与实践,2021(26):35-39.
[2] 陈向明.实践性知识:教师专业发展的知识基础[J].北京大学教育评论,2003(01):104-112.

发,视教学活动为一种认识活动,视教师知识为认知活动的基础,根据功能将教师知识分为四类:本体性知识、条件性知识、实践性知识和文化知识[1]。根据已有研究,结合我国教师的实际情况,我们认为,教师在专业知识层面的发展至少应当包括如下几个方面。

1.学科内容知识

学科内容知识是教学活动的核心。只有掌握了扎实的学科知识,教师才能够准确、深入地传授给学生,帮助他们理解和掌握学科概念和技能。教师的学科知识水平直接影响教学内容的深度和广度,进而影响学生的学习效果。随着教育改革的不断深入,教师需要不断更新自己的学科内容知识,以适应新的教育理念和教学方法。学科内容知识具体包括如下几个方面。

一是学科基础知识。这是学科内容知识的基础,包括学科的基本概念、原理、事实等。教师需要对这些基础知识有深入的理解和掌握。尤其在倡导大概念教学的今天,教师应对教材进行深入分析,精准把握学科知识的基本概念和知识脉络。

二是学科思想方法。这涉及学科的思维方式和研究方法,如逻辑推理、批判性思维、创新思维等。教师需要理解并运用这些方法,指导学生进行科学探究和问题解决。思想方法是知识背后的知识,是关于这一学科知识原理的认识,教师只有透过表层深入到学科知识的本质,才可能形成完整的理解,也才能更好地引导学生学习,为学生知识能力的迁移提供思考工具。

三是学科发展动态。教师需要关注学科的最新研究成果和发展趋势,以便将最新的知识和信息融入教学中,保持教学内容的时代性和前沿性。教师既要对经典知识和内容进行多方位的立体解读和把握,还需要适时融入当前政治、经济、科技、人文等领域的最新内容,保证知识的前沿性和科学性。

四是跨学科知识。跨学科知识是指跨越传统学科边界,融合两个或多个学科领域的知识和技能。在当今复杂多变的社会环境中,跨学科知识的重要性日益凸显,它有助于解决复杂的现实问题,促进创新思维和综合能力的发展。教师在拥有扎实的本学科基础知识的同时,还需要了解与自己学科相关的其他学科知识,以便进行综合性教学和研究。

---

[1] 辛涛,申继亮,林崇德.从教师的知识结构看师范教育的改革[J].高等师范教育研究,1999(06):12-17.

2.学科教学法知识

教师的核心任务是立德树人、教书育人,而实现这一目的基本载体是教学。掌握有效的教学方法可以帮助教师更好地组织和传递学科知识,提高学生的学习兴趣和学习效果,可以更好地适应学生的个体差异,满足他们的学习需求。学科教学法知识是指教师在进行教学活动时,对如何有效地传授特定学科知识的方法和技巧的理解和掌握。教学法知识有助于教师根据教育目标和课程标准设计合理的教学活动,确保教育目标的实现。这种知识不仅包括教学策略的选择和应用,还涉及教学设计、评估和反思等多个方面。

一是关于教学设计的知识。教学设计是指教师根据教学目标、学生特点、学科内容等因素,有计划、有目的地组织和安排教学活动的过程。它是教师专业活动中的重要组成部分,对提高教学质量和效果具有重要影响。做好教学设计,需要教师掌握如何制定教学目标、如何对学生进行精准分析、如何科学合理地组织学科内容、如何设计符合学科知识和学生发展的教学方法、如何运用教学资源、如何开展教学评价等方面的知识。

二是关于教学方法的知识。教学方法知识是指教师对于如何有效地传授知识、培养能力和激发学生兴趣的一系列教学策略和技巧的理解和掌握。适宜的教学方法能够促进学生的理解和记忆,提高学习效率和效果。掌握多种教学方法可以帮助教师适应学生的个体差异,实现个性化教学。在教学中,教师应能够针对不同的学习内容和目标,选取适当的教学方法,比如直接教学法、合作探究法、项目式教学、差异化教学等。这都需要教师深入理解这些教学法的适用范围,学会灵活运用。

三是关于评估和反馈的知识。评估和反馈的知识体现出教师在教学过程中对学生的学习成果进行评价、监测,并根据评估结果给予学生有效反馈的能力。这种知识对于指导学生学习、调整教学策略、促进学生发展具有重要作用。通过评估,教师可以监测学生的学习进度,为学生提供学习方向和改进方法,而有效的反馈可以培养学生的自我评价能力,促使他们成为自主的学习者。首先,教师应熟悉各种评估方法,包括形成性评估和总结性评估,以及定性评估和定量评估等。其次,教师应能够设计和运用各种评估工具,如测试、作业、观察记录、自我评价表、同伴评价表等。再次,教师应能根据评估结果给予学生及时、具体、建设性的反馈,帮助学生理解自己的优点和不足。最后,教师应了解评估和反馈过程中的伦理要求,如公正、尊重、保护学生隐私等。

3.学生发展的知识

学生是教育的主体,促进学生的发展是教师的核心工作。因此,教师只有对学生有了充分的了解,才可能科学开展教育活动,实施因材施教。学生发展知识是指教师对学生的学习成长、心理发展、社会适应等方面特点和规律的理解和掌握。了解学生的发展规律和特点,可以帮助教师更有效地设计教学活动,促进学生知识、技能和情感等方面的全面发展,也有助于教师建立和谐的师生关系,创造积极的学习氛围。学生发展方面的知识主要包括如下几个方面。

一是关于学生认知发展的知识。学生认知发展知识是指教师对学生认知能力发展阶段、特点和规律的理解和掌握。认知发展涉及学生的思维、知识获取、信息处理、问题解决等方面的能力。了解学生的认知发展对于教师设计适宜的教学活动、促进学生有效学习具有重要意义。具体而言,学生认知发展相关的知识包括学生的感知和注意、记忆和信息处理、思维和概念形成、问题解决和决策、元认知能力等多个方面,教师应当在理解学生认知发展规律的基础上,结合学科知识和学科教学引导学生提升认知能力。

二是关于学生心理社会发展的知识。心理社会发展的知识包括学生自我概念的形成、道德认知的发展、人际关系的建立、社会角色的扮演等方面的理解。了解学生心理社会发展的知识,可以帮助教师引导学生认识自己,建立积极的自我概念和自尊,并帮助学生建立和维护良好的同伴关系。这些知识具体包括理解学生如何形成对自己的认识,包括自我意识、自我评价和自我效能感;掌握学生道德判断和道德行为的发展阶段;了解学生如何与同伴建立关系,包括友谊的形成、群体压力的影响以及合作与竞争等方面;学生情绪表达、情绪调节以及同理心等情感能力的发展;理解学生如何认识和扮演不同的社会角色,如学生、家庭成员、公民等,以及他们在这些角色中承担的责任。教师应不断学习和实践,为学生的全面发展提供坚实的支持。

三是情感与道德发展知识。教育的目的在于立德树人,学生道德素养的培养在教育中占据首要位置,而学生道德素养的培养离不开对学生情感与道德发展规律的基本认识。教师对学生在情感表达、道德认知和价值观念形成等方面的成长和发展的理解与掌握,对于教师在教学过程中引导学生形成积极的人生观、价值观和道德观具有重要意义,为培养德智体美劳全面发展的时代新人提供理论支撑。具体而言,这些知识应包括:理解学生情感表达和情绪调节能力如何随着年龄和经验的增长而发展,包括快乐、悲伤、愤怒、恐惧等基本情绪的表达和处理;掌握学生道德判断和道德推理的发展阶段,如皮亚杰的道德发展理论,以及柯尔伯格的道德发展阶段理论等;了解学生的价值观如何受到家庭、学校、社会和文化等因素的影响,以及如何在不同情境中形成和变化;探讨学生如何发展同理心,即理解他人情感和立场的能力,以及如何培养亲社会行为,如帮助、分享和合作。

4. 教育原理知识

教育原理是有关教育本体的原发性理论或有关教育本身的最一般性的理论[①]。教育原理探求的是事物背后的道理,寻找的是道理之后的道理,是对教育问题、教育行为、教育理念等开展的深层次的理论性的考察。教师学习教育原理知识有助于形成对教育本质的基本认识,把握教育相关的诸多要素的价值内涵,尤其形成对"培养什么人""怎么培养人""为什么培养人"等核心问题形成基本认识,从而保证教育和教学能够合乎教育性地开展,而非违背教育的价值和规范。教育原理知识虽然是纯粹理论性知识,但是对于教师学会从根本、根源、原点视角去思考教育问题具有重要作用,不仅有助于拓展教师理论素养,还能够提升教师的思维品质,进而将理论与实践进行交互转化,培养教育家型、研究型教师。

教育原理所秉持的基本观念是透过现象看本质,既要知其然,更要知其所以然。因此,教师在专业发展中,一方面要不断地学习教育原理相关的知识,包括课程与教学论、教育哲学、教育美学、教育社会学、教育人类学等相关学科的知识,深入把握相关概念及其背后的内涵,通过阅读教育经典名著树立科学的教育观、教学观、学生观,以此指引自身的教育行动;另一方面,应有意识地将教育原理作为一种看待问题的方法,形成一种原理式、原点式的思维看待日常教育现象和教育问题,从而把握教育问题的本质,进而做出科学教育决策。

(二)行:实践能力

教育本身作为一种实践性的活动,实践能力是教师专业发展的重中之重,只有具备良好的实践能力,教师才可能将理想化的教育转化为现实的教育,将

---

① 冯建军.关于"教育原理"的学科称谓与内容现状的研究[J].教育理论与实践,2007(07):1-5.

立德树人落到实处,切实促进学生的全面发展。教育领域不断变化,新的教育理念、技术和方法层出不穷。教师需要具备持续学习和适应变化的能力,以应对教育改革的挑战。实践能力直接关系到教育和教学的质量,教师必须持续提升自身的实践能力,在实践中反思,在反思中实践,通过理论与实践的互动,让自身的实践迈向更高的境界。

教师的实践能力主要体现在师生互动、班级管理、学生评价、合作交流、自主发展等方面能否遵循基本的价值规范,能否将教育理念转化为教育现实。这一能力核心体现为教师的教育智慧。"教育智慧指的是教师教学的机智和智慧,其本质是智慧性和机智性,这是一种反思性的智慧和情境性的机智。"[1]教育智慧"理念上强调实践取向,关注"做"和"行动",避免将教育活动抽象化和理论化;行为上更多表现出克制、理解、尊重、包容、自信的品质;策略上重视反思,包括行动前的反思、行动中的反思、对行动的反思、行动后的反思、对反思的反思以及对鲜活体验文本的反思。"[2]由此,教育实践能力的提升离不开教师持续地开展教育实践和反思,也离不开教师持续地学习。

首先,开展反思性实践。反思性实践是教师专业发展的核心环节,它要求教师在教学活动后对自己的行为、决策以及这些行为和决策对学生学习的影响进行深入思考。这种反思可以是个人反思,也可以是集体反思,从而不断提升教育实践的有效性。其次,开展教育科学研究。教育科学研究是提升教师问题意识、深度理解教育现象和问题的重要方式,有助于提升教师对教育实践把握的敏感性,抓住教育问题的本质,从而更有效地提出教育实践优化的行动策略。教师可通过行动研究不断地检验已有经验,并通过反思不断优化。最后,树立终身学习意识,提升学习力。教师需要有自我驱动的学习意识,主动寻找学习资源和机会,不断提升自我专业素养,以科学的理论、正确的教育价值观为指引,保障教育的方向。

---

[1] 李树英.智慧教育需要教育智慧:教师专业发展的人文选择[J].现代远程教育研究,2019(06):32-38.
[2] 李树英,王萍.教育现象学——一门成人与儿童如何相处的学问[J].江苏教育研究,2008(09):3-8.

(三)道:专业精神

教育的专业精神是指教师在从事教育工作时所持有的一系列价值观、态度和行为准则。这种专业精神不仅体现了教师对教育事业的热爱和承诺,也是教师职业成长和教育质量提升的重要基础。教师专业精神是体现优秀教师素养的重要方面,它是教师理性、道德和审美情感在教学实践中的集中体现。教师专业精神有助于教师形成稳定的职业认同,提升教学质量和教育效果,而教师使命感的培养能够使教师超越个人利益,从社会的进步和学生的未来发展的高度定位自身的职责。教师专业精神主要体现为教师专业认同、教师美德和教师使命感。

1.教师专业认同

教师专业认同是教师专业精神发展的起点,包括教师个人对其专业知识的理解、对其专业的态度和信念,个人性情和专业性质的匹配以及个人价值观和专业价值观的一致性。教师认同还涉及对自身和所在组织机构关系的认识,包括教师的自主性、忠诚度、奉献意愿和组织认同。教师的自主性是教师把教学作为一种道德实践的前提,而忠诚度和奉献意愿则与教师对组织的认同紧密相关。

教师的个人认同是指教师对自己作为教育者角色的个人理解和接受。这包括教师对自己专业知识和技能的掌握、对教育价值和目标的认同,以及对自己在教育过程中所扮演角色的认同。个人认同的发展需要教师通过不断的学习和实践,加深对自己职业角色的理解和自我肯定。高度的专业认同感可以使教师更加积极地参与教育改革,更有效地应对教育挑战,更深刻地理解和实践教育目标。此外,教师的专业认同还能够促进教师之间的合作,提高教师团队的凝聚力,从而为学生创造一个更加积极的学习环境。

2.教师美德

教师美德是教师专业精神的第二个层次,是在教师建立了对职业的认同之后,进一步展现的种种更具道德性的个人特质。教师美德可以分为理性精神、道德精神和审美精神三个方面,但这些方面并不是截然分离的,而是相互包容、互不可缺。理性精神包括批判精神、反思精神、创造精神等;道德精神涉及勇气、友善、信赖、正义等;审美精神则是教师在全身心投入教学中时所体现的审美旨趣。

在专业精神中,理性精神是教师美德的基础,它要求教师在教学过程中展现出批判性思维、反思能力和创新精神。教师应具备对教育现象进行深入分析的能力,能够基于证据和理性判断来指导自己的教学实践。此外,理性精神还包括对教学内容的深入探究和对学生认知发展规律的理解。道德精神是教师美德的核心,它体现了教师对学生的关心、尊重和公正。教师应具备同情心和谦卑,能够理解和尊重学生的多样性和差异性。道德精神还要求教师在处理教育问题时坚持正义和公平,以及在面对挑战时展现出勇气和坚定。审美精神是教师美德的延伸,它涉及教师对美的感知和追求。教师应能够欣赏和创造教育过程中的美好时刻,通过艺术和创造性活动来丰富教学内容和学习体验。审美精神还体现在教师对教育环境的美化和对教学材料的设计上,创造一个有利于学生发展的美学空间。关怀与责任是教师美德的重要组成部分,它要求教师对学生的成长和发展承担起责任。教师应关注学生的个体差异和特殊需求,提供个性化的指导和支持。同时,教师还需要对自己的教学行为和学生的学习成果负责,不断追求教学的卓越。

教师美德是教师专业精神的核心,它能够为学生树立正面的榜样,促进学生的道德发展和社会责任感的形成,有助于提升教育行业的整体形象,增强社会对教育的信任和尊重。通过不断的发展和实践,教师可以培养和提升自己的美德,从而更好地服务于学生的成长和社会的进步。

3.教师使命感

教师使命感是教师专业精神发展的较高境界,这种使命感不以自我实现为目的,而完全以他人的发展为己任。教师使命感的获得是通过个人的不懈追求和对人生根本问题的追问和反思达到的,它体现了教师对自身、教学和学生以及更广阔世界的深刻理解。

首先,教师使命感体现在对教育社会责任的深刻理解上。教师不仅是知识的传递者,更是价值观的塑造者和社会规范的传播者。教师意识到自己的工作不仅仅是教授学科知识,更是在培养学生成为有责任感、有道德感和有创造力的社会成员。其次,教师使命感体现在对学生全面发展的关注上。教师致力于培养学生的认知能力、情感态度和社会技能,帮助学生建立起积极的人生观和价值观。教师通过自己的教学实践,努力为学生提供一个全面发展的平台,让学生能够在知识和能力上不断进步,为未来的生活和职业做好准备。最后,教

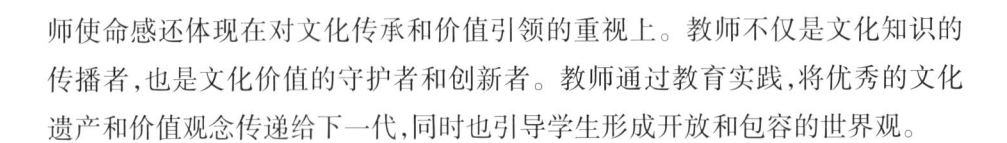

师使命感还体现在对文化传承和价值引领的重视上。教师不仅是文化知识的传播者,也是文化价值的守护者和创新者。教师通过教育实践,将优秀的文化遗产和价值观念传递给下一代,同时也引导学生形成开放和包容的世界观。

二 "学校文化—学习共同体"协同的两翼支撑

教师专业发展除了教师自身需要在知识、能力和精神等方面发挥主观能动性、提升自己的专业性外,还需要来自外部环境的支持,即学校文化的支持和教师群体之间学习共同体的建构。学校文化是教师专业发展的土壤,它通过塑造积极向上的组织氛围、提供丰富的教育资源和建立公正的评价体系,为教师提供成长的条件和动力。鼓励创新、尊重多元、重视合作的学校文化,能够有效激发教师的内在潜力,促使他们不断探索教育教学的新理念、新方法,从而实现自我超越和专业成长。教师共同体的建构为教师提供了一个交流和合作的平台。在这个共同体中,教师们可以分享经验、相互学习、共同研究,形成一种互助互促的专业发展机制。通过集体备课、课题研究、教学反思等活动,教师们能够更好地理解学生需求,提高教学质量,促进教育创新。

(一)学校文化支持教师专业发展

学校文化对教师专业发展具有深远的影响。积极、健康、支持性的学校文化环境能够有效地促进教师的专业成长,提高教学质量,增强教师的职业满意度和归属感。

第一,打造合作共享的学校文化。合作与共享的文化鼓励教师之间的信息交流,使得教学方法、策略和创新能够迅速在教师群体中传播,教师可以接触到不同的教学风格和观点,有助于提升整个教师团队的专业水平。在开放共享的文化氛围中,教师被鼓励尝试新的教学方法和技术。这种文化激发了教师的创新精神,促进了教育实践的不断改进和发展。为此,学校应建立合作平台与合作制度,通过建立教师论坛、工作坊、教研组等平台,为教师提供交流和合作的机会,建立共享资源库,包括教案、教学视频、研究成果等,实现教师之间资源的共享。同时,学校领导应通过自身的行为树立合作与共享的典范,建立一种基于信任和尊重的文化氛围。这要求领导层对教师的贡献给予认可,并鼓励教师之间的相互支持。

第二，建立公平正义的学校文化。公平正义的文化能够让教师感受到自己是学校大家庭中的重要成员，从而增强对学校的归属感和忠诚度。这种情感的投入对于教师的长期发展和学校的稳定至关重要。当教师感受到在学校中每个人都受到公平对待时，他们的工作满意度会显著提高。这种满意度的提升能够激发教师的积极性，促进其专业成长。在日常工作中，公平正义的学校文化使得教师的晋升、奖励和学习机会是基于他们的能力和贡献，而不是其他非专业因素，从而保障了每位教师都有平等的职业发展机会。因此，学校应建立一套清晰、公正的评价体系，确保教师的评价和晋升基于客观的标准和透明的程序，保证教师职称晋升的公正与公平，激发教师专业发展的积极性。同时，学校应为所有教师提供平等的专业发展机会，包括参加培训、研讨会、学术会议等，确保每位教师都能够获得必要的支持和资源。此外，应保障教师参与学校的决策过程的权利，包括政策制定、教学改革等，让教师感到自己的意见和需求被重视。学校可以逐步建立起公平正义的文化环境，为教师提供一个稳定、支持性的专业发展平台。这不仅有助于教师个人的成长，还能够促进学校整体教育质量的提升，实现学校的长期发展目标。

第三，建立积极的激励制度。积极的激励机制能够激发教师的工作动力，使他们更加投入地参与到教学和教研活动中，从而提高教学质量和学生的学习成效。采取一些激励机制，学校可以鼓励教师不断学习新的知识和技能，进行自我提升和专业发展。学校建立有效的激励机制，如奖励制度、职称晋升等，可以激发教师的积极性和工作热情，促进教师的个人成长和职业发展。学校应建立明确、公正的评价体系，确保教师的表现能够得到客观的评估。评价标准应与教师的专业发展目标相一致，鼓励教师在教学、科研等方面取得进步。同时，根据教师的个人特点和职业发展阶段，实施个性化的激励计划，帮助教师制定个人发展目标，并提供相应的支持和资源。在激励教师的同时，关注他们的工作与生活平衡，提供灵活的工作安排和福利支持，帮助教师保持良好的工作状态。

(二)学习共同体促进教师专业发展

教师学习共同体是指教师在专业发展过程中，基于共享的愿景和价值观，通过持续的反思性探究、协同合作，促进个体与团队共同进步的集体。这种共同体不仅支持教师个体的专业成长，而且通过集体智慧和协作，可以推动教育实践的创新和改进。建立学习共同体被广泛认为是促进教师专业发展一种重要手段和有效途径。秉持共享的愿景与价值观、坚持以学生为中心、持续反思性专业探究、协同合作、促进个体与团队共同进步是专业学习共同体的主要特征。通过学习共同体,教师个人和教师团体能够相互支持,获得各方面的专业资源,促进教师专业发展。在学校层面,学习共同体的建构,需要满足参与主体、愿景设定和制度保障三个基本要素,才能使之成为常态化的校本培养机制,使教师学习共同体从理念到内涵,都内化为学校发展的一种生态[1]。

首先,参与主体是教师学习共同体的核心,它包括了所有可能参与到共同体活动中的成员。这些成员不仅包括一线教师,还应该包括学校管理层、教研人员、辅导员,甚至是学生和家长。每个成员都应该有平等的机会参与共同体的活动,分享知识、经验和想法。参与主体应具有多元化特征。教师学习共同体应该包含不同背景、不同专业领域和不同经验水平的教师,这样的多样性能够促进更广泛的知识和技能交流,充分发挥每一个教师的优势。

其次,愿景设定是教师学习共同体的方向和目标,它是激励成员共同努力的精神旗帜。一个清晰而有吸引力的愿景能够激发成员的热情,引导共同体的发展方向。一方面,共同体的愿景应该是所有成员共同参与制定的,它反映了成员的共同愿望和目标。另一方面,愿景应该是具体、可衡量和可实现的,这样才能够为成员提供明确的行动指南。随着共同体的发展和外部环境的变化,愿景也需要不断地调整和更新。

最后,制度保障是确保教师学习共同体能够有效运作的基础。它包括了一系列的政策、规则和程序,旨在支持共同体的活动,保护成员的权益,以及评估共同体的效果。教师专业学习共同体的建构,是一个组织文化变革的过程,同时也是一种多重资源集聚以实现"跨界学习"的过程[2]。跨界学习鼓励教师跳出自己的专业领域,与其他学科和领域的专家进行交流。这种跨学科的互动可以激发新的思考方式和创新的教育理念,有助于教师开发更具创新性的教学方法和课程设计。因此,学校还应建立跨界学习共同体,通过跨学科教研、跨年级教研、跨理论主体与实践主体教研等常态化的学习制度,支持教师专业发展,拓宽其专业发展的视野,提升其专业能力和思维。

---

[1] 陈德收,王学男.构建教师学习共同体:优质校师资优化的理性选择[J].中小学管理,2020,(09):21-23.
[2] 孙元涛.教师专业学习共同体:理念、原则与策略[J].教育发展研究,2011(22):52-57.

第三节 教师专业发展实践

在教师专业发展模型建构的基础上，化形化学开展了教师专业发展实践。我们从影响教师专业发展的三大主体出发，形成以教师自我为中心的教学反思、以学习共同体为载体的同伴互助和以跨界交往为方式的专家引领。教学反思指向的是个体教师专业发展，要求教师通过自主的教学实践，在实践中反思、在反思中实践，从而实现"知行合一、悦动有道"，提升教育和教学境界；同伴互助指向的既是个体也是群体教师的专业发展，要求教师之间建构学习共同体，以共同的愿景、协作的行动和有效的沟通机制促进每一个教师的专业发展，通过不同教师之间的优势互补、相互学习，实现"知行合一、悦动有道"；专家引领指向的是群体教师的发展，要求通过教育理论研究者与教师之间开展有效的互动，以教育理论引领、启发教育实践，实现"知行合一、悦动有道"。

一、教学反思：在教学实践中持续提升

教学反思是指教师在教学实践中，批判性地审视和分析自己的教学行为、教学效果以及背后的教育理念和假设。这一过程不仅涉及对已经发生或正在发生的教育教学活动的反思，也包括对这些活动背后文化、理论和假设的深入思考。教学反思的目的是发现和解决教育教学中的问题，从而改进自己的教学实践，使教学实践更加和合理，发展学生的同时也实现自身专业素质的提升[1]。教学反思有助于教师识别和解决教学实践中的问题，从而提升教学效果；教学反思还有助于教师形成自我监控和自我调整的能力，增强教师的职业责任感和自我效能感，从而实现教师专业成长和持续性发展。

---

[1] 申继亮,刘加霞.论教师的教学反思[J].华东师范大学学报(教育科学版),2004(03):44-49.

(一)教学反思的内容

教学反思的内容是教学反思过程中的核心要素,它涉及教师对教学活动的各个方面进行深入的思考和分析。在教学反思实践中,我们根据教师和教学的属性、反思的目的,将教学反思的内容划分为课堂教学指向、学生发展指向、教师发展指向、教育改革指向和人际关系指向等不同维度的反思。

1.课堂教学指向的反思

课堂教学指向的反思是反思如何更好地开展课堂教学,最大程度地发挥课堂育人的作用,激发学生学习兴趣和主动性。这一层面的反思包括课堂教学的方方面面,教师通过对自己教学实践的复盘和总结,把握课堂教学中自己对教学相关重要问题、重要环节的把握程度,以教育目标和新课程标准为参照,发现课堂教学的优点和不足,从而汲取经验和教训,进而推动自身课堂教学能力的持续提升。

具体而言,课堂教学指向的反思主要包括:教学内容的组织和呈现方式,如重点和难点的处理,反思自己对于教学内容的解读和重组是否合理,是否能够让学生进行整体把握;教学方法和策略的选择与应用,如讲授法、讨论法、合作学习法等,反思这些方法的运用是否符合学生认知发展的需要,是否与教学内容相契合法等;教学技巧的运用,如提问技巧、课堂管理、学生参与度的提升等,反思这些技巧运用是否产生实质性的效果,有无发挥育人价值;教学资源的有效利用,包括教材、多媒体工具、实践活动等,反思这些资源的运用能否激发学生的学习兴趣,使用与不使用是否存在本质差别;教学评价的方式和标准,反思如何公正、有效地评估学生的学习成果。

2.学生发展指向的反思

学生发展指向的反思是教学反思中至关重要的一环,它专注于评估学生的学习成果、能力发展、兴趣培养等方面。学生发展是教育的根本目的,没有学生发展的教育是不合格的教育,教师应时刻保持对学生发展的敏感,从多个层面反思自身的教育实践对学生发展所带来的积极或消极的影响。对教师而言,专业化的教师必定能够以合乎教育性的方式引导学生的发展,唯有关注到学生的发展,教师自身的专业性也才得以彰显。

学生发展指向的反思主要包括如下内容:首先,从整体视角反思学生发展。

教师要反思学生的全面发展,不仅关注学业成绩,还要关注学生的个人成长和社会适应能力提升。考虑如何通过跨学科教学、社会实践和社区参与等多元化活动促进学生的全面发展。其次,从学生学习成果角度进行反思。反思学生的学业成绩,分析学生在知识掌握和技能应用方面的表现,以及教学方法是否有效促进了学生的学业进步;反思学生的批判性思维、解决问题能力和创新能力的培养情况,探索如何通过教学活动提升学生的综合能力;考虑学生个体差异,思考如何调整教学策略以满足不同学生的学习需求,特别是如何支持学困生和高潜能学生。最后,反思学生的心理和人格发展。关注学生的心理健康和情绪管理,反思教学活动是否为学生提供了一个支持性和包容性的学习环境;反思学生的自尊、自信和自我效能感的培养,考虑如何通过正面反馈和成功体验增强学生的自我价值感;探索如何通过团队合作、角色扮演等活动促进学生的社交技能和领导力发展,以及如何培养学生的道德观念和责任感。通过这些方面的深入反思,教师可以更好地理解学生的需求和潜力,设计出更有效的教学方案,促进每个学生的全面发展。同时,这也有助于教师建立更为积极、互动和支持性的学习环境,让学生在知识和能力、情感和心理、社会和道德等各个方面都得到均衡的成长。

3.教师发展指向的反思

教师发展指向的反思是教师对自身教学实践、专业成长和职业发展的深入思考。这种反思对于教师提升教学质量、实现个人职业目标和促进终身学习具有重要意义。这是教师以自身为对象开展的关于自身专业发展的反思,既涉及教师现有专业能力的反思,也包括教师对于未来专业发展方向和定位的反思。教师发展指向的反思是教师专业提升的重要动力,只有当教师对自身专业"是什么境况、往何处去"有一个基本的认识,其专业发展才是可持续的。

教师发展指向的反思包括如下几个方面:首先,对自身专业知识和技能的反思。教师需反思自己的学科知识和教学法知识的深度和广度,评估是否需要通过继续教育、专业培训或自学来填补知识空白;思考如何将最新的教育研究成果和教学方法应用到实际教学中,以保持教学内容的现代性和相关性;反思教学技能,如课堂管理、学生评估、教学设计等,探索如何通过实践和反馈提高这些技能。其次,对自身人格魅力和自我形象塑造的反思。教师应反思自己的职业形象和师生关系,评估自己的行为和态度如何影响学生和同事的观感;思考如何通过积极倾听、同理心和正面反馈来建立信任和尊重的师生关系;反思个人的价值观和教育理念,确保这些理念能够指导自己的教学实践并对学生产生积极影响。再次,对职业发展的反思。思考个人的职业发展路径,设定职业目标,并规划如何通过提升专业资格、参与教育科学研究来实现这些目标;反思个人对教育事业的贡献和成就感,评估如何通过参与社区服务、教育改革或专业组织来提升职业影响力。最后,开展定期的自我评估。教师需定期进行自我评估,反思教学实践的效果,识别优势和改进空间;思考如何建立有效的反馈机制,包括从学生、家长和同事那里获得反馈,并将其用于指导个人发展;反思个人的职业伦理和责任感,确保自己的行为符合教师职业道德标准。

4. 教育改革指向的反思

教育改革指向的反思涉及教师对当前教育体系、政策、课程内容以及教学方法的批判性思考和评价。通过对教学改革的深入反思,教师不仅能够更好地理解和适应教育改革的趋势和要求,还能够积极参与改革过程,为提高教育质量和促进学生全面发展作出贡献。教育改革指向的反思要求教师具备开放的心态、批判性思维和创新精神,以确保教育改革能够有效地促进所有学生的发展。

教育改革指向的反思需要教师保持对前沿教育政策和教育理论的敏感,以此作为衡量和反思自己教育和教学实践的标准,能够针对当前的教育问题提出自己的思考。具体而言,教育改革指向的反思包括如下内容:首先,反思课程改革的适应与实施。教师应评估新的课程标准和教学大纲对教学内容和方法的影响,以及如何有效地将这些改革融入课堂,反思课程改革的目标和理念,如培养学生的批判性思维、创新能力等,以及这些目标如何在自己的课堂上得到体现;探索如何利用跨学科、项目式学习等新的教学模式来提升学生的综合能力和适应未来社会的需求。其次,反思教育改革的实效性和挑战。教师应评估教育改革在实际教学中的效果,包括学生学习成果的改善、教师教学方式的变化等;反思教育改革过程中遇到的挑战和困难,如资源不足、培训支持不够、家长和社会的期望较高等;探讨如何通过持续的专业发展、学校和社区的合作以及政策倡导来克服这些挑战。再次,反思教师的角色和社会责任感。教师需反思自己在教育改革中的角色,如何成为改革的推动者和实践者;思考教师如何通过积极参与教育研究、政策讨论和社会服务来提升自己的社会影响力;反思教师如何培养学生的社会责任感和公民意识,使他们成为积极参与社会变革的一代。最后,反思教育政策和制度。教师需反思教育政策和制度如何影响自己的教学实践和学生的学习。这包括对教育法规、考试制度、学校管理等方面的分析;思考教育政策是否符合学生的发展需求,是否有助于实现教育公平和提高教育质量;反思教育制度中的潜在偏见和不平等,探讨如何通过自己的教学实践来弥补这些问题。

5.人际关系指向的反思

人际关系指向的反思是教师对于与学生、家长、同事以及其他教育利益相关者之间互动和沟通的深入思考。这种反思有助于教师建立和维护积极的工作关系,创造支持性的教学环境,并促进个人和集体的教育目标实现。这方面的反思主要涉及与教师专业发展相关重要他人的人际关系处理。具体包括以下方面。

首先,师生关系的建立与维护。教师需反思自己在建立师生关系方面的方法和效果,包括如何赢得学生的信任和尊重,以及如何通过日常互动展示关心和支持;思考如何通过有效的沟通技巧和教学策略来适应不同学生的需求,包括文化背景、学习风格和个人兴趣;反思如何处理学生的行为问题和冲突,以及如何通过积极的纪律管理和情感支持来促进学生的正面行为。其次,家校合作的策略与效果。教师应评估自己与家长沟通的方式和频率,以及这些沟通如何影响学生的学习和家庭参与;反思如何通过家长会议、家访和其他家校活动来加强与家长的合作,共同支持学生的成长和发展;思考如何理解和尊重家长的观点和期望,以及如何在教育实践中融入家庭和社区的资源和知识。再次,同事间的协作与支持。教师需反思与同事之间的协作关系,包括如何共享资源、交流经验和支持彼此的专业发展;思考如何通过团队教学、共同规划和参与教研活动来提高教学效果和创新教学方法;反思如何处理同事之间的分歧和竞争,以及如何建立一个基于相互尊重和信任的工作氛围。最后,个人情感管理和人际交往能力。教师需反思自己在人际交往中的情感管理能力,包括如何处理工作压力、挫折感和冲突;思考如何通过自我反思、情绪调节和压力管理来保持良好的工作状态和人际关系;反思如何通过持续的个人发展和学习来提升自己的沟通技巧和领导能力。通过这些方面的深入反思,教师可以更好地理解和改善自己在人际关系方面的行为和策略,从而创造一个更加和谐、有效和支持性的教育环境。人际关系指向的反思不仅有助于教师个人的职业成长,也对提升整个教育系统的合作精神和集体效能具有重要意义。

(二)教学反思的过程

教学反思根本上是教师批判性地、富有想象力地回顾过去,能对事件的因果关系进行思考,并制定下一步教学计划。在教学反思的步骤方面,美国学者巴特勒特提出了较为著名的"五步法",他认为教学反思是一个由"绘图"(mapping)→"探寻信息"(informing)→"争辩"(contesting)→"评估"(appraisal)→"行动"(acting)等环节构成的、周而复始的循环过程[1],如下图所示。所谓绘图是教师观察并搜集自己教学的证据,包括日记、视频、音频等,形成对自我教学的基本回顾和印象。探寻信息,是教师依据自己的绘图,寻找绘图背后的意义。争辩,是教师试图找到行为的根本原因和背景,包括发现不一致或矛盾的地方。例如自身所认可的教学理念与自己实践之间的矛盾。评估,则是找出与自己所认可的教学理念一致的替代性的教学方案。行动,即按照评估中所设想的教学方案行动。如果依照方案的行动依然没有达到预期,则开启第二轮教学反思的循环。

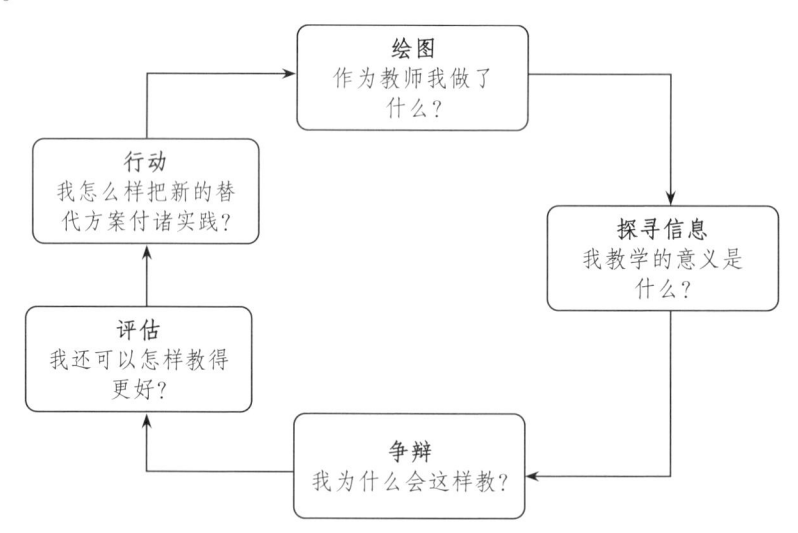

基于巴特勒特的"五步法",结合化形化学的理念,笔者形成了以下教学反思的步骤。

---

[1] 王毅,黄仕会.大学英语教师教学反思现状调查——以Bartlett教学反思过程为依据[J].外语研究,2016(05):70-75.

1.觉察与识别教育问题(知)

这是教学反思的基础。教师开始意识到教学中存在的问题或不满意的地方,这可能来自学生的反馈、教学效果的评估或个人的感受。此步骤的目的在于增强教师的自我意识和问题意识,为进一步的反思打下基础。

2.描述与记录(知)

教师详细记录教学事件,包括自己的教学行为、学生的学习反应、课堂氛围等。通过描述和记录,教师开始从客观的角度审视自己的教学实践,这是向更深层次反思迈进的关键一步。

3.分析与评估(知—行)

教师分析教学实践中的各种因素,评估教学方法的有效性和学生的学习成果。在这一步骤中,教师开始运用教育理论和先前的经验来解释教学现象,对教学行为背后的原因和结果进行深入思考。

4.理论联系与重构(知—行—道)

教师将分析的结果与教育理论联系起来,重新构建教学理念和策略。这一步骤要求教师不仅理解教学中的问题,还要能够提出创新的解决方案,并在实践中尝试和验证。

5.行动与实施(知—行)

教师根据反思的结果制定行动计划,并在教学中实施这些改进措施。实施过程中,教师继续观察和记录教学效果,确保所采取的措施能够有效解决问题。

6.反思与调整(知—行—道)

教师对实施后的教学效果进行反思,评估改进措施的成效,并根据反馈进行必要的调整。这一步骤是教学反思循环的关键环节,有助于教师不断优化教学策略,实现持续的专业发展。

通过这些步骤,教师的教学反思从表面的觉察和描述,逐渐深入到对教学理念和实践的全面分析和重构。这个过程不仅促进了教师对教学活动的深入理解,还有助于教师在实践中不断尝试新的教学方法,从而实现从反思性教学到发展性教学的转变。这种深度进阶的过程使教师能够更加自觉地、创造性地应对教学中的挑战,不断提升教学质量和教育效果。

(三)教学反思的策略

学校与教师应当达成共识,形成有效的支持机制,促进教师教学反思活动开展,提升教师教学反思能力。具体包括以下三种策略。

一是理论逻辑与实践逻辑互审。它强调教师在反思过程中应将教学理论与实际教学实践相结合,通过相互审视和验证来提升教学反思的深度和广度。在反思过程中,教师需要批判性地审视教学理论,同时也要在实践中尝试和验证这些理论,以确保理论与实践的一致性。教师应避免盲目遵循理论或完全依赖个人经验,而是要在理论与实践之间找到平衡点,形成个性化的教学策略。教师首先需要对教学理论有深入的理解,这包括对教育心理学、教学法、课程设计等领域的基本理念和原则的掌握。理论学习不仅仅是记忆概念和原则,而是理解其背后的教育理念和价值观,以及这些理念如何指导实际的教学行为。在理解教学理论的基础上,教师将理论应用于实践,通过尝试不同的教学方法和策略来验证理论的有效性。在实践后应进行反思,考虑哪些理论得到了验证,哪些需要重新考虑或调整。反思不仅是对实践的评价,也是对理论的再认识,教师应思考如何将理论与实践更好地结合。通过不断实践和反思,教师可以根据自己的经验和理解,形成具有个人特色的教学理论。理论逻辑与实践逻辑互审策略鼓励教师持续学习新的理论知识,同时在教学实践中不断尝试和创新。教师应将这种策略视为专业发展的一部分,通过持续的学习和实践来提升自己的教学能力和专业素养。

二是个人探索与群体协作互补。它强调教师在进行个人教学反思的同时,也应积极参与群体的协作和交流,通过集体智慧来促进个人和团队的专业发展。教师作为教学实践的主体,需要对自己的教学行为进行深入的个人反思,包括教学目标的设定、教学方法的选择、学生学习效果的评估等。个人探索鼓励教师对自己的教学理念和实践进行批判性思考,识别教学中的问题和挑战,并探索可能的解决方案。通过个人探索,教师能够更好地了解自己的教学风格和优势,同时也能够发现需要改进的地方。教师群体协作提供了一个共享经验、交流想法和相互学习的平台,有助于教师从不同的角度和视角审视教学问题。在群体协作中,教师可以分享自己的教学实践和反思结果,同时也能够从同事那里获得反馈和建议。群体协作有助于打破个体教师的孤立感,通过团队的力量共同解决教学中的难题。个人探索与群体协作之间具有互补性。个人反思可以为群体讨论提供丰富的素材和个人见解,而群体协作则可以为个人反思提供支持和启发。教师在个人探索中遇到的问题和困惑,可以在群体协作中得到解答和指导,群体协作中的发现和创新也可以激发个人探索的新思路。教师应定期参与教研活动、研讨会和工作坊,这些活动可以提供群体协作的机会,并促进教师之间的交流和合作。学校和教育机构应鼓励和支持教师进行个人探索与群体协作,提供必要的时间和资源,如安排教研活动时间、提供专业发展基金等。通过个人探索与群体协作互补策略的实施,教师不仅能够提升自己的教学能力和专业素养,还能够在更广泛的教育社群中发挥影响力,共同推动教育的发展和创新。这种策略有助于建立一个开放、合作、共享的教育环境,使教师成为终身学习者和教育变革的积极参与者。

三是理性探寻与行动尝试互促。理性探寻与行动尝试互促策略强调教师在反思性思考和实际教学行动之间建立相互促进的关系。这种策略旨在帮助教师通过深入的理论探索和积极的实践尝试来提升教学质量和促进个人专业发展。理性探寻要求教师在反思过程中运用批判性思维,对教学实践进行深入的分析和评估。这包括对教学目标、教学内容、学生学习过程、评估方法等方面的理性思考,以及对教育理论和教学方法的深入研究。理性探寻还涉及对教学中出现的问题和挑战的系统分析,以及对可能的解决方案的探索。在理性探寻的基础上,教师需要将思考的结果转化为具体的教学行动,通过实际尝试来验证理论的有效性和可行性。行动尝试可能包括改变教学方法、采用新的教学技术、调整课程内容、改进评估策略等。教师应在实践中持续观察学生的反应和学习成果,以评估新策略的效果,并根据反馈进行调整。理性探寻与行动尝试之间的互促关系意味着教师在理论学习和实践尝试之间建立一个动态的循环。

教师在实践中遇到的问题可以激发新的理性探寻,而深入的理论学习又可以指导后续的行动尝试。这种互促关系有助于教师不断优化教学策略,提升教学效果,并在反思和实践中实现专业成长。通过理性探寻与行动尝试的互促策略,教师能够持续地更新自己的教学知识和技能,保持教学实践的活力和创新性。

二　同伴互助：在学习共同体中共同成长

教师专业学习共同体，是以教师自愿为前提，以"分享、合作"为核心，以共同愿景为纽带把教师联结在一起互相交流和共同学习的组织。学习共同体可以提高教师解决实际问题的能力，增进成员之间的协作及信息交流，使个体在团队的互动中获益并培养个体与他人有效协作的能力[①]。作为一种互助、协同的学习组织，学习共同体能够有效地激发教师学习的主动性，形成终身学习的理念，对于教师专业的持续发展有着重要作用。

（一）教师学习共同体的特点

1.自我认同

学习共同体的自我认同是指成员对共同体的目标、价值观、愿景以及自己在其中所扮演角色的认同和接纳。这种认同感是学习共同体能够顺利运作和发挥其功能的基础，对于维持共同体的凝聚力和推动其发展具有重要作用。自我认同需要建立共同愿景、价值共享、角色认同和相互信任，从而让共同体成员能够齐头并进、共同成长。

共同愿景是学习共同体成员共同追求的目标和理想，它体现了成员对未来的期望和追求。构建共同愿景的过程中，成员通过交流和讨论，将个人的目标、愿景与集体的目标、愿景相结合，形成一个统一的、激励人心的共同目标。这个共同愿景不仅为学习共同体的活动提供方向，还能够激发成员的积极性和创造力，增强成员之间的团结和协作。价值观是成员在教育实践中所共同信奉的核心理念和原则。这些价值观可能包括对教育质量的承诺、对学生发展的关注、对教师专业成长的重视等。共享的价值观有助于形成一种积极的组织文化，使成员在面对挑战和困难时能够保持一致的行动和信念。此外，在学习共同体中，每个成员都有其特定的角色和职责。角色的认同意味着成员对自己在共同体中的位置和作用有清晰的认识，并愿意积极履行自己的职责。这种角色认同有助于成员之间的相互理解和协作，每个成员都能够在共同体中找到自己的定位，并为实现共同目标作出贡献。在成员的互动中，共同体鼓励开放的沟通和

---

① 时长江，陈仁涛，罗许成.专业学习共同体与教师合作文化[J].教育发展研究，2007（22）：76-79.

诚实的反馈,成员在交流中不仅分享知识和经验,还表达自己的观点和感受,建立信任和尊重,促进成员之间的相互支持和合作。概言之,自我认同的过程是一个动态的、持续的反思和成长过程。随着学习共同体活动的深入,成员的认同感也会不断调整和深化。通过持续的自我反思和集体讨论,成员能够更好地理解自己的学习和教学实践,不断提升专业素养。

2.自我控制

学习共同体的自我控制是指成员通过内部机制和过程,对共同体的活动和目标进行管理和调节的能力。这种自我控制能力是学习共同体健康发展和实现其教育目标的重要保障。

自我控制体现在对共同目标的设定和追踪上。成员需要共同确定明确的学习目标,并定期检查这些目标的实现情况。通过这种方式,共同体能够确保其活动与既定的教育目标保持一致,并在必要时进行调整。此外,学习共同体的成员应定期相互提供反馈,包括对教学实践、学习成果和共同体运作的评价。基于这些反馈,成员可以调整自己的行为和策略,以更好地实现共同体的目标。

为了实现有效的自我控制,学习共同体需要建立一套规则和程序。这些规则定义了成员的行为准则、会议的组织方式、资源的分配以及冲突的解决机制。遵循这些规则和程序有助于维持共同体的秩序和效率。自我控制还包括明确成员的责任和建立问责机制。每个成员都应对自己的学习和教学实践负责,并对共同体的贡献有所承诺。通过建立问责机制,共同体可以确保每个成员都在为实现共同目标而努力。自我控制的过程是一个持续改进的过程。学习共同体应不断评估和反思自己的实践,寻找改进的机会。通过持续的自我评估和专业发展,共同体能够适应教育环境的变化,并不断提高其教育实践的质量。

3.自我适应

学习共同体的自我适应是指共同体能够根据内外环境的变化,自主调整和优化其结构、过程和活动,以更好地实现共同的学习目标和促进成员的专业发展。自我适应是学习共同体持续成长和有效运作的关键特征,它涉及以下几个方面。

首先,对环境变化的敏感性。学习共同体需要对外部教育环境的变化保持敏感,如教育政策的调整、教学技术的更新、学生需求的变化等。这种敏感性使共同体能够及时捕捉到新的趋势和挑战,并在必要时调整自己的策略和方法。其次,内部资源的优化配置。学习共同体应能够识别和利用成员的专长和知识,合理分配任务和责任,确保资源得到最有效的利用。这可能涉及对教学材料、技术支持、时间安排等方面的调整。再次,学习策略的动态调整。在学习过程中,共同体成员需要根据学习效果和反馈动态调整学习策略。这可能包括改变教学方法、采用新的学习工具、调整学习节奏等。通过这种动态调整,共同体能够更有效地促进成员的学习和发展。为了实现自我适应,学习共同体应鼓励成员进行创新和实验。这意味着成员应有勇气尝试新的教学方法、学习策略和评估工具。通过这种开放的态度,共同体能够不断探索和发现更有效的教育实践。最后,自我适应还要求学习共同体进行持续的自我反思。成员应定期评估自己的学习实践和共同体的运作情况,识别存在的问题和不足,并探索改进的方法。通过自我反思,共同体能够不断学习和成长。

4. 自我发展

学习共同体中的自我发展是指成员通过参与共同体的活动和过程,实现个人专业成长和教育实践能力提升。这一过程不仅涉及知识的积累和技能的提升,还包括对教育理念的深化理解和对教学实践的持续改进。自我发展包括教师专业发展的多个层面,既要教师融入共同体之中发挥自身的能力,又要求教师能够充分反思自我。

首先,专业知识的建构。在共同体中,教师通过与同行的交流和合作,能够接触到多样化的教学方法和策略,从而丰富自己的专业知识库。这种知识的共享和交流有助于教师建构更为全面和深入的教育理解,提升教学质量。其次,教学实践的改进。教师通过反思教学经验、接受同行反馈、尝试新的教学方法,教师能够不断调整和优化自己的教学策略,以更好地满足学生的学习需求。通过参与共同体的活动,如研讨会、工作坊、课堂观摩等,教师能够学习新的技术工具、管理技巧和评估方法,从而提高自己的专业能力。再次,教育理念的深化。在共同体的交流和合作中,教师有机会深入探讨教育的本质和目的,反思自己的教育信念和价值观。这种深度的对话和讨论有助于教师形成更为成熟和稳定的教育理念,指导自己的教学实践。在共同体中,教师通过不断学习和成长,培养了终身学习的态度。这种态度不仅对教师个人的职业发展至关重要,也是提升整个教育系统活力和创新能力的关键。此外,学习共同体鼓励教师进行个人职业规划,设定短期和长期的专业学习目标。通过规划,教师能够更有目的性地参与共同体的活动,确保个人发展与职业目标的一致性。

(二)教师学习共同体的类型

根据教师学习共同体的组织形式和活动内容,可以将其分为以下几种类型。

1.学科组与课题组

教师学习共同体中的学科组与课题组是两种以专业发展和学习为导向的组织形式,它们在教师专业成长和教育质量提升中发挥着重要作用。学科组是以特定学科为基础形成的教师学习共同体。这种组织通常由教授相同学科的教师组成,他们共享教学资源、经验和专业知识,共同探讨教学方法和学科内容。在学科组中,学科组成员共同致力于提高该学科的教学质量和学生的学习成效,同时也关注教师个人的专业发展。学科组成员之间通过资源共享、协作研究、教学观摩为教师提供了专业成长的平台。通过研讨会、工作坊和其他专业发展活动,教师可以学习新的教学理念和技术。

课题组则是围绕特定教育问题或研究课题形成的教师学习共同体。这种组织通常由对某一教育议题感兴趣的教师组成,他们通过合作研究来探索问题的解决方案和最佳实践。课题组是以教育问题为导向的共同体,一般聚焦于特定的教育问题或挑战,如学生动机激发、差异化教学、技术融入课堂等。在课题组中,成员往往包含来自不同学科背景的教师,这种跨学科的合作有助于从多角度分析问题,寻找综合性的解决方案。课题组成员通过实践探索和实验,将理论知识应用于实际教学中,以验证不同策略的有效性。同时,他们还能够通过跨学科交往和沟通,合作开展教育成果的表达和输出,形成学术论文、教学成果等,从而实现不同学科之间的相互沟通,促进不同学科思维之间的转换,提升教师专业能力。

2.专业学习社群

专业学习社群是教师学习共同体的一种形式,它强调教师基于共同的专业发展需求和兴趣,自愿组织起来进行知识分享、经验交流和协作学习。这种社群通常不受学科或学校的限制,成员可能来自不同的教育背景和领域,但都致力于提升自身的教育实践和专业素养。

专业学习社群的形成基于教师的自愿参与,成员因为共同的兴趣和发展目标而聚集在一起。社群中的教师相互支持,共享教学资源、策略和研究成果,通过合作解决问题,共同提升专业能力。社群成员可能来自不同的学科、年级和教育背景,这种多样性有助于形成丰富的知识体系和多角度的视野。在形式上,可以通过定期举办研讨会和工作坊,邀请专家开展主题讲座,或由成员分享自己的教学经验和研究成果;利用在线平台进行交流和讨论,分享教学资源和教育资讯,便于成员随时随地进行专业学习。同时,鼓励成员制定个人专业发展计划,根据自我评估和社群反馈,设定发展目标和学习路径。总之,专业学习社群为教师提供了一个支持性的学习环境,有助于教师实现持续的专业发展和个人成长。

3.校际合作共同体

为了共同的教育目标和改革任务,在不同学校之间建立起合作伙伴关系,称之为校际合作共同体。这种共同体通过资源共享、经验交流和协同工作,旨在提升教育质量、促进教师专业发展以及推动教育创新。

资源共享是校际合作共同体的核心特征之一。学校之间可以共享教学材料、课程设计、评估工具、教师培训资源等。这种共享有助于提高资源利用效率,减少重复劳动,并使得各校能够利用校际合作共同体的优势来提升教育服务的质量。校际合作共同体为学校提供了一个平台,使学校能够分享各自的成功经验和面临的挑战。通过定期的会议、研讨会和交流活动,学校可以相互学习、借鉴有效的教育实践和创新策略。在共同体中,学校可以协同开展教育项目和研究。这种协同工作可能包括联合课程开发、教师培训项目、学生交流活动等。通过协同工作,学校能够集中力量解决共同面临的教育问题,实现规模效应和协同效应。校际合作共同体为教师提供了跨校学习和发展的机会。教师可以通过参与共同体活动(如教学研讨、联合备课、跨校教学观摩等)来拓宽视野、提升教学技能和专业知识。此外,校际合作共同体采取资源共享和协同工作等方式,有助于缩小不同学校之间的教育资源差距,促进教育公平。特别是对于资源相对欠缺的学校来说,这种合作可以为学校提供宝贵的资源支持和合作机会。

(三)教师学习共同体的构建

1.确立共同愿景

确立共同愿景是建立教师共同体的首要步骤,它为共同体的发展方向和活动提供指导,可以增强成员之间的凝聚力。共同愿景是教师共同体成员共同追求的长远目标和理想。它不仅是共同体存在的理由,也是激励成员积极参与和贡献的动力源泉。一个清晰的共同愿景可以帮助教师集中精力、协调行动,并在面对挑战时保持坚持和创新。

愿景确立过程应该是开放和参与式的。所有成员都应该有机会表达自己的想法和期望,并参与到愿景制定的过程中。通过工作坊、会议和讨论,教师可以共同探讨和塑造共同体的未来。教师共同体中的成员可能来自不同的背景和专业领域,他们的观点和想法可能存在差异。在确立共同愿景时,需要整合这些多元视角的意见,确保愿景能够反映所有成员的需求和期望。同时,共同愿景应该是明确和具体的,能够为教师提供清晰的方向和目标。它应该包含可衡量的元素,以便成员可以追踪进度并在必要时进行调整。随着教育环境的变化和教师共同体的发展,可能需要对愿景进行评估和更新。定期回顾和讨论愿景,可以确保它仍然与成员的需求和教育目标保持一致。当然,愿景的确立最终是为了指导共同体的行动。教师在规划课程、设计活动和参与研究时,都应该以共同愿景为依据,确保所有行动都朝着实现愿景的方向前进。通过建立基于共同愿景的价值观和行为准则,教师共同体可以培养出一种积极向上、互助合作的文化氛围。

2.构建支持性环境

构建支持性环境是建立和维护教师共同体的关键因素,它为教师提供了有利于交流、合作和专业成长的环境。支持性环境首先需要确保必要的资源可用,包括教学材料、技术支持、研究资金和时间资源。学校管理层应当为教师共同体提供这些资源,以便成员可以专注于教学和研究活动。学校管理者应认识到共同体的价值,并为其提供必要的指导和帮助。管理层还应参与共同体的决策过程,确保其活动与学校的整体目标一致。同时,开放的沟通是支持性环境的重要组成部分。学校应鼓励教师之间的交流,提供平台和机会让教师分享经验、讨论问题和提出建议。这可以通过定期会议、在线论坛或社交媒体等方式实现。此外,认可和奖励机制可以激励教师积极参与共同体活动。学校可以通过表彰优秀教师、奖励创新教学方法和研究成果等方式来肯定教师的贡献和努力。

3.实施自我管理

实施自我管理是构建教师学习共同体的一个关键,它确保共同体内的决策过程、活动规划和资源分配是由教师成员自主进行的。自我管理的核心是鼓励成员的自主性和责任感。共同体应鼓励成员主动参与活动的规划和执行,并对自己的行为负责。实施自我管理首先要求建立一个民主的决策机制,确保所有成员都有权利参与共同体的重要决策。这包括选举代表、投票表决以及就共同体的方向和活动提供意见和反馈。虽然决策是民主的,但共同体仍需设立一个管理团队来负责日常的组织和协调工作。这个团队可以由成员选举产生,负责执行决策、监督活动和协调资源。与此同时,有效的沟通是自我管理的基石。共同体应鼓励成员之间的开放沟通,包括面对面的会议以及通过电子邮件、社交媒体等数字工具进行的沟通。良好的沟通有助于解决问题、分享信息和建立信任。自我管理还需要适应性和灵活性。教育环境和教师的需求可能会随时间发生改变,共同体应能够适应这些变化,调整自己的策略和活动以满足新的需求。

4.形成评价体系

新课程背景下,教师发展性评价成为重要课题,应采取科学方法评价,体现教师内在潜力,反映教师真实成长。基于教师专业发展,通过科学诊断、多元反馈、精准指导等方式,构建教师专业发展特色评价体系。我们在教师评价中基于发展性评价理念,将教师发展"五阶段"通过"三维"内容整合,构建教师专业发展评价的"五段三维"模型:五段(五个发展阶段)和三维评价(专业品质评价、专业知识评价、专业能力评价)。

(1)教师发展五阶段

新手教师:0~6年

熟手教师:6年以上

经验教师、骨干教师:10年以上、市骨干教师(含在培)

学带教师:市学科带头人(含在培)

专家教师:正高级教师、特级教师、卓越教师、专家型教师(含在培)

（2）教师发展评价体系（评价标准见下表）

专业品质评价：教师专业品质指向教师的职业道德与专业精神，是教师专业发展的基础。

专业知识评价：教师专业知识评价指向教师的知识文化素养，教师的教育教学理念和科学知识直接关系到学校教育目标和教育质量的达成。

专业能力评价：教师专业能力评价指向教师需要通过一定的教学技能、方法，将知识转化，让学生更好地接受。

教师专业发展评价指标

类别	一级指标	二级指标	赋分	评价标准	评价主体
专业品质	基础类	思想先导：师德师风	10	遵守师德师风，无违纪违规	办公室
		行动作为：满意度调查	10	学生满意度调查数据	教务处
	发展类	团队融入：服从安排	10	服从学校、年段、教研组等安排	各处室
		对外交流：区级以上活动	5	积极参加各级教育教学活动	教研室
专业知识	基础类	学科内教育教学工作	10	完成基础工作量，教学工作量不满按比例得分，未承担教育工作量得8分	教务处 德育处
		跨学科教育教学交流	5	积极参与跨学科教学研讨，包括跨学科教研成果、担任指导教师	教研室
	发展类	持续学习：书刊、文献、短期培训	10	精读教育专著或教育文献，每天读书1小时，参加短期培训	自评
		教育培训：学历、专项研修	5	学历或市级骨干教师以上培训	教研室
专业能力	基础类	教育与教学能力	10	教育教学评价良及以上	教务处
		激励与评价能力	5	有助于学生学力、活力和潜力	德育处

续表

类别	一级指标	二级指标	赋分	评价标准	评价主体
专业能力	特色创新类	教学反思	10	坚持教学反思，撰写论文1篇	教研室
		教育教学研讨	5	各级教育教学研讨会主题发言	教研室
		课题研究	5	主持或参与各级课题研究	教研室
附加	学术追求	荣誉表彰	10	各级荣誉、教育教学获奖	办公室

备注：以上涉及各级交流研讨、成果、课题、论文、荣誉、获奖等均以省级为满分，省、市、区、校相应递减1分计入。

(3)构建共同体发展评价模型，促进团队与个人协同发展

教师共同体发展评价指标

类别	一级指标	二级指标	评价标准	赋分
团队精神	常态化	师德师风	遵守师德师风，无违纪违规	5
		满意度	学生满意度调查数据	5
	特色化	团队建设	组织制度健全，有目标、有计划	5
		课程实施	按课程目标实施课程	5
		活动育人	围绕目标开展活动，变革育人方式	5
团队学习	常态化	文化制度	倡导主动作为的团队文化，有主题	5
		定期学习	围绕主题有书单，定期开展共同体学习会	10
	特色化	承办活动	主动承办各级教育教学活动、学术会议等	5
		信息技术	主动提升信息技术能力	5
团队执行力	常态化	管理制度	有大局观，守纪律	5
		专项工作	专项任务完成度	5
	特色化	团队创意	开展创意活动，推动教育发展	5
		跨学科	跨学科课程、活动开展	10
团队发展	常态化	教师文化	团队构建积极向上的文化氛围	5
		物化成果	总结建设成果，收获各级各类荣誉	10
	特色化	公众号	媒体报道和公众号宣传	10
附加	重大项目突破		重点项目上取得重大突破	10

三　专家引领：在理实互动中突破边界

在教师专业发展中，教育理论研究者的理论引领扮演着至关重要的角色。理论引领不仅为教师提供了深入理解教育实践的框架，还为教师提供了反思和改进自己教学实践的工具和方法。在教育专家与教师的互动中，教育专家因其具备的系统性、专业性的教育学理论，从而能够从宏观、价值、方法等多个层面引领教师的专业发展，使其意识到教育发展的前沿理论和教育理想，也意识到自身在专业发展中的不足。专家引领能够为教师带来理论框架，引发教师对教育问题的思考和解决，提升思维品质；专家还能够支持教师终身学习，通过介绍和引入前沿教育理论，启发教师持续开展学习；专家引领也能够促进教育创新，激发教师的想象力和创造力。值得注意的是，在专家引领过程中，教师与专家之间构建的是平等对话关系，而非传统意义上专家具有主导地位，甚至权威地位，而是专家与教师各自根据自身的优势和能力，实现双向交往、交互生成和共同成长。

首先，专家为教师提供理论框架，提升教师思维品质。专家通过研究和分析教育现象，构建出理论框架来解释教育过程中的各种问题和挑战。这些理论框架帮助教师理解学生学习的心理机制、教学方法的有效性以及教育政策的影响等，从而在实践中做出更加科学和合理的决策。以专家的理论框架和思维方式作为引领，教师也能够跳出习惯性的实践方式和思考方式，形成原理式思维，透过现象看本质，对教育现象和教育问题开展批判性思考，进而形成自己对教育的基本观点。

其次，专家支持教师的持续学习，激发教师创造力。专家不断更新和完善教育理论，为教师提供了持续学习的资源和动力。教师可以通过阅读研究文献、参加研讨会和进修课程来不断更新自己的知识库，保持教学方法的现代性和有效性。通过理论学习，能够鼓励教师进行深入的教学反思，将理论与实践相结合，识别和解决教学中的问题，并根据学生的反馈和学习成果调整教学方法。这些新理念和方法可以激发教师的创造力，鼓励教师尝试新的教学模式和技术，以满足不断变化的教育需求。此外，理论引领为教师提供了专业成长的方向和目标，帮助教师明确自己的职业发展路径，设定个人发展目标，并在实践中不断提升自己的专业水平。基于专家理论的支持和引导，教师能够充分感受到教育的复杂性，并以自身的创造性的实践探索，化理论为实践，不断提升自身的教学能力。

最后,专家与教师之间建立双向交往的平等关系。理论人与实践人彼此有内在的相互需要,双方互为前提,各自的生命发展只有在双向建构、双向滋养和双向转化中才能实现[①]。传统观念认为,专家拥有绝对的权威地位,教师必须完全服从于专家的观点,而专家自身也容易以上位者自居,对教师进行指导。这就导致教师往往处于被动的地位,甚至形成了理论的优越性,这不仅不利于专家与教师之间的沟通,也不利于理论向实践的转化。理论与实践本身并无高低之分,理论研究者和实践工作者也是平等的关系。因此,专家引领的过程,教师也能够充分表达自己的意见,发挥实践工作者的经验优势,去充实专家的理论。理论研究者和实践工作者各自拥有不同的专业知识和技能。理论研究者擅长于构建理论框架、开展学术研究和分析教育趋势,而实践工作者则具有丰富的教学经验,了解教育现场的实际需求。通过平等的交流和合作,双方可以形成互补,共同解决教育问题。教育理论的创新往往来源于对教育实践的深入理解,而教育实践的改进也需要理论的指导。平等关系鼓励理论研究者深入教育现场,实践工作者参与理论的讨论和构建,这种双向互动有助于实现理论与实践的有效融合。

---

① 李政涛.论教育理论主体和教育实践主体的交往与转化[J].高等教育研究,2007(04):45-50.

第四节 教师专业发展展望

教师的成长不是一劳永逸,而是需要二次成长,甚至N次成长。只有这样,才能不断提升技能,经过持续专业进阶,掌握新的教育理念、教学技能,使用最新的教育技术和装备,为学生提供最先进、最适合、最有效的服务,满足日渐多元的时代需要、学生需求。教师的工作不是仅凭重复经验就能做好的"经验性工作",不能有"吃老本"的想法和习惯,必须成为班级和课堂的"首席学习官",带领孩子们一起学习,并在这个过程中不断反思,完善自己的教学方法、教学策略,做一名新时代的好教师,乃至成为教育家型教师。

一 培养教师的教育家精神

在2023年第三十九个教师节前夕,习近平总书记致信全国优秀教师代表首次提出了"中国特有的教育家精神",从理想信念、道德情操、育人智慧、躬耕态度、仁爱之心和弘道追求六方面阐释了中国特有的教育家精神的基本内涵,"将'经师'和'人师'相统一的'大先生'的师者形象升华为精神画像,为人民教师点亮了一盏行走在成为教育家之路上的明灯"[1]。教育家精神是我国当代高质量教师队伍建设的理想图谱和最新要求,"反映了习近平总书记关于理想教师角色的最新理念倡导和实践要求,对推动高质量教师队伍建设和教育强国建设具有重要意义"[2]。未来教师的专业发展应着重培育教育家精神,从教书匠型教师朝向教育家型教师迈进。具体而言,应当培育如下六个方面的精神。

第一,心有大我、至诚报国的理想信念。它强调的是教师在从事教育工作时,应将个人的职业生涯与国家的发展紧密相连,以国家利益为重,以实现国家教育目标为己任。首先,这一理念要求教师具备强烈的国家意识和责任感。教

---

[1] 朱旭东.教育家精神:教师行走在教育家之路上的明灯[J].教育家,2023(41):1-2.
[2] 杨子立,刘大伟.何谓、何为、何向:中国教育家精神的未来指向[J].教师教育论坛,2024(03):11-17.

师不仅是知识的传递者,更是价值观的塑造者。他们应当认识到自己的工作不仅仅是职业行为,还是一种对国家未来的投资和贡献。在日常教学中,教师应通过自己的言行,传递爱国主义精神,培养学生的国家认同感和社会责任感。其次,"心有大我"意味着教师需要超越个人利益,将个人的发展融入国家和民族发展的大局中去。这要求教师在面对教育改革、课程更新、教学方法创新等方面时,能够主动适应和积极拥抱变化,以开放的心态和创新的精神,推动教育的发展和进步。"至诚报国"则要求教师以真诚和忠诚的态度投身于教育事业。这种忠诚不仅体现在对教育事业的热爱和投入上,更体现在对待每一个学生、每一堂课、每一次教育活动中的认真和负责。教师应当以身作则,用自己的实际行动,展现出对教育事业的忠诚和对学生的深切关爱。

第二,言为士则、行为世范的道德情操。它强调教师在道德修养和行为表现上应成为学生的榜样和社会的楷模。这一要求不仅涵盖教师个人的道德标准,也包括教师在公共生活中的行为规范。首先,"言为士则"要求教师在言论上要严谨、准确、有深度。教师的话语不仅传递知识,而且传递价值观和人生观。教师应通过自己的言谈,展现出高尚的师德和专业精神,引导学生形成正确的世界观和价值观。这要求教师在课堂上、公共讨论中以及日常交流时,都能够做到言之有物、言之有据、言之有理。其次,"行为世范"则要求教师在行为上要树立标杆,成为学生和社会模仿的典范。教师的行为举止应当体现出高尚的职业道德和良好的个人品质,无论是在教学工作中还是在日常生活中,都应展现出正直、诚信、尊重和公正等美德。教师的行为会直接影响到学生的道德发展和社会的道德风尚,因此,教师必须时刻保持高标准的个人行为。

第三,启智润心、因材施教的育人智慧。这是教育家精神中对教师在教育实践中应具备的教育智慧和教学方法的要求。这一理念强调教师在传授知识的同时,更要关注学生的个性化发展和情感需求,通过科学合理的教育手段促进每一位学生的全面发展。"启智润心"要求教师在教学过程中不仅要激发学生的智力潜能,还要关注学生的情感和心灵成长。这需要教师具备深厚的学科知识和高超的教学技能,能够在教学中创设情境,引导学生主动思考,激发学生的好奇心和求知欲。同时,教师还要通过情感的交流和心灵的沟通,培养学生的道德情操和审美情趣,使学生在学习知识的同时,也能够获得情感上的满足和心灵上的滋养。"因材施教"则要求教师根据学生的不同特点和需求,采取差异化的教学策略。这要求教师具备敏锐的观察力和判断力,能够准确把握每个学生的兴趣、特长和学习风格,从而设计出符合学生个性化需求的教学内容和方法。这不仅有助于提高教学效果,更能够让学生在最适合自己的环境中成长,最大限度地发挥每个学生的潜能。

第四,勤学笃行、求是创新的躬耕态度。这是教育家精神中对教师职业行为和教学研究态度的重要要求。这一理念强调教师应持续学习、深入实践、坚持真理,并在教育教学中不断创新。"勤学"意味着教师应具备终身学习的观念,不断更新自己的知识体系和教育技能。在知识爆炸和信息快速迭代的今天,教师需要通过阅读专业书籍、参加学术研讨、进行在线课程学习等多种方式,保持对新知识、新理念的敏感性和掌握度。勤学的态度体现了教师对专业成长的重视和对教育事业的敬业精神。"笃行"则要求教师将所学知识和理念转化为实际教学行动,坚持在教学实践中不断尝试和探索。这要求教师在日常教学中,能够坚持教育原则,遵循教育规律,以实际行动践行教育理念,确保教育活动的有效性和实效性。

"求是"强调教师在教育教学中坚持真理,追求科学精神。教师应以开放的心态接受新观点、新方法,通过实证研究和批判性思维,检验和优化教育教学策略,确保教育教学质量。"创新"则要求教师在教育教学中不断探索和尝试新的教学方法和手段。这包括创新教学内容、教学方法、评价方式等,以适应学生多样化的学习需求和社会快速发展的需求。创新精神是推动教育发展的重要动力,也是教师专业成长的关键因素。

第五,乐教爱生、甘于奉献的仁爱之心。这是教育家精神中对教师情感态度和职业奉献的核心要求。这一理念强调教师应以热爱教育事业为基础,以关爱学生为根本,以无私的奉献精神投入教育工作中。"乐教"体现了教师对教育工作的热情和享受。教师不仅是职业的执行者,更是教育活动的创造者和参与者。乐教的教师能够在工作中找到乐趣,享受与学生共同成长的过程,这种积极的情感态度有助于激发学生的学习兴趣,提高教学效果。乐教也意味着教师愿意投入时间和精力,不断探索更有效的教学方法,以提升教育质量。"爱生"则要求教师真诚地关心每一位学生的成长和发展。教师应当关注学生的个性化需求,尊重学生的差异,理解学生的情感和困惑,为学生提供适宜的指导和支持。爱生是教育工作的出发点和落脚点,是建立师生关系的基础,也是教师职业道德的重要体现。"甘于奉献"强调教师在教育工作中的无私精神和奉献态度。教师的工作往往需要超出常规工作时间和职责范围的付出,这种奉献不仅体现在教学上,也体现在对学生生活的关心、对教育事业的忠诚以及对社会责任的担当上。甘于奉献的教师愿意为了学生的成长和教育事业的发展,牺牲个人的时间、精力甚至利益。

第六,胸怀天下、以文化人的弘道追求。这一精神致力于培养具有文化自信和国际视野的学生。"胸怀天下"是教育家精神中对教师提出的高远目标和文化使命。这一理念要求教师不仅关注当下的教育工作,更要有广阔的视野和深远的考量,以文化传承和创新为己任的宏观把握和全球视野。在这一理念下,教师应关注国家乃至世界的发展趋势,理解教育在全球化背景下的责任和使命。教师应具备开放的心态,关注国际教育动态,积极参与国际交流与合作,以促进教育的国际化发展。同时,教师还应培养学生的全球意识和跨文化交流能力,为学生未来在多元文化环境中的适应和竞争打下坚实基础。"以文化人"则强调教师在文化传承和创新中的作用。教师不仅是知识的传递者,更是文化的传播者和创造者。在这一追求下,教师应深入挖掘和理解中华优秀传统文化,将其融入教育教学中,引导学生树立文化自信。同时,教师还应鼓励学生批判性地继承传统文化,激发学生的创新意识和创造能力,推动文化的创新发展。弘道追求则要求教师在教育实践中坚持正确的价值观和教育理念。教师应以培养学生的道德品质和公民责任感为目标,通过教育引导学生形成正确的世界观、人生观和价值观。教师还应以身作则,用自己的行为影响和激励学生,传递正能量,弘扬社会主义核心价值观。

总之,应加强思想政治教育,让教师深入理解国家的教育方针和政策,增强国家意识。举办师德师风建设活动,强化教师的职业操守和道德责任。通过教育实践,鼓励教师参与到国家教育改革和发展中,体验和实践至诚报国的精神。

二 提升教师学习力

学习力是通过获得知识技能和学习提升达到产生新思维、新行为的学习效果为目的的动态能力系统[1],是教师在学习与职场中展现出来的学习力量、能力,它是教师专业发展的重要动力。教师学习力不仅关系到教师自身的专业成长,也直接影响学生的学习与发展,是激活教育生命力的源头活水。教师的学

---

[1] 瞿静.论学习力理念从管理学向教育学领域的迁移[J].教育与职业,2008(3):64-66.

习力对教师个体而言,是实现专业成长、提升教学质量的关键。对教育系统而言,教师学习力的提升有助于推动教育改革,实现教育目标。教师学习力的发展还能够促进学生学习力的培养,从而为学生的全面发展奠定基础。教师学习力是一种综合的能力,它包括启动教师学习所需的基础力,教师个体认知过程、教师与外部互动中所需的顺应力、转换力、互惠力[1]。这些维度相互作用,共同促进教师的学习与发展。

首先,培养教师的基础力。基础力是教师学习力的一个重要组成部分,它构成了教师学习活动的起点和基础。基础力主要包括:①学习动力,它可以源自教师个人的职业兴趣、发展愿望、对学生的责任感,或是外界的期望和要求。学习动力是教师持续学习和自我提升的源泉。②学习毅力,指教师在面对学习困难和挑战时坚持不懈、持之以恒的精神状态。③学习需求的识别力,教师能够准确识别和评估自己在学习和发展中所需的知识和技能。这种能力使教师能够根据自身的实际情况和职业发展目标,有针对性地选择学习内容和方法。④学习态度,包括对新知识的开放性、对学习的积极期待以及愿意投入时间和精力去学习的心态。⑤学习策略,包括时间管理、信息筛选、记忆技巧、思维导图等,都是教师在学习过程中可以运用的策略。

其次,培养教师的顺应力。顺应力是教师学习力中的一个关键维度,它涉及教师在学习和教学过程中对新信息、新情境的适应和调整能力。顺应力体现了教师在面对教育实践中的挑战时,如何有效地重构自己的心智图式,以及如何通过反思和理解来促进个人的专业成长。顺应力包括:①反思能力,教师能够对自己的教学实践进行深入的思考和评估,识别实践中的有效性和不足之处,从而调整教学策略和方法。②理解力,教师理解学生的学习需求、课程内容以及教育环境的变化,确保教学活动能够满足学生的发展需求。③适应力,教师应能够适应教育政策、教学技术和学习理论的变化,灵活调整自己的教学实践,以适应不断变化的教育环境。此外,顺应力还包括教师在面对新情境时能够创造性地解决问题,提出新的教学思路和策略。

再次,培养教师的转换力。转换力是教师学习力中的关键组成部分,它涉及教师在学习过程中对新知识、新理念的吸收、整合以及应用的能力。转换力

---

[1] 毛菊.教师学习力:核心要义、受限表征及培育路径[J].课程.教材.教法,2018(07):106-111.

体现了教师如何将外部的知识内化为个人的教学实践,并在此基础上进行创新和改进。转换力包括如下几方面能力。①批判性反思:教师在学习过程中能够批判性地分析和评估所学知识,区分其适用性和局限性,从而做出合理的选择和调整。②创造性应用:教师能够将所学知识与自己的教学实践相结合,创造出新的教学方法或改进现有的做法,以适应不同学生的学习需求。③问题解决:教师在面对教学中的问题时,能够运用所学知识进行有效分析和解决,提高教学效果。④自我更新:教师能够不断更新自己的教学理念和方法,以适应教育发展的趋势和学生的变化。⑤知识整合:教师能够将来自不同来源的知识整合到自己的教学体系中,形成连贯、系统的教学策略。

最后,培养教师的互惠力。互惠力是教师学习力的一个重要组成部分,它强调的是教师在学习和教学过程中与他人合作、交流和共享的能力。互惠力体现了教师在社会化学习环境中的互动性和协作性,是教师专业学习和成长的关键因素。互惠力主要包括如下方面。①合作意识:教师认识到与同行、学生、家长以及更广泛教育社区成员合作的重要性,并积极参与合作学习活动。②对话能力:教师能够有效地与他人进行沟通和交流,通过对话来分享经验、讨论问题、协商解决方案。③共享精神:教师愿意分享自己的知识、技能和资源,同时也乐于从他人的分享中学习和成长。④团队协作:教师在团队中发挥作用,能够与团队成员共同努力,实现共同的教育目标。⑤反思与批判:在互惠学习的过程中,教师能够反思自己的教学实践,并接受同伴的反馈和批评,以促进个人和团队的成长。

总之,应当建立起发展性评价机制、关注教师职业倦怠、提升自我管理能力,激发教师的学习兴趣和内在动力。根据教师的实际需求和发展阶段,选择适合的学习内容和方式,提高学习效果。通过线上虚拟研究共同体和线下实践研究共同体,为教师提供交流互动的平台,共同提升教育研究能力。

三 构建教师专业发展的良好环境

教师专业发展离不开良好环境和制度的建构,未来教师专业发展应注重外在环境的建构,保障教师专业发展的权利,满足教师专业发展的需求,提供教师专业发展的资源,实现其终身成长。

第一,进一步保障教师专业发展的权利。

教师专业发展是提升教育质量的关键因素,然而现实中存在一些制度性障碍,这些障碍限制了教师成长的空间和可能性。为了确保教师能够有效地进行专业发展,有必要对这些制度性障碍进行改革和优化。

首先,时间是教师专业发展的宝贵资源。目前的教师工作日程往往安排得非常满,繁重的教学和行政任务占据了教师大量的时间,导致他们难以抽出时间进行深入学习和研究。因此,建议设立专门的教师专业发展时间或假期学习制度,例如通过脱产研修、定期的休假学习等方式,确保教师有时间进行专业知识的更新和教学技能的提升。其次,激励机制对于教师专业发展的持续性至关重要。缺乏有效的激励措施往往导致教师对专业发展缺乏动力。为此,需要增加对教师专业发展的经费投入,提供物质和精神上的奖励,如阶段性减少工作量、提供多样化和个性化的专业发展活动,以及建立明确的职业发展路径,从而激发教师内在的学习动力和创新精神。最后,准入制度的改革也是促进教师专业发展的重要方面。目前,一些高质量的专业发展机会往往设有较高的门槛,只有少数校级领导、中层干部和优秀教师能够参与,这种做法限制了大多数教师的发展机会。为了打破这种壁垒,应当提供更加开放和平等的学习机会,确保每位教师都能够根据自己的需求和兴趣选择参与专业发展活动。

总之,破除这些制度性障碍,不仅能够保障教师专业发展的权利,还能够促进教师队伍整体素质的提升,进而推动教育事业的持续进步。通过改革和完善相关制度,学校可以为教师创造一个更加有利于成长的环境,使他们能够更好地适应教育改革的要求,有效地提高教育教学质量。

第二,更加聚焦教师专业发展的需求。

教师专业发展是提升教育质量的关键,但当前存在的发展不均衡问题严重影响了校本研修的效率。为了有效促进教师的专业成长,学校应当聚焦教师的实际需求,采取具身性的培训方式,以实现教师个性化和多元化的发展。

首先,教师培训应谨慎使用在线研修方式。虽然在线学习具有时间和空间的灵活性,但它难以提供现场真实情境中的互动和体验。因此,学校应更多地采用现场学习的方式,让教师在真实的教学环境中学习和实践,这不仅能够增强教师的参与感和实践能力,还能够更好地满足教师场域特定的需求。其次,专业活动的内容应紧密结合教师的实际需求。学校应通过问卷调查、访谈等方式深入了解教师的个人发展需求,设计符合教师需求的专业活动。同时,考虑到教师个性特征的多样性,学校应提供多样化的活动和多元化的发展路径,支持教师根据自己的兴趣和特长进行选择,从而激发教师的内在学习动力,促进其个性化发展。再次,学校还应重视培养教师的自我反思能力,鼓励教师在学习过程中不断审视和评估自己的教学实践,从而实现自我提升。通过建立教师学习共同体,促进教师之间的交流与合作,共享经验和资源,可以进一步拓宽教师的视野,激发创新思维。最后,学校应建立支持性的文化氛围,为教师提供必要的资源和保障,如专业发展的时间保障、经费支持和激励机制,确保教师能够无后顾之忧地投入专业发展中。

总之,学校在促进教师专业发展时,应聚焦教师的实际需求,采用具身性的培训方式,提供多样化的专业活动,培养教师的个性化发展,并通过建立支持性的文化氛围,确保教师专业发展的持续性和有效性。通过这些措施,学校能够有效提升教师的专业水平,进而提高教育教学质量,实现教育的长远发展。

第三,整合更多教师专业发展的资源。

教师专业发展是一个复杂而持续的过程,它不仅依赖于教师个人的努力和承诺,还需要外在资源的全面支持。构建一个系统化的支持体系对于促进教师的专业成长至关重要。这个体系应当包括资金、技术、政策、文化等多方面的支持,以确保教师能够获得必要的资源和条件,从而有效地提升自身的专业水平。

首先,多样化的支持方式是满足教师专业发展需求的关键。学校和教育行政部门应当提供包括但不限于资金资助、专业培训、学术交流、学术休假、教育技术工具等在内的多种支持。这些支持方式应当灵活多样,能够适应不同教师的需求和发展阶段。其次,提供与教师具体问题相匹配的支持方式同样重要。每位教师在专业发展过程中可能面临不同的挑战和问题,如课程设计、学生管理、教学方法创新等。因此,支持体系应当具有针对性,能够根据教师的具体情况提供个性化的支持。例如,对于新教师,可以提供更多的教学技能培训;对于经验丰富的教师,则可以提供学术研究和领导力发展的机会。再次,技术支持在教师专业发展中扮演着越来越重要的角色。教育技术的快速发展为教师提供了丰富的教学资源和工具,同时也提出了新的挑战。因此,学校应当提供必要的技术培训,帮助教师掌握最新的教育技术,以提高教学效率和质量。此外,政策支持也是构建系统化支持体系的重要组成部分。教育行政部门应当出台相关政策,为教师专业发展提供制度保障。这包括确保教师有足够的时间参与专业发展活动、提供专业发展所需的资金支持、建立公正的评价和激励机制等。

最后,文化支持同样不可忽视。学校应当营造一种鼓励教师专业发展的文化氛围,让教师感受到专业成长的价值和意义。这包括鼓励教师分享经验、表彰教师的成就、建立开放和合作的工作环境等。

总之,教师专业发展需要外在资源的全面支持。通过构建包括资金、技术、政策和文化在内的系统化支持体系,我们可以为教师提供强有力的后盾,帮助他们克服专业发展过程中的障碍,实现持续的专业成长和提升。

主要参考文献

[1] 中华人民共和国教育部.普通高中化学课程标准(2017年版2020年修订)[M].北京:人民教育出版社,2020.

[2] 倪梁康.现象学及其效应 胡塞尔与当代德国哲学[M].北京:生活·读书·新知三联书店,1994.

[3] 徐尚昆,杨汝岱,郝保伟.中国高考报告2024[M].北京:新华出版社,2023.

[4] 郭元祥.深度教学:促进学生素养发育的教学变革[M].福州:福建教育出版社,2021.

[5] 余文森.新时代中国课堂教学改革与创新[M].北京:教育科学出版社,2024.

[6] 联合国教科文组织.教育:财富蕴藏其中[M].2版,联合国教科文组织总部中文科,译.北京:教育科学出版社,2014.

[7] 余文森,龙安邦.指向核心素养的课堂教学探索[M].北京:高等教育出版社,2022.

[8] 人民教育出版社,课程教材研究所,化学课程教材研究开发中心.普通高中化学教科书第一册(必修)[M].北京:人民教育出版社,2019.

[9] 余文森.新时代中国课堂教学改革与创新[M].北京:教育科学出版社,2024.

[10] 中华人民共和国教育部.普通高中课程方案(2017年版2020年修订)[M].北京:人民教育出版社,2020.

[11] 徐尚昆,杨汝岱,郝保伟.中国高考报告(2024)[M].北京:新华出版社,2023.

[12] 陈佑清.学习中心教学论[M].北京:教育科学出版社,2019.

[13] [美]格兰特·威金斯,杰伊·麦克泰.理解为先模式:单元教学设计指南(一)[M].盛群力,等译.福州:福建教育出版社,2018.

[14] 杨国荣.杨国荣讲王阳明[M].北京:北京大学出版社,2005.

[15] (新西兰)约翰·哈蒂,德布·马斯特.可见的学习在行动[M].北京:教育科学出版社,2018.

[16] 刘月霞,郭华.深度学习:走向核心素养[M].北京:教育科学出版社,2018.

[17] 伍红林.论指向深度学习的深度教学变革[J].教育科学研究,2019(01):55-60.

[18]陈向明.对高中化学课堂教学发展学生解决问题能力的审视与思考[J].化学教学,2022(05):45-49.

[19]叶澜.重建课堂教学价值观[J].教育研究,2002(05):3-7.

[20]褚宏启.核心素养的概念与本质[J].华东师范大学学报(教育科学版),2016(01):1-3.

[21]李艺,钟柏昌.谈"核心素养"[J].教育研究,2015(09):17-23.

[22]褚宏启.核心素养的国际视野与中国立场——21世纪中国的国民素质提升与教育目标转型[J].教育研究,2016(11):8-18.

[23]蔡清田.台湾十二年国民基本教育课程改革的核心素养[J].上海教育科研,2015(04):5-9.

[24]成尚荣.回到教学的基本问题上去[J].课程.教材.教法,2015(01):21-28.

[25]崔允漷.学科核心素养呼唤大单元教学设计[J].上海教育科研,2019(04):1.

[26]任雪明.人教版新课标化学必修教科书编写特色分析及教学建议[J].化学教学,2020(08):7-11.

[27]周建华,单正义,覃红霞.新高考是否促进了学生自主选科?——基于CatBoost回归树模型的实证分析[J].华东师范大学学报(教育科学版),2024(03):12-25.

[28]成尚荣.名师应当是思想者——谈教学主张与名师成长[J].人民教育,2009(01):43-46.

[29]余文森.教学主张:打开专业成长的"天眼"[J].人民教育,2015(03):17-21.

[30]李建军.教学主张:教师专业发展的内在维度[J].教育科学研究,2009(01):68-71.

[31]叶海龙.逆向教学设计简论[J].当代教育科学,2011(04):23-26.

[32]程伟.小组学习的实践误区及常态回归[J].中国教育学刊,2015(10):59-62.

[33]王磊,胡久华.中学化学实验问题解决心理机制的初步研究[J].化学教育,2000(05):11-13.

[34]顾明远.论学校文化建设[J].西南师范大学学报(人文社会科学版),2006(05):67-70.

[35]张笑言,郑长龙.基于学科理解的学习任务设计策略[J].化学教育(中英文),2021(09):41-45.

[36]姜丽华.校本教研:内涵、特征及其价值[J].教育科学,2004(06):35-36.

[37]范何勇.教育高质量发展视角下的校本教研实践研究[J].教学与管理,2022(22):35-38.

[38] 魏元珪.从当代系统论、信息论、协同学看易学原理[J].周易研究,2000(03):74-85.

[39] 叶澜,王枬.教师发展:在成己成人中创造教育新世界——专访华东师范大学叶澜教授[J].教师教育学报,2021(03):1-11.

[40] 原左晔,尚瑞茜.终身学习时代的教师角色转变:逻辑向度与实现进路[J].终身教育研究,2024(01):25-32.

[41] 曾小丽,田友谊,李芳."立德树人"何以可能——基于教师共同体的视角[J].教育理论与实践,2015(29):6-8.

[42] 蒋茵.教师专业知识:职前教师实践教学的基石[J].教育理论与实践,2021(26):35-39.

[43] 邵光华,周碧恩.教师专业知识结构分析研究[J].宁波大学学报(教育科学版),2010(02):69-74.

[44] 陈向明.实践性知识:教师专业发展的知识基础[J].北京大学教育评论,2003(01):104-112.

[45] 辛涛,申继亮,林崇德.从教师的知识结构看师范教育的改革[J].高等师范教育研究,1999(06):12-17.

[46] 冯建军.关于"教育原理"的学科称谓与内容现状的研究[J].教育理论与实践,2007(07):1-5.

[47] 李树英.智慧教育需要教育智慧:教师专业发展的人文选择[J].现代远程教育研究,2019(06):32-38.

[48] 李树英,王萍.教育现象学——一门成人与儿童如何相处的学问[J].江苏教育研究,2008(09):3-8.

[49] 陈德收,王学男.构建教师学习共同体:优质校师资优化的理性选择[J].中小学管理,2020(09):21-23.

[50] 孙元涛.教师专业学习共同体:理念、原则与策略[J].教育发展研究,2011(22):52-57.

[51] 申继亮,刘加霞.论教师的教学反思[J].华东师范大学学报(教育科学版),2004(03):44-49.

[52] 王毅,黄仕会.大学英语教师教学反思现状调查——以Bartlett教学反思过程为依据[J].外语研究,2016(05):70-75.

[53] 时长江,陈仁涛,罗许成.专业学习共同体与教师合作文化[J].教育发展研究,2007(22):76-79.

[54] 李政涛.论教育理论主体和教育实践主体的交往与转化[J].高等教育研究,2007(04):45-50.

[55] 朱旭东.教育家精神:教师行走在教育家之路上的明灯[J].教育家,2023(41):1-2.

[56] 杨子立,刘大伟.何谓、何为、何向:中国教育家精神的未来指向[J].教师教育论坛,2024(03):11-17.

[57] 瞿静.论学习力理念从管理学向教育学领域的迁移[J].教育与职业,2008(03):64-66.

[58] 毛菊.教师学习力:核心要义、受限表征及培育路径[J].课程.教材.教法,2018(07):106-111.

[59] 高永凤,林世威.基于核心素养培养的高中化学实验教学——以"制作简单的燃料电池"为例[J].广东化工,2023(24):175-177.

[60] 袁国超.基于核心素养的深度学习:价值取向、建构策略与学习方式[J].教育理论与实践,2020(08):3-5.

[61] 上官庆景,阮雪丹.基于元素化合物认识模型的单元教学设计实践探索——以"铁及其化合物"单元教学为例[J].化学教育(中英文),2021(19):69-74.

[62] 张含璐.理解为先,逆向设计——以"元素周期表"的教学设计为例[J].化学教与学,2022(24):38-41.

[63] 王磊,郭晓丽,王澜,等.元素化合物认识模型及其在复习教学中的应用——以高中《化学1》"金属元素及其化合物"单元复习为例[J].化学教育(中英文),2015(05):15-21.

[64] 王磊.科学建构学科核心素养的发展进阶——鲁科版高中化学必修新教材的编写思路[J].中学化学教学参考,2020(05):1-8.

[65] 王磊,陈光巨.外显学科核心素养促进知识向能力和素养的转化——北京师范大学"新世纪"鲁科版高中化学新教材的特点[J].化学教育(中英文),2019(17):9-19.

[66] 王磊,黄鸣春.科学教育的新兴研究领域:学习进阶研究[J].课程·教材·教法,2014(01):112-118.

[67] 胡久华,王磊.促进学生无机物认识方式的持续进阶——鲁科版高中化学必修新教材无机物主题编写思路及使用建议[J].化学教育(中英文),2021(01):2-8.

[68] 王笑地.基于学科核心素养的教学目标结构及其表述[J].教育与教学研究,2021(01):28-39.

[69] 杨仁茂,李朝晖.基于"模型认知"素养的高中化学非金属单元教学设计[J].山西教育(教学),2021(09):15-16.

[70] 吴晗清,徐甜.鲁科版高中化学教材"微项目"情境素材的教学研究[J].现代中小学教育,2022(11):18-23.

[71] 马维林,王嘉毅.校本教研20年:主题演进、功能转型与组织优化[J].中国教育

科学(中英文),2020(05):111-126.

[72]贾霞萍.中小学校本教研实施现状调研报告[J].教育理论与实践,2015(32):31-34.

[73]魏宝宝,孟凡丽.教师共同体构建:蕴含价值、现实困境与实现路径[J].当代教育论坛,2019(04):23-33.

[74]李淼浩,曾维义.基于数据的校本教研助力教师专业发展研究[J].中国电化教育,2019(04):123-129.

[75]杨婧娴.高中化学"结构化"教学实践研究[D].昆明:云南师范大学,2022.

[76]孟霞光.校本教研:教师专业发展的有效途径[D].济南:山东师范大学,2005.

[77]周西柳.多版本《普通高中新课程标准实验教科书·化学(必修)》的对比分析[D].长春:东北师范大学,2005.

[78]马旖旎.模型认知视角下的元素化合物教学研究[D].上海:华东师范大学,2022.

[79]陈梦月.不同版本教材比较下的元素化合物教学实践研究——以新教材鲁教版、人教版为例[D].合肥:合肥师范学院,2021.

后记

笔者从事高中化学教学已近30年,其间担任学校教研室主任10年,化学教研组长20年,高三毕业班教学16年,是厦门市高三化学指导组成员和市质检命题教师,现任厦门大学附属科技中学副校长,热爱教育事业,潜心化学教学研究。主持福建省高中化学教学研究基地校建设,教研组荣获福建省"五一先锋岗"称号,化学学科获评厦门市国家课程校本化示范学科;指导青年教师在各级各类教育教学技能比赛成绩突出;学生高考、中考成绩在同类校名列前茅。

感谢教学生涯中的两次培训经历:2007—2011年,厦门市首期专家型教师培训,得到东北师范大学郑长龙教授悉心指导;2022年至今,厦门市首期卓越教师培训,得到西南大学教育学部罗生全教授、范涌峰教授、侯玉娜副教授等倾心教导。学习期间和卓越班同学携手同行,相互支持,收获了深厚的友谊与感情。感恩厦门市教育局、厦门市教科院的组织安排,提供研修机会,让笔者得以再成长、再出发。